W0298058

SEOUL

Mit Incheon, Suwon und Ganghwa-Insel

Klaus A. Dietsch

TRESCHER VERLAG

1. Auflage 2015
Trescher Verlag
Reinhardtstr. 9
10117 Berlin
www.trescher-verlag.de

ISBN 978-3-89794-303-2

Herausgegeben von Bernd Schwenkros und Detlev von Oppeln

Reihenentwurf und Gesamtgestaltung:
Bernd Chill
Lektorat: Corinna Grulich
Stadtpläne und Karten: Johann Maria Just, Martin Kapp, Bernd Schwenkros
Druck: Druckhaus Köthen

Das Werk einschließlich seiner Teile ist urheberrechtlich geschützt. Jede Verwertung ist ohne Zustimmung des Verlages unzulässig. Dies gilt insbesondere für den Aushang, Vervielfältigungen, Übersetzungen, Nachahmungen, Mikroverfilmung und die Einspeicherung und Verarbeitung in elektronischen Systemen.

Gedruckt auf chlorfrei gebleichtem Papier

Printed in Germany

Alle Angaben in diesem Reiseführer wurden sorgfältig recherchiert und überprüft. Dennoch können aktuelle Entwicklungen vor Ort dazu führen, dass einzelne Informationen unvollständig oder nicht mehr korrekt sind. Gerne nehmen wir dazu Ihre Hinweise und Anregungen entgegen. Bitte schreiben Sie an: **post@trescher-verlag.de**.

Denkmal für Admiral Yi Sun Sin in Seoul

WOLMI THEME
월미 테마파크

The 3rd Tunnel

Skulptur vor dem Leeum-Samsung-Museum in Seoul

Vorwort

Wer als Mitteleuropäer immer noch glaubt, der ›Big Apple‹ heiße New York und der Fortschritt komme aus dem Westen, kann nur ein unbelehrbarer Transatlantiker sein. Die Zukunftsmusik spielt heute im Fernen Osten – und dort nicht im weiterhin unfreien kommunistischen China oder dem wirtschaftlich dahindümpelnden Japan, sondern im innovationsfreudigen wie wachstumsstarken Südkorea. Und dort ganz besonders in seinem Prisma Seoul, das nicht von ungefähr den Rang einer ›Special City‹ einnimmt.

Zwar versuchen die Marketing-Strategen die Megalopolis mit dem Wortspiel ›Seoul, die Seele Asiens‹ zu glorifizieren. Das ist sie eher nicht. Ganz gewiss aber ist sie der dynamisch brummende Motor einer Entwicklung, die die Zukunft bereits in die Gegenwart holt. Viele werden bei dem Wort ›Entwicklung‹ zuerst an Wachstumsraten denken – und die können sich mit jährlich 8,5 Prozent durchaus sehen lassen –, aber sie sind nicht das Entscheidende. Hinter dem unbedingten Willen zum Aufbruch in die Zukunft stecken Gi, die Energie, und Jeong, der Enthusiasmus, zwei besondere Wesenszüge der Koreaner.

Dass die Hälfte der koreanischen Bevölkerung in der Hauptstadt, beziehungsweise in der Metropolregion Seoul, Sudogwon genannt, lebt, ist kein Wunder: mehr als 25 Millionen Menschen. Zum Großraum, der ebenfalls in diesem Buch beschrieben wird, zählen die Millionenstädte Incheon und Suwon sowie die Provinz Gyeonggi, auf deren Territorium all diese Städte liegen. Bloß: Was schätzen die Menschen an der Region? Vor allem die hier herrschende Lebensqualität. Die ist für urbane Menschen top, denn Seoul und das Umland liefern das beste Angebot, was Arbeitsbedingungen, Infrastruktur und Freizeitwert betrifft. Hier gibt es die meisten – und auch am höchsten dotierten – Jobs, die besten Universitäten, eine an Ideen reiche kreative Szene, schicke Restaurantviertel, quirlige Partymeilen, smarte Studentenquartiere mit coolen Cafés, malerische Altstadtviertel voll kleiner Galerien, kilometerlange Shopping-Malls – und eine zauberhafte Landschaft drumherum.

Doch ein Wunder: Die Ausgangssituation für diesen urbanen Erfolg schien denkbar schlecht. Um die Wende des letzten Jahrhunderts war die Stadt wenig mehr als eine verträumte Residenz. Vor Ausbruch des Koreakriegs (1950) lebten nur rund 500 000 Menschen hier. Der Krieg ließ keinen Stein auf dem anderen. Nichts mehr ist davon zu sehen. Wie der Phönix aus der Asche hat sich Seoul seither zu einer energiegeladenen Metropole erhoben, die niemals schläft, die vibriert, sich ständig neu erfindet und dennoch ihre Wurzeln nie verleugnet. Wie auch – immerhin holt sie sich aus dem fruchtbaren Boden der Tradition die Baustoffe für ihre innovative Zukunft.

Herausragende Sehenswürdigkeiten

▼ **Seoul, Gyeongbok-Palast**: Der erste Palast der Hauptstadt ist die wichtigste der fünf königlichen Residenzen in Seoul. Die weitläufige Anlage heißt übersetzt ›Palast der strahlenden Glückseligkeit‹ und macht ihrem Namen alle Ehre. Nicht nur Fotografen sind von der täglich stattfindenden Wachablösung begeistert. → S. 106.

Seoul, Bukchon: Das ›Nord-Dorf‹ war 600 Jahre lang das Wohngebiet der hochrangigen Beamten. Heute kann man in dem unter Ensembleschutz stehenden Viertel mit seinen rund 900 Hanok-Häusern das Leben zur Joseon-Zeit nachempfinden. → S. 112.

Seoul, Insa-dong: Das Künstler-, Galerie und Szene-Viertel mit Antiquitätengeschäften, Kunstgalerien, Papierhandlungen, Möbelgeschäfte, traditionellen Teehäuser und angesagten Restaurants. In einer Gasse gegenüber der ebenfalls besuchenswerten Unhyeong-Villa reihen sich auf stilvolle koreanische Menüs spezialisierte Gasthäuser (Hanjeongsik) aneinander. Einen guten Überblick über Kunst und Kunsthandwerk bietet das Kulturkaufhaus Ssamziegil. → S. 115.

Seoul, Chonggye-Bach: Eine wunderbare Oase mitten im Geschäftsviertel Junggu! Sie zieht sich von der Gwanghwamun-Plaza über gut acht Kilometer gen Osten, weit über den Osttor-Platz (Dongdaemun) hinaus. Mit unzähligen Brücken, Kunstwerken und Wasserspielen ist er ein Erholungspark par excellence. → S. 118.

Seoul, Gwangjang-Markt: Nicht nur, dass sich unter den etwa 5000 Ständen etliche Geschäfte für klassische Kleidung, für Ginseng-Produkte oder auch für jede Art regionaler Meeresfrüchte befinden, nein, vor allem die zahlreichen Food Stalls des quirligen Basars muss man besuchen. Obwohl sich in der Schlemmermeile etwa 200 Imbiss-Stände und Garküchen aneinanderreihen, sollte man sich früh einen Platz sichern. Ab dem späten Nachmittag wird es voll, weil der Markt weder bei Reisenden noch bei Koreanern ein Geheimtipp ist. → S. 120.

Seoul, Changdeok-Palast: Eine der wichtigsten königlichen Anlagen Seouls. Der als UNESCO-Welterbe eingestufte ›Palast der hohen Tugend‹ wurde 1405 gebaut, 13 Yi-Herrscher residierten in ihm. Wohl weil sie die – im Gegensatz zum streng axial gegliederten Nordpalast – hier der Landschaft und dem Gelände angepassten, weicheren Bauformen samt dem beschaulichen ›Geheimen Garten‹ bevorzugten. → S. 121.

◀ **Seoul, Deoksu-Palast**: Der ›Palast des tugendhaften langen Lebens‹ ist die dritte bedeutende Residenz der Hauptstadt. Natürlich ist auch die Anlage sehenswert, besonders attraktiv zeigt sich aber der täglich stattfindende Wachwechsel in den farbenfrohen Kostümen der Yi-Dynastie. → S. 125.

Seoul, Jongmyo-Schrein: In dem als UNESCO-Weltkulturerbe ausgezeichneten ›Schrein der königlichen Ahnen‹ (Jongmyo) werden seit der Zeit der Könige Taejong und Sejong (15. Jahrhundert) die Ahnentafeln der Yi-Dynastie verwahrt. → S. 124.

▲ **Seoul, Großes Südtor**: Den prosaischen Namen trägt das Große Südtor (Namdae-mun) erst seit der japanischen Besatzungszeit. Wie viel poetischer klingt doch ›Tor der erhabenen Zeremonie‹ (Sunggye-mun). So wurde das 1396 errichtete Bollwerk ursprünglich genannt. Durch dieses Tor – damals das höchste Holzgebäude Seouls – verließen die Könige der Yi-Dynastie ihre Residenzstadt. Nach einem Brandanschlag wurde das Tor völlig neu gebaut, die feierliche Wiedereröffnung fand am 4. Mai 2013 statt. → S. 128.

Seoul, Südberg: Der 265 Meter hohe Südberg (Namsan) bildete früher die Südgrenze der Stadt, heute liegt er mitten im modernen Seoul. Deshalb hat man vom Aussichtsdeck des N Seoul-Tower in 470 Metern Höhe einen der herrlichsten Panoramablicke über die Metropole. Im Nordosten des Parks rund um den Namsan gibt es lohnenswerte Ziele wie das Namsangol-Hanok-Dorf oder das Korea House. In dem kann man sich die höfische Küche der Joseon-Zeit auf der Zunge zergehen lassen und dabei Vorführungen von traditionellen Tänzen, klassischer Musik oder der koreanischen Kampfkunst genießen. → S. 132.

▲ **Seoul, Dongdaemun Design Plaza**: Wer an futuristischer Architektur und der kreativen Szene Interesse hat, sollte die von der irakisch-britischen Star-Architektin Zaha Hadid entworfene und im Mai 2014 eröffnete Design Plaza besuchen. → S. 137.

▲ **Seoul, Gangnam-Bezirk**: Hier versammeln sich die bedeutendsten Beispiele zeitgenössischer und zukunftsweisender Architektur, vor allem im Samseong-Viertel. Auch Shopping-Fans kommen auf ihre Kosten. Wer von der Moderne genug hat, kann im Bongeun-Tempel wieder in die Klassik eintauchen. → S. 145.

Seoul, Fisch-Großmarkt Noryangjin: Der 69 000 Quadratmeter große Fischmarkt wurde bereits 1927 gegründet. Nachtschwärmer können an lautstarken Fischauktionen teilnehmen; die erste beginnt um 1 Uhr. Aber auch Langschläfer kommen auf ihre Kosten, denn die mehr als 800 Geschäfte haben ganzjährig ganztägig geöffnet. → S. 155.

Seoul, Banpo-Regenbogen-Fontäne: Auf einer Länge von 1140 Metern spritzen etwa 380 Düsen auf beiden Seiten der Banpo-Brücke rund 190 Tonnen Wasser pro Minute in hohem Bogen in den Han-Fluss. Nachts funkeln die von Scheinwerfern erleuchteten Kaskaden in allen Regenbogenfarben. → S. 156.

Seoul, Nationalmuseum: Wer auf den ersten Blick verstehen will, weshalb es falsch ist, die koreanische Kultur zu unterschätzen und sie erst nach der chinesischen und der japanischen einzuordnen, bekommt hier reichlich Anschauungsmaterial. Ein Besuch ist ein absolutes ›Muss‹. → S. 161.

▲ **Seoul, Leeum Samsung Museum of Art**: Zählt zu den besten in Seoul. Unter der exquisiten koreanischen Keramik sowie der buddhistischen Kunst befinden sich etliche sogenannte Nationalschätze. Aber es gibt auch eine Fülle an moderner Kunst. Ferner ist die Architektur sehenswert: Je ein Gebäudeteil wurde von einem Star-Architekten entworfen. → S. 163.

▲ **Incheon, Chinatown**: Ein steinernes Ehrentor, das ›Tor der chinesischen Kultur‹ (Junghwamun), weist den Weg in die farbenprächtige und quirlige Chinatown, der einzigen ›Chinesen-Stadt‹ auf koreanischem Territorium. → S. 197.

▲ **Incheon, Wolmi-do**: Auf der Halbinsel Wolmi fand im Koreakrieg (1950–1953) die berühmte Landungsoperation der UNO-Truppen statt. Heute erstreckt sich dort eine Meerespromenade, die ›Culture Street‹, an der frischestes Seafood und Sushi serviert werden. In den Monaten April, Mai und Oktober gibt es beim Wolmi-Festival Paraden, Jazz- und Rock-Musik, Schamanen-Rituale, Drachen- und Löwentänze. → S. 199.

Incheon, New Songdo City: Wer an Städteplanung und moderner Architektur Interesse hat, ist hier gut aufgehoben. Zwei Bauten sind besonders bemerkenswert: die Incheon Grand Bridge, mit 12,3 Kilometern Strecke Koreas längste Brücke, und die schlanke Säule des 305 Meter hohen Northeast Asia Trade Tower, von dessen Aussichtsdeck man einen fantastischen Blick über das neue Stadtviertel genießt. → S. 200.

▲ **Ganghwa, die alten Forts**: Die bei Besichtigungstouren oft vernachlässigte Insel Ganghwa ist von hohem historischen Interesse. Nicht nur die Altstadt mit ihren Palästen und Toren sollte man sich anschauen, sondern auch die alten Forts, von denen aus früher die Fahrrinne vom Gelben Meer Richtung Hauptstadt kontrolliert wurde. Vier von ihnen sind wunderbar restauriert. → S. 208.

◄ **Suwon, Hwaseong-Feste**: Von einer 5,5 Kilometer langen und rund neun Meter hohen Mauer umgürtet, die von fünf mächtigen Toren unterbrochen und von rund 50 Wachtürmen und Pavillons überhöht wird, ist dies Koreas bedeutendste Wehranlage, entstanden im ausgehenden 18. Jahrhundert. Dank der alten Pläne konnten die Feste und der dazugehörige Palast originalgetreu wieder hergestellt werden. → S. 216.

▲ **Suwon, das Koreanische Volkskundedorf**: Den besten Überblick über Kultur und Traditionen Koreas, den man nahe Seoul bekommen kann, erhält man im Koreanischen Volkskundedorf. In einem Amphitheater führen junge Burschen täglich um 10 und um 14 Uhr Tänze auf, von denen der Bauerntanz zu den farbenprächtigsten und akrobatischsten zählt. Im Korean Food Court kann man die typische Küche kennenlernen. → S. 221.

Das Wichtigste in Kürze

Allgemeine Informationen

Koreanisches Fremdenverkehrsamt in Frankfurt (Korea Tourism Organization, KTO), Baseler Straße 35–37, 60329 Frankfurt, Tel. +49/69/233226, ktoff@euko.de. Vor der Reise liefert das Fremdenverkehrsamt Informationen über Seoul. Es stellt auch jede Art von Broschüren, Karten und DVDs zur Verfügung.

Koreanische Zentrale für Tourismus, Jung-gu, 40, Cheonggyecheon-ro, Bezirk Jung-gu, Tel. +82/2/729-9497, +82/2/729-9498, +82/2/729-9499; tägl. 9–20 Uhr (U1, Jonggak, Ausgang 5). Vor Ort die wichtigste Anlaufstelle bei touristischen Fragen, Reservierungen, Kauf von Travel-Pässen sowie für sämtliches Karten- und Prospektmaterial. Auch über das tägliche, umfangreiche Angebot abendlicher Veranstaltungen kann man sich hier aufklären lassen.

Touristeninformationszentrum im Bezirk Gangnam, 161, Apgujeong-ro, Gangnam-gu, Tel. +82/2/3445-0111; tägl. 10–20 Uhr. Gleiches Angebot wie in der Koreanischen Zentrale für Tourismus.

Ankunft am Flughafen Incheon

Ansonsten gibt es in Seoul und der Metropolregion an allen Bahnhöfen, Bus Terminals und Flugplätzen Informationsschalter, die täglich meist von 9–18 Uhr geöffnet haben und englischsprachige Broschüren sowie Karten bereithalten.

Wer vor Ort schnell Auskunft oder touristische Hilfe braucht, wählt einfach die Telefonnummer **02/1330**. Unter der Hotline gibt es zwar keine deutschsprachigen Informationen, aber in Englisch.

Anreise

Alle großen europäischen Fluggesellschaften steuern den **Internationalen Airport Incheon** (ICN) an. Ferner bieten Korean Air und Aseana Flüge ex Frankfurt nach Incheon. Die Lufthansa fliegt zusätzlich auch ab und bis München.

Einreise

Reisende aus Deutschland, Österreich und der Schweiz können sich, wenn sie im Besitz eines noch sechs Monate gültigen Reisepasses sind, bis zu 90 Tage ohne Visum in Korea aufhalten. Bei der Einreise wird ein biometrisches Foto gemacht, und man muss einen Fingerabdruck hinterlassen. Es sind keine Impfungen vorgeschrieben, es sei denn, man kommt aus einem gefährdeten Gebiet.

Reisen ins Land

Von Seoul in die Umgebung zu kommen, ist sehr simpel, egal ob mit Auto, Expressbussen, KTX und anderen Zügen, Taxis und U-Bahnen. Das liegt an der bestens ausgebauten Infrastruktur, die vielen europäischen Ländern gerne als Vorbild dienen dürfte.

Die schnellste und bequemste Verbindung zwischen Seoul und dem Süden bietet der 300 Stundenkilometer fahrende **KTX** (Korea Train Express). Für Ausländer gibt es den **Korea Rail Pass**, den man schon am heimischen Computer bestellen und als Gutschein ausdrucken kann. Den tauscht man dann am Flughafen Incheon oder am Bahnhof Seoul in den KR Pass um.

Die beliebteste Art des Weiterkommens sind allerdings die Express- und Intercity-Busse. Sie verbinden Seoul im Zehn-Minuten-Takt mit allen anderen Städten.

T-Money Card

Diese Geldkarte macht die Benutzung des öffentlichen Nahverkehrs nicht nur in der Metropolregion, sondern auch in vielen anderen Städten Koreas leicht, praktisch und billiger, denn auf jede Fahrt gibt es zehn Prozent Rabatt. Man kann mit der Geldkarte auch den Eintritt in einige Sehenswürdigkeiten sowie Taxifahrten begleichen - ebenfalls mit Rabatt.

Sicherheit

Seoul ist eine der sichersten Städte der Welt - und das nicht wegen eines großen Polizeiaufgebots, sondern wegen des tief sitzenden Ethos der Bevölkerung. Falls man dennoch mal Hilfe braucht:

Polizei-Notruf: 112

Feuerwehr/Ambulanz: 119

Touristen-Hotline: 02/1330 (die hilft auf Englisch auch bei Gesprächen mit der Polizei weiter).

Asan Medical Center, International Clinic, Tel. +82/2/3010-5001. Englischsprachiges Krankenhaus in Seoul.

Unterkunft

Es gibt die westlichen **Hotels** aller internationalen wie auch koreanischer Ketten, individuell gestaltete Design- oder Boutique-Hotels und Hotels in koreanischem Stil (Hanok und Yeogwan). In **Hanoks** und Yeogwans schläft man auf Futons auf dem beheizten Fußboden. **Minbak** ist die Bezeichnung für Pensionen und Gästezimmer, außerdem gibt es natürlich günstige Motels, Gästehäuser, Hostels und Jugendherbergen. Die preiswerteste Übernachtung bieten die typisch koreanischen Saunen (**Jjimjilbangs**) mit ihren großen Ruhezonen. Auch bei einer **Gastfamilie** kann man sich einquartieren (www.homestaykorea.com).

Unterkünfte mit dem Zeichen Goodstay sind von der Koreanischen Tourismuszentrale auf ihre Qualität geprüfte, vertrauenswürdige Häuser.

Templestay: Klöster beherbergen seit Jahrhunderten buddhistische Pilger. Seit einigen Jahrzehnten nehmen viele von ihnen auch Nicht-Pilger auf - im Rahmen ihres Templestay-Programms. Nähere Informationen gibt es am Jogye-Tempel oder unter www.templestay.com.

Verständigung

Jüngere Koreaner in der Metropolregion sprechen oftmals Englisch - und praktizieren das gerne an ausländischen Gästen. Einen Grundwortschatz Koreanisch bietet der kleine Sprachführer am Ende dieses Buches.

Währung

Die koreanische Währung Won (KRW) gibt es in Scheinen zu 1000, 5000, 10 000 und 50 000 Won, Münzen in Höhen von 10, 50, 100 und 500 Won. Bei Drucklegung dieses Buches entsprach der Wechselkurs von einem Euro = 1205 Won oder 1000 Won = 0,8 Euro (April 2015).

Zeitverschiebung

In Korea kennt man keine ›Sommer- oder Winterzeit‹. Immer gilt die Zeitzone MEZ plus acht Stunden.

Ausführliche Hinweise in den Seoul-Informationen ab S. 172 und in den Reisetipps von A bis Z ab S. 228.

Wer das Morgen nicht bedenkt, wird Kummer haben,
bevor das Heute zu Ende ist.
Konfuzius

Wachwechsel am Deoksu-Palast in Seoul

STADT UND LEUTE

Seoul im Überblick

Die Flagge Südkoreas

Lage: 37° 34′ nördlicher Breite und 126° 59′ östlicher Länge, 56 Kilometer südlich der Grenze zu Nordkorea.
Funktion: Hauptstadt der Republik Korea.
Fläche der Stadt: 605,52 km2.
Fläche der Metropolregion Sudogwon (Seoul, Incheon, Suwon, Provinz Gyeonggi): 10200 km2.
Einwohnerzahl Seoul: 11 Millionen.
Einwohnerzahl Metropolregion: 25,6 Millionen.
Verwaltung: ›Besondere Stadt‹ (Special City), unterteilt in 25 politisch selbständige Bezirke (*gu*) mit eigenen Bürgermeistern; die Bezirke wiederum in 522 Viertel (*dong*).
Regierungsform: Demokratisch; Seoul Metropolitan Government mit Bürgermeister und 104 Stadträten, die alle vier Jahre gewählt werden.
Bürgermeister: Park Won Sun (Neue Politische Allianz für Demokratie, NPAD) (sozial-liberal).
Bevölkerung: Sehr homogen, 99 Prozent Koreaner, einzige größere Minderheit: 600 000 Chinesen, gefolgt von Amerikanern und Japanern.
Bevölkerungsdichte: 17 000 Einwohner pro Quadratkilometer.
Bevölkerungswachstum: 0,25 Prozent jährlich.
Religion: 25 Prozent Christentum, 25 Prozent Buddhismus, Rest keine Religion oder Sekten.
Klima: Vier ausgeprägte Jahreszeiten, vergleichbar unseren in Mitteleuropa. Gemäßigte Temperaturen in Frühjahr und Herbst = beste Reisezeit!
Flüsse: Hangang, Cheonggyecheon.
Berge: Bugaksan 342 m, Bukhansan 837 m, Inwangsan 338 m, Namsan 243 m.
Stadtvogel: Elster.
Stadtblume: Forsythie.
Stadtbaum: Ginkgo.
Maskottchen: Haechi (löwenähnliches Fabelwesen).
Gesetzliche Feiertage: 1. Januar (Neujahrstag), Seollal (Neujahrstag nach dem Mondkalender), 1. März (Tag der Unabhängigkeitsbewegung), 5. April (Baumpflanztag), 5. Mai (Kindertag), 8. Tag des 4. Monats nach dem Mondkalender (Buddhas Geburtstag), 6. Juni (Erinnerungstag), 15. August (Nationalfeiertag, Unabhängigkeitstag), Chuseok (Erntedankfest, 15. bis 18. Tag des 8. Monats), 3. Oktober (Gründungstag der Nation), 25. Dezember (Weihnachtstag).
Uhrzeit: MEZ plus 8.
Telefonvorwahl: +82/2.
Website: www.seoul.go.kr.
Internetkennung: kr.

Das Maskottchen von Seoul

Geographie

Die Lage Seouls ist der Tradition des Feng-Shui zufolge ideal: Berge schützen den alten Stadtkern an drei Seiten, was man von den beiden Aussichtsbergen Bugaksan im Norden und Namsan im Süden verifizieren kann. Der dritte ist der Inwangsan im Westen. Dieser naturgegebene Schutz war dem Geomanten wichtig, der dem Gründer der Yi-Dynastie, dem ehemaligen General Yi Song Gye und nachmaligen König Taejo, 1392 riet, seine neue Hauptstadt an dieser Stelle zu planen. Ganz so falsch kann der Geomant nicht gelegen haben, denn trotz vieler Widrigkeiten und Kriegszerstörungen im Lauf der Jahrhunderte hat sich Seoul immer wieder wie der Phönix aus der Asche erhoben. Und auch der rasante Aufstieg in den letzten 30 Jahren beruht vielleicht auf der guten Lage und deren ›good vibrations‹.

Stadt, Land, Fluss

Die ›Special City‹ Seoul, die ein großes Oval von etwa 605,5 Quadratkilometern umfasst, liegt in der äußersten Nordwestecke Südkoreas, nur gut 50 Kilometer südlich der Grenze zum kommunistischen Bruderstaat im Norden. Die geografischen Koordinaten lauten: 37° 34′ nördlicher Breite und 126° 59′ östlicher Länge. Damit befindet es sich etwa auf dem gleichen Breitengrad wie Athen oder Lissabon.

Die Metropolregion Sudogwon umfasst die Fläche der Provinz Gyeonggi. Das sind 10200 Quadratkilometer. Die Kapitale Seoul, der Hafen Incheon und die Provinzhauptstadt Suwon liegen nämlich auf deren Territorium. Die Koordinaten der Provinz reichen von 37° 22′ nördlicher Breite zu 127° 16′ östlicher Länge.

Blick vom Namsan auf den Han-Fluss und die südlichen Stadtteile

Der Hafen von Incheon

Dass Südkorea zu 70 Prozent von Bergen bedeckt ist, wird einem auch im durchschnittlich 87 Meter über dem Meeresspiegel liegenden Seoul klar. Berge sind allgegenwärtig und bieten gute Orientierungspunkte als auch Wandermöglichkeiten.

Im Norden der Altstadt, gleich hinter dem Nordpalast, erhebt sich der Bugaksan, ein 342 Meter hoher Granitbuckel. Ihm schließt sich nach Norden der Bukhansan-Nationalpark an, der einzige Nationalpark im Gebiet der Hauptstadt. Der Volksmund spricht auch gerne vom Dreiecksberg (›Samgaksan‹), wegen seiner drei Granitgipfel Baegunbong, Insubong and Mangyeongbong, die bis auf 837 Meter aufsteigen. Seine reizvolle Landschaft, die Pflanzenvielfalt und einige kulturelle Relikte sowie hunderte buddhistische Tempel machen ihn zu einem beliebten Ausflugsziel.

Der 243 Meter hohe Südberg (Namsan) bildete in den dynastischen Zeiten die Südgrenze der Stadt, heute liegt er mitten im modernen Seoul. Mit seinem Wahrzeichen, dem N Seoul Tower, hilft er Besuchern bestens bei der Orientierung.

Bis auf 338 Meter wölbt sich der Inwangsan im Westen der Altstadt. Beliebt ist der ›Berg des gütigen Königs‹ wegen seiner ungewöhnlichen Felsformationen, unter anderem der Tigerfelsen, der Adlerfelsen oder der Hutfelsen‹, – und weil man bei einer nur zweistündigen Wanderung herrliche Ausblicke auf Seoul genießen kann.

In den Windungen eines großen ›W‹ strömt der Han-Fluss durch die Hauptstadt. Der insgesamt 498 Kilometer lange Han verläuft wie fast alle großen Flüsse Südkoreas von Ost nach West. Das ist nicht weiter verwunderlich, da sich im Osten und Norden die hohen Gebirgszüge befinden, in denen sie entspringen. Beim Han sind es zwei Quellflüsse: der nördliche Han (Bukhangang), der

325,5 Kilometer lang ist und in Nordkorea nahe dem Geumgangsan seinen Ursprung hat, und der südliche Han (Namhangang), 395 Kilometer lang und aus dem Geumdae-Gebirge in der Provinz Gangwon stammend. Beide vereinen sich bei Yangsuri (35 Kilometer östlich von Seoul). In der Hauptstadt umarmt der Han ein paar Inseln, deren wichtigste Yeouido ist. Nach seinem Austritt aus dem Stadtgebiet fließt der Han nach Nordwesten zur Insel Ganghwa weiter und ergießt sich dort ins Gelbe Meer.

Schiffbar wäre der Han auf rund 300 Kilometer. Für den Transport ist er aber genauso wenig wichtig wie die anderen großen Flüsse Südkoreas; ein bestens ausgebautes Eisenbahnnetz und jede Menge breitspuriger Autobahnen haben diesen Dienst übernommen. Bedeutung kommt ihm jedoch zur Be- und Entwässerung der Reis- und Kornfelder zu. Ja, die gibt es auch in der großflächig zubetonierten Metropolregion! Ferner dient der Han als Lieferant für einige Wasserkraftwerke. Die Seouliten nutzen ihn vor allem zum Wassersport, die Touristen zum Sightseeing per Ausflugsboot.

Gegen die Westküste brandet das Gelbe Meer. Es ist für die Metropolregion Sudogwon das wichtigste Gewässer. Denn dort liegen viele Hafenstädte, obwohl der Tidenhub dem Schiffsverkehr und der Fischerei eigentlich nicht förderlich ist. Bei der Millionenstadt Incheon zum Beispiel kann der Wasserstand von Ebbe auf Flut um rund neun Meter steigen. Die Bedeutung Incheons als Seouls ›Tor zur Welt‹ wird dadurch unterstrichen, dass der wuchernde Moloch heute im Südwesten fast nahtlos in die Hafenstadt übergeht.

Klima und Reisezeit

Da die koreanische Halbinsel nur ein kleines Anhängsel am riesigen asiatisch-sibirischen Kontinent ist, wird der Norden klimatisch vom Festland beeinflusst, der Westen vom Gelben Meer. Die Durchschnittstemperatur des ganzen Jahres beträgt in der Gegend von Seoul 10° Celsius. Im August, dem heißesten Monat, steigt die Quecksilbersäule dort auf 25,4° Celsius, im Januar sinkt sie auf minus 5° Celsius. Die Nähe zum chinesischen Festland bewirkt im Winter auch etwas Gutes: Die regelmäßigen Luftdruckveränderungen über dem Kontinent sorgen dafür, dass auf drei eiskalte Tage in jedem Fall vier wärmere Tage folgen.

Korea befindet sich im ostasiatischen Monsungürtel. Im Winter entsteht über Sibirien ein Hochdruckgebiet, während über dem Pazifik ein Tief hängt. So blasen kalte Winde aus Nordwest. Im Sommer hingegen bildet sich über dem Pazifik ein Hochdruckgebiet. Dann ist das Hoch über Sibirien verklungen, und die Meeresluft aus Süd und Südost drückt herbei. Sie führt viel Feuchtigkeit mit sich. Im Juni und Juli fallen deshalb zwischen 50 und 60 Prozent der Jahresregenmenge. Wolkenbrüche, von Gewittern begleitet, sind der Normalfall. Im Großraum Seoul gehen im Sommer rund 1400 Millimeter Regen nieder.

Seoul und seine Umgebung sind zu allen – deutlich ausgeprägten und mit Mitteleuropa vergleichbaren – Jahreszeiten schön. Der frische Frühling verzaubert mit köstlichen Blüten. Der schwüle Sommer ist tropisch. Als Reisezeit zu bevorzugen ist der Herbst. Die Klarheit des Himmels und die gold-rote Farbenpracht der Ahornwälder sind dann unerreicht großartig.

Kirschblüte am Deoksu-Palast

Flora und Fauna

Die mehr als 20 Arten Ahorn bescheren der Metropolregion um Seoul im Herbst einen wahren ›Indian Summer‹, an Schönheit durchaus konkurrenzfähig zu dem in Nordamerika und Kanada. Ferner gedeihen hier immergrüne Pflanzen: Magnolien, japanische Spindelsträucher, Liguster, Kletterfeigen oder auch Ilex. Aber – da die Jahreszeiten mit denen in Mitteleuropa vergleichbar sind – trifft man ebenso auf alte Bekannte: verschiedene Eichenarten, Kiefern, Rhododendron, Azaleen, Forsythien, japanische Kirschen und Chrysanthemen.

Die feuchten Sommer begünstigen dichten Waldwuchs. Früher waren mehr als 70 Prozent des Landes von Wald bedeckt. Der Bedarf an Brennholz – man denke an die langen Wintermonate, in denen die Fußbodenheizung (Ondol) geschürt werden musste – trieb die Bevölkerung zu Raubbau. Auch der Koreakrieg (1950–1953) hatte zum Kahlschlag beigetragen. Heute ist nur noch die Hälfte der Seoul umgebenden Landschaft von Wald bedeckt, besser gesagt: wieder bedeckt. Denn in den 1960er Jahren gab es staatlich verordnete Aufforstungsprogramme, an deren Resultat wir uns heute erfreuen können.

Wo der zubetonierte Großraum Seoul es zulässt, wird Reis angebaut. Wichtige andere Produkte sind Gerste, Weizen, Hirse und Sojabohnen. Nicht zu vergessen und auf der Insel Ganghwa auch nicht zu übersehen: Ginseng. Die Wunderpflanze, die als Stärkungs- und Belebungsmittel geschätzt wird, ist ein großer Devisenbringer.

Was die Tierwelt betrifft, bieten Seoul und seine weitere Umgebung dem Europäer durchaus ›Exotisches‹: Kraniche und Reiher, die seit alters als Symbole des Friedens hoch geachtet werden. Die Reiher haben ihre Brutplätze in verschiedenen Naturschutzgebieten südlich der Metropolregion. Sie kommen Mitte März aus Sibirien gezogen. Die Kraniche erscheinen Ende Oktober oder im November und überwintern unter anderem an der Westküste südlich von Incheon. Heimisch ist ein geschützter Vogel: Tristrams Specht (dryocopus javensis richardsi).

Geschichte und Gegenwart

Ganz so alt wie die Kulturen in Ägypten, China oder dem Zweistromland ist Korea nicht – und Seoul schon gar nicht. Zwar war die fruchtbare Region am Han-Fluss – wie Ausgrabungen im Stadtteil Amsadong belegen – bereits vor 5000 Jahren besiedelt, politisch-historisch trat sie aber erst kurz vor der Zeitenwende in Erscheinung. Der Baekje-König Onjo ließ ab dem Jahr 18 vor Christus Burgen errichten, um sein Reich gegen mögliche Eindringliche aus dem Norden schützen, speziell aber um das strategisch wichtige Flusstal kontrollieren zu können: erst nördlich des Han, später auch südlich des Stroms, die Vorläufer der heutigen Nordfestung (Bukhan sanseong) und der Südfestung (Namhan sanseong). Die hielten jedoch dem Ansturm des Staates Goguryeo nicht stand, der vom Tal Besitz nahm und das Baekje-Reich nach Süden verdrängte. Nach der Niederwerfung Goguryeos im 7. Jahrhundert erhob auch die Silla-Dynastie Anspruch auf die Region und markierte seine Nordgrenze mit einer Inschriften-Stele, die heute im Nationalmuseum zu sehen ist.

Schon in der Silla-Zeit (676–935) kam der Name Hanyang auf. Er bedeutet ›nördlich des Han‹ und blieb für rund 400 Jahre die offizielle Bezeichnung der Region. Anfangs auch noch unter der Yi- oder Joseon-Dynastie, deren Gründer Yi Seong Gye als König Taejo im Jahr 1394 auf Anraten seines Geomanten die Hauptstadt von Kaesong (heute Nordkorea) nach Hanyang verlegte und ihr den Namen Seoul gab. Damit begann die 600-jährige Blütezeit. Die Residenzstadt wurde mit Mauern umgeben, prachtvoll ausgebaut und avancierte zum politischen, wirtschaftlichen, kulturellen und intellektuellen Zentrum Koreas. Viermal wurden Seouls Macht und Pracht zerstört, das erste Mal im Imjin-Krieg (1592–1598), als der japanische Shogun Toyotomi Hideyoshi versuchte, Korea als Aufmarschgebiet gegen China zu erobern, das zweite Mal durch die chinesischen Mandschu zu Beginn des 17. Jahrhunderts und ein drittes Mal wieder durch die Japaner, als sie sich 1910 der koreanischen Halbinsel bemächtigten, sie zu einem Protektorat degradierten und die

Mythischer Tiger im Nationalmuseum

meisten Paläste in Seoul demontierten. Was die Japaner stehen gelassen hatten, fiel dann dem Koreakrieg (1950–1953) zum Opfer. Umso erstaunlicher ist der binnen weniger Jahrzehnte erfolgte Wiederaufstieg zu einer der Top-Adressen der Welt.

Wenn die Hauptstadt auch nur auf eine Erfolgsgeschichte von 600 Jahren zurückblicken kann, so bringt Korea es immerhin auf eine bewegte Vergangenheit von rund 4300 Jahren. Diese lange Zeitspanne soll hier kurz zusammengefasst werden, denn ohne den historisch-kulturellen Hintergrund lässt sich auch das heutige Seoul nicht verstehen.

Der Mythos Dangun

Koreas Ursprung liegt in mythischem Dunkel. Das versucht eine Legende zu erhellen, die in einer frühen Zusammenfassung der koreanischen Geschichte steht, in den ›Erinnerungen an die drei Reiche‹ (Samguk Yusa). »In alten Zeiten gab es Hwan-in, den himmlischen Herrscher«, heißt es da. Der hatte einen Sohn namens Hwanung, der eines Tages den Wunsch äußerte, vom Himmel herabzusteigen und unter den Menschen zu leben. Das tat er mit 3000 Gefolgsleuten, nahm auf dem Taebaek unter einem Sandelholzbaum Platz und erklärte sich zum Hwanung Cheonwang, was soviel heißt wie ›Hwanung Himmlischer König‹.

Just in jenen Zeiten lebten eine Bärin und ein Tigerweibchen gemeinsam in einer Höhle. Sie beteten zu Hwanung, er möge ihnen zu menschlicher Gestalt verhelfen. Der König erbarmte sich ihrer, gab jeder ein Bündel Wermut und 20 Zehen Knoblauch und sagte: »Wenn Ihr dies esst und für hundert Tage kein Sonnenlicht seht, dann werdet Ihr Menschen.« Die Bärin und das Tigerweibchen zogen sich in ihre Höhle zurück. Als die Zeit gekommen war, verwandelte sich die Bärin, die die Anweisungen befolgt hatte, in eine Frau. Das ungehorsame Tigerweibchen aber blieb, wie es war. Da die Frau nun keinen Mann finden konnte, bat sie Hwanung um ein Kind. Als sie einen Sohn gebar, nannte sie ihn Dangun Wanggeom, König des Sandelholzes.

Das Alles begab sich im Jahr 2333 vor Christus. Dieses Datum kennt in Korea jedes Kind, genauso wie den koreanischen Gründervater Dangun. Allerdings hieß der Staat damals noch nicht Korea, sondern Asadal (›Morgensonne‹). Noch bis vor kurzem galt offiziell ein sich nach Danguns Geburt richtender Kalender.

Pagode aus der Silla-Zeit im Seouler Bongeun-Tempel

Pagode des Bunhwang-Tempels in Gyeongju, einem der Reichs-Tempel der Silla-Dynastie

Das alte Joseon

Die legendäre Dangun-Zeit währte rund 1200 Jahre. Ihr folgte im 11. Jahrhundert vor Christus die Kija-Epoche. Deren Gründer, der chinesische Prinz Jizi (koreanisch Kija), ist historisch belegt. Kija gehörte zur chinesischen Dynastie Shang. Als diese gestürzt wurde, floh der Prinz mit ein paar tausend Getreuen nach Korea. Auf einem Territorium zwischen der südlichen Mandschurei und der Gegend des heutigen Seoul gründete er den Staat Chaoxian, was ›Land der Morgenstille‹ bedeutet und unter seinem koreanischen Namen Chosun noch heute im offiziellen Namen der Volksrepublik Nordkorea fortlebt (in Südkorea wird es Joseon geschrieben). Die rund 1000 Jahre währende Kija-Ära gilt als ›goldenes Zeitalter‹. Zu Fall kam sie 194 vor Christus durch einen anderen chinesischen Flüchtling, einen Eroberer namens Weiman. Der hatte seine Heimat in den Wirren nach dem Sturz der Qin-Dynastie (221–206 vor Christus) verlassen und war an den Hof des Königs in Pjöngjang gelangt. Dort bot man ihm einen hohen Posten an, den er sogleich ausnutzte, um die ganze Macht an sich zu reißen.

Doch das Reich des Weiman war nicht von langer Dauer. Schon sein Nachfolger begann Streit mit den Chinesen, was die sich aber nicht gefallen ließen. Sie löschten Chosun von der Landkarte und ersetzten es durch eigene Gouvernements. Von denen blieb jedoch nur die Provinz Lolang bestehen (bis 313), die sich vom Grenzfluss Yalu südwärts bis fast zum heutigen Seoul hin erstreckte und als blühendes Zentrum chinesischer Kultur galt.

Die Drei Königreiche

Zur Zeit dieser koreanisch-chinesischen Wirren gab es im Süden Koreas drei Stämme. In deren Lebensraum strömte – aus der Mandschurei kommend – der Stamm Buyeo, dessen Wanderung die verschiedenen Stämme durcheinanderwirbelte. Dabei kristallisierten sich jene drei Königreiche heraus, die die eigenständige koreanische Kultur und Geschichte begründeten.

Den Anfang machte Silla. Die wichtigsten Klans hatten vereinbart, ein gemeinsames, starkes Reich zu schaffen – mit einem Herrscher an der Spitze, der aus den drei angesehensten Familien gewählt werden sollte. Die hießen – und auch heute sind dies die meistverbreiteten Familiennamen – Kim, Park und Seok. Im Jahre 57 vor Christus gründeten sie das Königreich Silla und erklärten Gyeongju zur Hauptstadt.

Im Norden etablierte sich vom Jahr 37 vor Christus an das Reich Goguryeo. Es umfasste sowohl das heutige Nordkorea als auch große Teile der Mandschurei. Die Hauptstadt lag abwechselnd mal am Yalu, mal weiter südlich bei Pjöngjang. Das dritte für die koreanische Entwicklung wichtige Reich, Baekje, war im Jahre 18 vor Christus von einem Fürsten aus dem Buyeo-Stamm ausgerufen worden.

Die Ära der Drei Königreiche währte bis 668, wobei die Oberhoheit über die Halbinsel stets zwischen den dreien wechselte, bis Silla vom Jahr 562 an mit seinem Allierten, der chinesischen Tang-Dynastie, ein Königreich nach dem anderen überrannte und den Weg zur Einigung der Halbinsel ebnete.

Der Bulguk-Tempel in Gyeongju ist ein Musterbau der Silla-Architektur

Vorführung in Kostümen der Yi-Dynastie vor dem Nordpalast

Das geeinte Groß-Silla

Die Silla-Herrscher läuteten ein ›goldenes Zeitalter‹ ein. Der Buddhismus wurde Staatsreligion. Die Wissenschaft profitierte vom Austausch der Studenten mit China. Anfang des 8. Jahrhunderts wurde in Gyeongju die erste staatliche Universität gegründet. Relikte der hohen Kultur sind dort im ›offenen Museum‹ noch heute zu sehen.

Im Jahr 935 – ein paar Jahre nach dem Untergang der chinesischen Tang – war es aber auch um das Großreich Silla geschehen. Die königliche Macht war bröckelig geworden, die Moral der Elitetruppen gesunken. Räuber und Clan-Chefs nutzen ihre Chance und sagten sich nach und nach von der Zentralregierung los.

Die Goryeo-Dynastie

Einer dieser Bandenführer rief im Norden sein eigenes Reich aus, das er Goryeo nannte, was ›Land der hohen Schönheit‹ heißt, und unterwarf die anderen Königreiche. Die von 918 bis 1392 regierende Goryeo-Dynastie gilt als tolerante, friedliche Epoche. Der Buddhismus war Staatsreligion. Aber auch der Konfuzianismus als staatstragende Ideologie blühte: Man gründete Schulen und führte ein staatliches Prüfungssystem für die Beamten ein. Kunst und Kultur erreichten neue Höhepunkte. Typisch für die Goryeo-Zeit ist das Seladon, dem man in vielen Museen Seouls wie auch in Antiquitätengeschäften begegnet. Eine weitere Meisterleistung der Goryeo-Künstler und Mönche ist die Holzdruckarbeit der Tripitaka Koreana, der vollständigsten Sammlung buddhistischen Schrifttums.

Diese kulturelle Blüte ist umso erstaunlicher, weil auch die Goryeo-Ära nicht ungestört verlief – und den Angriffen aus Nordchina spätestens im Jahr 1219 unterlag, als Dschinghis Khan (1167–1227) vor den Toren stand. Sein Enkel Khublai Khan (1215–1294) deklassierte Goryeo zu einem Marionettenstaat.

Dass sich das Weltreich des Khublai Khan von Goryeo bis vor die Pforten Europas erstreckte, war für beide Seiten nicht von Nachteil. Die Wissenschaft des Westens gelangte nach Fernost, die Kunst des Ostens bereicherte den Westen. Diese Jahre des blühenden Ost-West-Handels waren die Zeit Marco Polos, der 1275 in die Hauptstadt Khublai Khans, Khanbalik, gekommen war. Aller Wahrscheinlichkeit nach stammt der heutige Name Korea von Goryeo, jener unterworfenen Dynastie, die Marco Polo durch den Khan kennengelernt hatte.

Als die Herrschaft der Mongolen ins Schwanken geriet und im Jahr 1368 die chinesische Ming-Dynastie ausgerufen wurde, witterte man auch in Goryeo gute Chancen, die Unabhängigkeit zurückzugewinnen. Dabei gab es zwei Fraktionen: Der König und sein Premier plädierten für ein ganz freies Goryeo, die Militärs, allen voran General Yi Song Gye, befürworteten die traditionelle Tributbeziehung zu China. Was lag da näher als ein Putsch?

Die Gelegenheit bot sich, als der König im Jahr 1388 Truppen unter General Yi über den Yalu entsandte, damit sie die Ming fernhielten. Der General zog zwar von dannen, stieß aber urplötzlich mit seinen Getreuen gegen die Hauptstadt Kaesong zurück, wo er den König entthronte. Klar, dass der General, als das Volk ihm als dem Retter des Vaterlands den Thron anbot, akzeptierte. Man schrieb das Jahr 1392.

Die Yi-Dynastie

Mit dem ersten Yi-Herrscher beginnt auch die echte Geschichte Seouls. Im fünften Jahr seiner Regierung befahl er den Bau eines neuen Regierungssitzes. Anfangs hieß der noch Hanyang, die ›Stadt nördlich vom Han-Fluss‹. Als Taejo dann von Kaesong umzog, benannte er sein Reich und seine Hauptstadt um: Korea hieß nun wieder Joseon, Land der Morgenstille, und Hanyang wurde zu Seoul – entstanden aus der Verschleifung von Seorabul, was schlichtweg ›Hauptstadt‹ bedeutet. Die Yi-Dynastie währte 519 Jahre und ging erst unter, als sich Japan am 29. August 1910 Korea als Kolonie einverleibte.

Im Gegensatz zur Goryeo-Dynastie, die den Buddhismus gefördert hatte, unterstützte König Taejo den Konfuzianismus – nicht ohne Hintergedanken: Die strikten Morallehren des chinesischen Philosophen, die strenge hierarchische Ordnung von Familie und Staat sowie das Prüfungssystem der Verwaltungsbeamten schienen ihm ein funktionsfähiges politisches Gebilde zu sichern.

König Sejong

Die kulturell bedeutendste Epoche Koreas läutete ein Enkel Taejos ein, der 1418 den Thron als König Sejong bestieg und bis 1450 regierte. Das hat vor allem einen Grund: Sejong hat Korea eine eigene nationale Schrift gegeben. Bis dahin hatte man auf der Halbinsel nur die chinesischen Silbenzeichen gekannt, mit denen das Koreanische aber nur höchst ungenügend hatte wiedergegeben werden können. Im September 1446 überreichte König Sejong seinem Volk das von Wissenschaftlern entwickelte nationale Alphabet, genannt Hangeul.

Denkmal für König Sejong am Gwanghwamun-Platz

Das Hangeul war nicht seine einzige kulturelle Großtat. Der wissenschaftlich interessierte Monarch hatte 1437 eine Sonnenuhr und eine Wasseruhr entwickeln lassen, 1442 folgte ein Regenmesser. Politisch von Bedeutung waren die Bestrafung der japanischen Piraten, die ständig Koreas Küste überfielen, bei Tsushima (1419), die Niederschlagung der ›Barbaren‹ im Norden und die Sicherung seines Reiches durch den Bau von Militärstützpunkten am Grenzfluss Tuman (1434). Alle Nachfolger Sejongs des Großen hatten Schwierigkeiten, die Kompetenz ihres Vorfahren zu erreichen.

Korea und Japan

Die Gefahr von Seiten des nur rund 200 Kilometer vor der Südostküste Koreas liegenden Japan hatte schon vor Sejong eine lange Tradition. Um in Korea Fuß zu fassen, soll es geschichtlichen Texten zufolge zwischen dem 1. und dem 4. Jahrhundert fast 30 japanische ›Expeditionen‹ gegeben haben.

Eine hochgerüstete Flotte näherte sich auch 1592. Der Schogun Toyotomi Hideyoshi hatte in Seoul anfragen lassen, ob sein Heer die Halbinsel als Aufmarschgebiet gegen China benutzen dürfe. Dieser Wunsch war abschlägig beschieden worden. Nun wollte er sich sein vermeintliches Recht gewaltsam holen. Rund 150 000 Soldaten und 10 000 Seeleute steuerten Korea an, das sie in kurzer Zeit unterwarfen. Die koreanische Armee, spärlich mit Armbrüsten sowie Pfeil und Bogen ausgestattet, konnte keinen Widerstand leisten gegen einen Feind, der bis an die Zähne bewaffnet war und darüber hinaus sogar über Musketen verfügte. Wie das? Die Japaner waren auch früher schon gut im Kopieren: Die Luntenschloss-Musketen hatten sie bei drei portugiesischen Abenteurern gesehen, die 1542 auf der Insel Tanegashima gelandet waren. Bis zur Invasion des Hideyoshi hatten sie also 50 Jahre Zeit, die Musketen nachzubauen und sogar zu verbessern.

Yi-Sun-Sin-Denkmal am Abend

Allerdings zeigten sich auch die Koreaner als Meister der Ingenieurskunst, was ihnen letztlich zum Sieg über die Japaner verhalf. Admiral Yi Sun Sin ließ ein unverletzbares, gepanzertes Schiff, das ›Schildkrötenboot‹ konstruieren. Dessen Einsatz war ein voller Erfolg. 1598 war der Krieg beendet.

Die Stärke, die Korea von da an nach außen hin zeigte, ließ es jedoch im Inneren vermissen. Einflussreiche Familien stritten sich um die Macht. Die Könige hatten oft nichts zu sagen, die Machtfülle lag bei den Hofbonzen und Generälen. Intrigen waren an der Tagesordnung.

Die Korruption der Verwaltung, den Reichtum einiger weniger Sippen und die Armut der restlichen Bevölkerung sowie die Bedrohung durch die Ausländer hatte Choi Che U vor Augen, als er nach einem Rezept zur Rettung seines Vaterlands suchte. Choi, 1824 in Gyeongju geboren, formulierte eine neue Weltanschauung, die er als Gegenpol zum Katholizismus, der ›westlichen Lehre‹ (Seohak), ›östliche Lehre‹ (Donghak) nannte. In ihr vermischten sich Vorstellungen des buddhistischen Friedens mit der konfuzianischen Ethik. Da sie besonders die sogenannten kleinen Leute anlockte, die verarmten und vagabundierenden Bauern und Handwerker, fürchtete die Oberschicht einen Umsturz. Sie ließ Choi verhaften und 1864 hinrichten, weil er ›den öffentlichen Frieden gestört und das Volk verführt‹ habe.

Chois Slogan ›Alle Menschen sind gleich‹ vereinte eine unermessliche Anzahl von Underdogs, aber auch Intellektuelle und Reformisten. Im Jahr 1892 zogen die Donghak-Anhänger durch Seoul und riefen zu ›Demonstrationen der Gewaltlosigkeit‹ auf. Sie forderten die Entlassung korrupter Beamter, Religionsfreiheit und die Rehabilitierung Chois. Zur Niederschlagung sah sich der Hof gezwungen, die Chinesen um Hilfe zu bitten. Als die Truppen aus Peking anrückten, entsandten die Japaner ein dreimal so starkes Kontingent. Sie wollten ihren mühsam errungenen Einfluss auf Korea nicht so einfach aufgeben. Die bestens ausgerüsteten japanischen Soldaten zerschlugen die Rebellion im Handumdrehen. Dieser eher kleine Konflikt führte direkt in den großen Krieg, denn jetzt standen sich chinesische und japanische Truppen auf koreanischem Boden gegenüber. Den Krieg von 1894/95 gewannen die Japaner. China musste seine Oberhoheit über Korea an den Tenno abgeben.

Kolonialisierung

Korea, das aufgrund schlechter Erfahrungen mit Japan und dem Westen ab 1637 eine Politik der strengsten Isolierung von der Außenwelt ausübte (Ausnahmen bildeten jährliche Tributleistungen an China), und deshalb das ›Einsiedel-Königreich‹ genannt wurde, war natürlich ein begehrtes Ziel der kolonialisierungssüchtigen Staaten in der zweiten Hälfte des 19. Jahrhunderts. Und die fanden immer einen Grund vor der Insel Ganghwa, dem Vorposten der Hauptstadt, Flagge zu zeigen, ganz im Sinne der damals üblichen ›Kanonenboot-Politik‹. Im Herbst 1866 tauchten die Franzosen auf, weil sie angeblich Rache nehmen wollten für die Ermordung französischer Missionare. Sie enterten die Uferbastionen und die Stadt Ganghwa, raubten Gold- und Silberschätze, nahmen aber auch die Konvolute der königlichen Bibliothek mit und hinterließen verbrannte Erde.

Porträt der Königin Min

Porträt des Königs Gojong

1871 ankerten fünf US-amerikanische Kriegsschiffe vor Ganghwa. Warum Kriegsschiffe, wenn die Amerikaner doch nur wegen diplomatischer und Handelsbeziehungen anklopfen wollten? Natürlich beantworteten die Koreaner die militärische Begrüßung mit Kanonenkugeln. Vergeblich: Die Amerikaner stürmten die Bastionen und erzwangen vom Hof in Seoul die Öffnung einiger Handelshäfen. Zu diplomatischen Beziehungen kam es nicht, noch nicht. Den Weg dazu mussten erst die Japaner ebnen.

1875 waren die ›Söhne des Tenno‹ mit einem Kriegsschiff in den Han-Fluss vor Seoul eingelaufen, was am Hofe größten Alarm auslöste. Im Folgejahr dampften sechs Kriegsschiffe nach Seoul, und der schwache König sah sich gezwungen, den angebotenen ›Freundschaftsvertrag‹ zu unterzeichnen. Weil darin immer vom ›unabhängigen‹ Korea die Rede war, fühlte sich der Kaiser in Peking brüskiert, denn schließlich galt China bis dato als Oberlehensherr. Aber gerade auf die Beleidigung Chinas hatten es die Japaner abgesehen.

In Seoul war man gegenüber der Bedrohung von außen unschlüssig und schwach, weil zerstritten. Die Konservativen hielten weiter zu China, die Progressiven wollten dem japanischen Beispiel folgen und das Land dem Westen öffnen. Am Hof sah das so aus: Als König Cheoljong 1864 starb, hinterließ er keinen Erben. Man ernannte deshalb den elfjährigen Sohn eines nah verwandten Prinzen zum König. Er bestieg als Gojong den Thron, überließ jedoch die Regierungsgeschäfte seinem Vater, dem ›Prinzen des Großen Hofes‹, dem Daewongun. Der wollte ein unabhängiges Korea fördern. Das wurde aber durch die Gattin Gojongs, Königin Min, torpediert, die eine enge Bindung Koreas an China unterstützte. Das Auf und Ab bestimmten jedoch in keinem Fall die Königin oder der Daewongun. Beide waren Spielbälle in den Händen Chinas, Japans und verschiedener europäischer Länder.

Als nach dem Japanisch-Chinesischen Krieg 1895 die Chinesen die Halbinsel verlassen mussten, büßte auch Königin Min ihren Einfluss ein. Der Daewongun verbündete sich mit den koreanischen Reformern. Sie waren allerdings vollkommen japan-hörig, weil einige von ihnen dort studiert hatten. Diese willfährigen Koreaner stürmten im Oktober 1895 mit japanischen Soldaten den Gyeongbok-Palast in Seoul und töteten die Königin.

In diesen Turbulenzen fühlte sich selbst der König nicht mehr sicher. Er flüchtete mit dem Thronfolger im Februar 1896 in die russische Botschaft. Das passte den Japanern überhaupt nicht ins Konzept. Schon gar nicht, weil sich nun eine pro-russische Fraktion neben ihrer pro-japanischen entwickelte, ja, die pro-japanische sogar zur Bedeutungslosigkeit reduzierte. Ein Krieg zwischen Russland und Japan war vorprogrammiert. Am 9. Februar 1904 überfielen die Japaner die vor Port Arthur liegende russische Flotte. Korea erklärte sich zwar augenblicklich für neutral, wurde von Japan aber als Aufmarschgebiet annektiert.

Zum Protektorat degradiert

Eindeutiger Sieger des Russisch-Japanischen Kriegs war Japan. Der Friedensvertrag von 1905 sicherte dem Tenno neben anderem die Oberhoheit über Korea zu. Dass König Gojong durch seine eigenhändige Kaiserkrönung am 12. August 1897 versucht hatte, auf Augenhöhe zu den Imperatoren von China, Russland und Japan zu gelangen, war ziemlich wirkungslos auf alle geblieben. Das vom Tenno erpresste ›Fünf-Punkte-Abkommen von 1905‹ gestattete es der Regierung in Tokio, einen Gouverneur in Seoul einzusetzen, und beraubte Korea jeglicher diplomatischer Rechte.

Empfang der russischen und der japanischen Delegationen in Portsmouth 1905

Japans erster Schritt war dann auch, sämtliche Auslandsvertretungen Koreas zu schließen. Sogleich riefen die in Seoul vertretenen Länder alle ihre Diplomaten zurück. Der Westen tat nicht das Geringste, um die Halbinsel vor dem rigorosen Zugriff der Japaner zu schützen, im Gegenteil: Washington hatte im Juli 1905 – also noch während des Russisch-Japanischen Kriegs – ein infames Geheimabkommen mit Tokio geschlossen, das besagte, dass Japan nicht nach der damaligen amerikanischen Kolonie, den Philippinen, greifen sollte, während die Vereinigten Staaten versprachen, Japans Annexion von Korea nicht zu behindern.

Derart schmählich im Stich gelassen, versuchte Kaiser Gojong, auf der Zweiten Internationalen Friedenskonferenz in Den Haag (1907) auf die Bedrohung seines Landes aufmerksam zu machen. Wegen des ungeheuren japanischen Drucks wurde aber entschieden, die Koreaner nicht teilnehmen zu lassen, weil Korea kein selbständiger Staat, sondern ein Protektorat Japans sei. Da die Aktion in Den Haag eine ›unzulässige Einmischung in die japanische Außenpolitik‹ gewesen sei, verlangte der Tenno die Abdankung des Kaisers. Gojong machte daraufhin im Juli 1907 seinem Sohn Sunjong Platz.

Nachdem die Japaner die koreanische Armee entwaffnet und aufgelöst hatten, zogen sich die Ex-Soldaten in die Berge zurück und gingen zur Guerilla über. Die Widerstandskämpfe gingen nicht ohne Verluste an japanischen Leben ab: Gouverneur Ito starb im Oktober 1909 in Seoul durch eine Kugel. Etwas später wurde auch der von den Japanern eingesetzte Premierminister von einem Attentäter getötet. Auf Gouverneur Ito folgte ein Mann namens Terauchi. Dessen erste Amtshandlung war das Verbot der koreanischen Presse, seine zweite ein Annexionsvertrag. Den unterschrieb das Kabinett in Seoul am 22. August 1910. Er bedeutete das Ende des freien Koreas. Die Dynastie Yi erlosch – nach 519 Jahren.

Der Kampf um die Freiheit

Als Korea unter der Bezeichnung Generalgouvernement Chosun dem Reich des Tenno einverleibt worden war, verwandelte Gouverneur Terauchi Masatake es in einen Polizeistaat, der sich zu einem Pulverfass entwickelte. Da man militärisch gegen die Japaner nichts hätte ausrichten können, verfiel man auf eine gewaltlose Aktion. Eine Unterschriftensammlung für eine ›Erklärung der Unabhängigkeit‹ brachte 20 Millionen Stimmen. 33 führende Patrioten sollten die Erklärung veröffentlichen. Eine Gelegenheit bot sich, als der abgedankte Kaiser Gojong Ende Januar unter bis heute mysteriösen Umständen starb. Die Patrioten baten den japanischen Gouverneur, für einen Tag das Versammlungsverbot aufzuheben. Er bestimmte den 1. März 1919 zum Tag der Trauerfeier. Bei einer Großversammlung im Pagodenpark zu Seoul wurde die Unabhängigkeitserklärung verlesen, deren Botschaft idealistisch beseelt war: ›Wir erklären hiermit, dass Korea unabhängig ist, und verkünden, dass die Koreaner ein freies Volk sind‹. An anderer Stelle hieß es: ›Wir wollen die japanische Regierung, die noch beherrscht ist von der Idee der Gewalt, so beeinflussen, dass sie sich ändert und künftig ehrenhaft handelt‹.

Der Gouverneur handelte alles andere als ehrenhaft. Er ließ sein Militär anrücken. Am Abend des 1. März waren die Straßen Seouls von Hunderten von Toten bedeckt. Etwa 7500 kamen im ganzen Land um, 17 000 wurden verletzt und 47 000 verhaftet. Es nimmt nicht wunder, dass der 1. März (Sam-il) heute als wichtiger, offizieller Feiertag begangen wird.

Außer den Guerilleros gab es auch eine politische Opposition, die Singanhoe, die im Untergrund eine Vereinigte Nationale Front aufbaute. Als Japan im September 1931 die chinesische Mandschurei überfiel, fochten Soldaten der Unabhängigkeitsbewegung auf Seiten der Chinesen. Auch 1937, als es zum Japanisch-Chinesischen Krieg kam, kämpften tausende Koreaner auf Beijings Seite. Wer nicht schnell genug dahin übergewechselt war, wurde von den Japanern zu Zwangsarbeit und Militärdienst verpflichtet, zu hunderttausenden auch Mädchen und Frauen, die unter der zynisch-höhnischen Bezeichnung ›Trostfrauen‹ der Soldateska des Tenno als Prostituierte dienen mussten.

Zeitgleich zur Unabhängigkeitsbewegung gründeten koreanische Emigranten auf Hawaii eine Exilregierung. Deren Präsident hieß Syngman Rhee, der spätere erste Staatschef Südkoreas. Die Exilregierung antichambrierte während des ganzen Zweiten Weltkriegs bei Japans Kriegsgegnern, in der berechtigten Hoffnung, dass Korea bei einer Niederlage Japans seine Souveränität wiedererlangen könne. Entsprechende Verlautbarungen hatte es reichlich gegeben: 1943 auf der Konferenz in Kairo und 1945 in Potsdam. Als der japanische Außenminister am 3. September 1945 die Kapitulationsurkunde unterschrieb, verhieß der Federstrich für Korea tatsächlich das Ende einer 36-jährigen Fremdherrschaft, aber noch lange keinen Frieden.

Das Entstehen zweier Staaten

Zum Ende des Zweiten Weltkriegs im Pazifikraum standen sowjetische Truppen nördlich des 38. Breitengrads auf koreanischem Boden, US-Soldaten südlich davon, um die besiegten Japaner zu entwaffnen. Diese Situation interpretierten die Sowjets sogleich als Besitzanspruch auf den Nordteil und begannen mit dem Bau von Grenzanlagen. Der industrialisierte Norden war plötzlich strikt vom landwirtschaftlichen Süden geschieden. Beigetragen hat dazu sicherlich auch die Konferenz von Jalta im Februar 1945, auf der sich Franklin D. Roosevelt, Winston Churchill und Josef Stalin reichlich schwammig geeinigt hatten, Korea so lange treuhänderisch zu verwalten, bis eine eigene, frei gewählte Regierung das Land übernehmen könnte.

Zu dieser Situation kam es jahrelang nicht, trotz verschiedener Versuche der UNO. Die entschied im Jahr 1948, wenigstens in dem Teil Koreas, in dem dies möglich sei, Wahlen zu organisieren, also im Süden. Der Urnengang zur Nationalversammlung fand am 10. Mai 1948 statt. Am 1. Juli legte das Parlament den Staatsnamen fest: Daehan Minguk (Republik Groß-Han). International üblich wurde Republic of Korea, kurz ROK. Eine vorläufige Verfassung billigte man am 12. Juli. Am selben Tag wurde Syngman Rhee zum Präsidenten gewählt. Am 12. Dezember erklärte die UNO-Vollversammlung mit einer überwältigenden Mehrheit von 48 zu sechs Stimmen die Republik Korea zur einzig rechtmäßigen

Stacheldrahtzaun an der Nordspitze der Ganghwa-Insel, Blick nach Nordkorea

Vertreterin auf der Halbinsel. Die USA, Großbritannien, Frankreich, Nationalchina und einige andere Staaten erkannten die Regierung in Seoul sofort an und tauschten diplomatische Vertreter aus.

Der Koreakrieg

Als die Sowjetunion im Dezember 1948 den Abzug ihrer Truppen aus Nordkorea ankündigte, war sie sich sicher, die dortige Armee genügend aufgerüstet zu haben. Wohl zu recht: Die Volksarmee verfügte über 182 000 Mann, 242 sowjetische Panzer, 60 gepanzerte Fahrzeuge, 211 Flugzeuge und 30 Kriegsschiffe kleinerer Bauart. Dem konnte Südkorea – nach Abzug der amerikanischen Truppen am 29. Juni 1949 – nur 97000 Mann, 27 gepanzerte Fahrzeuge, 10 Flugzeuge und ebenfalls 30 kleinere Schiffe entgegensetzen. Sie würden einem Angriff nicht standhalten. Deshalb ließ der Überfall auch nicht lange auf sich warten. Genau ein Jahr nach dem Abzug der US-Truppen war es soweit.

Im Morgengrauen des 25. Juli 1950 stießen Truppen aus Nordkorea über den 38. Breitengrad vor. Die ungenügend ausgerüsteten Südkoreaner konnten der Angriffswelle weniger als nichts entgegensetzen, so dass die nordkoreanischen Soldaten in kurzer Zeit den ganzen Süden eroberten. Erst kurz vor Busan konnte der Vorstoß aufgehalten werden. Gleich am Tag des Überfalls brandmarkte der UNO-Sicherheitsrat Nordkorea als Aggressor und rief alle Mitgliedsstaaten der Vereinten Nation auf, Pjöngjang zum Rückzug seiner Truppen zu bewegen. Klingt naiv; jedenfalls fruchteten sämtliche Appelle nichts. Am 7. Juli beschloss der Sicherheitsrat, den Südkoreanern mit UNO-Truppen beizustehen. Dem Appell folgten 16 Staaten.

Unter dem Oberkommandierenden aller US-Streitkräfte in Fernost, General MacArthur, begann der Gegenstoß. Von Busan aus direkt vorzurücken, verhinderten Divisionen, die Nordkorea bereits in Stellung gebracht hatte. So entschied sich der General dafür, 40 000 Marine-Infanteristen hinter die feindlichen Linien zu bringen und bei Incheon nahe Seoul an Land gehen zu lassen. Das Unternehmen gelang, Seoul wurde am 26. September zurückerobert und der Regierung Rhee übergeben. Am 30. September war der 38. Breitengrad zurückerobert, am 19. Oktober fiel die nordkoreanische Hauptstadt, am 21. November standen die Truppen MacArthurs am Yalu, dem Grenzfluss zu China. Jetzt hätte der Koreakrieg beendet sein können.

Aber der Westen hatte nicht damit gerechnet, dass die erst knapp ein Jahr alte Volksrepublik China ihre Drohung wahrmachen würde, nämlich dass sie sich zu einem Eingreifen in den Krieg gezwungen sähe, wenn US-Truppen den 38. Breitengrad überschritten. Unglücklicherweise setzte MacArthur mit seinen Truppen nicht nur über, sondern ordnete auch die Zerstörung der Yalu-Brücken an. Die Bombardierung betrachtete China als Angriff. Ende November überschritten rund 800 000 chinesische Soldaten den Grenzfluss. Anfang Januar fiel ihnen Seoul in die Hände. Viel weiter konnten die chinesischen Menschenmassen allerdings nicht vordringen.

Der Hafen von Incheon bei Landung der US-Amerikaner 1945

Im Koreakrieg zerstörte Brücke über den Yalu

Zu ersten Verhandlungen der Kriegsparteien führte ein Vorschlag der Sowjetunion am 23. Juni 1951. Am 10. Juli traf man sich zu Waffenstillstandsgesprächen in Kaesong. Die zogen sich über zwei Jahre und 17 Tage hin, bis am 27. Juli 1953 in Panmunjeom das den Status quo ante bellum zementierende Waffenstillstandsabkommen unterzeichnet wurde. Die feindlichen Truppen zogen sich je zwei Kilometer vom 38. Breitengrad zurück, so dass eine vier Kilometer breite Demilitarisierte Zone entstand. Die besteht noch heute. Die Zahl der im Feld gebliebenen Soldaten: eine Million, der getöteten Zivilisten: drei Millionen. Noch heute, gut 60 Jahre danach, bestimmt das Trauma des Kriegs die Politik Süd- und Nordkoreas. Und, da ja nur ein Waffenstillstand, später zusätzlich ein Nicht-Angriffspakt unterzeichnet wurde, kein Friedensvertrag, befinden sich beide Länder offiziell noch im Kriegszustand.

Der schwere Weg in die demokratische Moderne

Der Koreakrieg hatte Südkoreas Führerfigur, den 1948 gewählten, ersten Präsidenten Syngman Rhee, ein wenig verblassen lassen. Rhee spürte, dass er die im Jahre 1952 fällige Präsidentenwahl nicht gewinnen würde, es sei denn, er änderte die Verfassung und ließe sich direkt vom Volk wählen. Das klappte. Auch bei weiteren Urnengängen sicherte er sich durch Verhaftungen von Oppositionellen und mehrere Verfassungsänderungen seine Wiederwahl. Im März 1960 allerdings wurde es dem Volk zuviel, Rhee hatte den Bogen überspannt, den ursprünglichen Demokratiegedanken sehr zügig und im Sinne des alten Klan-Denkens in eine Autokratie verbogen. In Korea, das jahrhundertelang von wechselnden Dynastien und großen Klans beherrscht wurde, kannte man ja nichts anderes, als dass sich einzelne Familien auf Kosten der Allgemeinheit und durch Unterdrückung Andersdenkender die Macht sicherten und nebenbei persönlich bereicherten. In Nordkorea läuft das noch heute so.

Denkmal für General MacArthur in Incheon

Nach an Opfern reichen Anti-Rhee-Unruhen und der Verhängung des Kriegsrechts demonstrierten in Seoul am 19. April 1960 Studenten von allen Schulen, Fachschulen und Universitäten; Professoren und bekannte Intellektuelle stellten sich an die Spitze des Protestes. Die Stimmung war so angeheizt, dass Rhee von sich aus anbot zurückzutreten, falls das Volk das wolle. Es wollte. Am 27. April zog sich der Präsident ins Exil nach Hawaii zurück und sein Vize Lee, Inbegriff der Korruption und des Polizeistaats, ging mit seiner Familie in den Freitod.

Mit Rhees Nachfolger Chang Myeon geriet das Land vom Regen in die Traufe. Er ließ die Verfassung erneut ändern und formte das Präsidialsystem zu einem Zwei-Kammer-System um. Neben der Nationalversammlung gab es nun auch den Senat (House of Councillors). In der sogenannten Zweiten Republik lag die Macht nicht mehr beim Präsidenten, sondern beim Premierminister. Dennoch folgte das gleiche Spiel wie unter Rhee: Kaum war Chang Myeons Demokratische Partei in die Regierungsgeschäfte eingestiegen, ging es mit ihrem Demokratieverständnis rapide bergab, dafür stiegen Korruption und Misswirtschaft. Die Arbeitslosigkeit wuchs, die wenigen Industriewerke brachen zusammen. Innerhalb eines Jahres kam es zu mehr als 650 Demonstrationen.

Diese gärende Zeit wusste Nordkorea geschickt auszunutzen. Kommunistische Agitatoren schlichen sich in Reformkreise und Studentenzirkel ein. Die Forderung lautete, Korea müsse ›neutralisiert‹ werden. So kamen die Studenten auf die Idee, sich mit ihren Kommilitonen aus dem Norden im Grenzort Panmunjeom zu treffen. Als Termin wurde der 10. Juli 1961 festgelegt.

Die Ära Park Chung Hee

Zwei Monate vor diesem Datum änderte sich die politische Landschaft über Nacht. Im Morgengrauen des 16. Mai 1961 überquerten Truppen unter Führung von General Park Chung Hee den Han-Fluss und besetzten die Schaltstellen in

Seoul. Die zivile Regierung wurde nach nicht mal einem Jahr im Amt entmachtet, das Kriegsrecht ausgerufen, und das Militär bildete einen ›Obersten Rat für den Nationalen Wiederaufbau‹. Der übernahm sofort alle legislativen und verwaltungsmäßigen Aufgaben. Die korrupten Politiker der Ära Rhee und ihrer Nachfolger wurden angeklagt und verurteilt – manche sogar zum Tode – wie auch die Anführer der ›Progressiven‹, der Linken, gegen die der Umsturz primär gerichtet war.

Nachdem der Oberste Rat seinen Vorsitzenden Park Chung Hee zum Amtierenden Staatspräsidenten ernannte hatte, versprach der, die Macht an eine ›kompetente und ehrenhafte Zivilregierung zurückzugeben‹, wenn alle Missstände beseitigt seien, und Wahlen für das Jahr 1963. Die zunächst aufgelösten politischen Parteien durften sich neu formieren. Zu den bisherigen gesellte sich eine neue Demokratisch-Republikanische Partei. Sie war von den Militärs gegründet worden, um unter zivilem Mantel an der Wahl teilnehmen zu können.

Park Chung Hee, Spitzenkandidat dieser Partei für das Präsidentenamt, schied im August 1963 aus der Armee aus. Im Oktober siegte er in einer überraschend demokratischen, freien und geheimen Wahl. Der Erdrutsch zugunsten seiner Partei wurde nochmals bei der Wahl für die Nationalversammlung deutlich. Die Gruppe der Ex-Militärs errang dabei den Löwenanteil der 175 Mandate. Insofern war die folgende ›Dritte Republik‹ dem Geist nach eine Militärregierung.

Seine vorrangige Aufgabe sah Park in der Normalisierung der Beziehungen zu Japan. Das ›Land der aufgehenden Sonne‹ war in wirtschaftlicher, außen- und handelspolitischer Sicht dem verträumten ›Land der Morgenstille‹ um Meilen voraus. Eingedenk der jahrzehntelangen blutigen Unterdrückung Koreas durch die Japaner gingen der Unterzeichnung des Normalisierungsvertrags heftige anti-japanische Demonstrationen voraus. Den Protesten begegnete die Regierung Park mit Kriegsrecht.

Präsident Park Chung Hee am Tag der Streitkräfte 1973

Allerdings wirkte sich das Normalisierungsabkommen für Korea nur positiv aus: Langfristige Warenlieferkredite wurden vereinbart, private Verluste von Koreanern in der Kolonialzeit ersetzt, geraubte Kulturgüter zurückgeschickt. Die japanischen Kredite gaben der sehr rückständigen Wirtschaft enormen Auftrieb, ebenso die japanischen Investitionen. Der Tourismus blühte auf – eine nicht unerhebliche Einnahmequelle auch des heutigen Korea.

Im 3. Invasionstunnel, entdeckt 1978

Natürlich waren Parks 18 Jahre an der Macht für die Opposition grauenvoll. Das restliche Volk hingegen schien seine Regierung wegen der Verbesserung der Lebensqualität gut zu finden. Nach den Wirren des Koreakrieges und dem wirtschaftlichen Scherbenhaufen, den seine Vorgänger hinterlassen hatten, sahen sich viele plötzlich von einem ungeahnten Aufschwung beflügelt, vom ›Wunder am Han‹. Das vorher rein landwirtschaftliche Südkorea hatte sich unter dem smarten Diktator zu einem modernen, exportorientierten Industriestaat gemausert.

Auch Park sicherte sich durch zahlreiche Verfassungsänderungen mehrmalige Wiederwahlen und zeitweise auch die Alleinherrschaft. Hilfreich, um seine Diktatur, offiziell die ›Vierte Republik‹ genannt, zu festigen, wirkte sich die Entdeckung dreier unter der Entmilitarisierten Zone durchgetriebener nordkoreanischer Tunnel aus. Sie wurden 1974, 1975 und 1978 freigelegt. Diese Bedrohung lieferte Park die Möglichkeit, einen Überwachungsstaat zu schaffen, in übersteigertem Maße Soldaten in den Städten zu postieren und einen Geheimdienst (KCIA) von 30 000 Mann aufzubauen.

Aber genau dieser Geheimdienst wurde ihm zum Verhängnis. Parks Macht endete jäh im Oktober 1979, als sein Geheimdienstchef Kim Jae Kyu den Alleinherrscher bei einer Konferenz erschoss. Kim hat das Attentat nicht lange überlebt. Er und fünf Komplizen wurden vom Obersten Kriegsgerichtshof zum Tode verurteilt und im Mai 1980 in Seoul gehenkt.

Zuckerbrot und Peitsche

Zwar setzte der interimistische Staatschef Choi Kyu Ha – er hatte es unter Park bis zum Premierminister gebracht – des Diktators verhasste Dekrete außer Kraft und gab Oppositionschef Kim Dae Jung und andern politisch Verfolgten die bürgerlichen Ehrenrechte zurück. Aber bei den Militärs weckte die Liberalisierung schlimmsten Argwohn. Bei neuen Unruhen im Mai 1980 nutzten sie ihre Chance und diktierten dem schwachen Choi das unbeschränkte Kriegsrecht. Wieder wurde nach einem Dekret regiert, das sämtliche politische Betätigung verbot. Universitäten und Schulen mussten schließen, allen Medien wurde strengste Zen-

Der Olympische Park in Seoul während der Olympischen Spiele 1988

sur zuteil. Auch gegen dieses Dekret erhob sich Unmut, besonders in Gwangju. Die dortigen Ausschreitungen beendete das Militär Mitte Mai 1980 durch ein Massaker. Bilanz: mehr als 200 Tote.

Auch noch 1980 hatte der Demokratiegedanke also keine Chance gegen das uralte Klan-Denken und die Korruption. Nach dem Massaker in Gwangju griff der Chef des Militärischen Sicherheitsdienstes, Chun Doo Hwan, nach der Macht. Es war nur eine Frage der Zeit, wann er sich auch offiziell zum Staatschef bestellen lassen würde. Die Gelegenheit dazu bot ihm einer der größten Wirtschaftsskandale Koreas. Hohe Politiker der Regierung Choi hatten während ihrer Amtszeit Millionen Dollar auf ihre Seite gebracht. Mehr als 200 hochrangige Politiker mussten ihren Hut nehmen. Generalleutnant Chun schied aus dem Militärdienst aus und wurde im August zum Staatschef gewählt. Dass Südkorea, das sich inzwischen in einen ›Tigerstaat‹ verwandelt hatte, weiter nach militärischen Kategorien von Befehl und Gehorsam regiert wurde, tat der Wirtschaft gar nicht gut. Auch der angekündigte politische Wandel blieb aus. Im Gegenteil: Um Kritik im Keim zu ersticken, ließ Chun die Presse gleichschalten und ›unsichere‹ Journalisten in Umerziehungslager stecken.

Die Demokratisierung kam nicht richtig voran, bis sich Chun im Jahr 1985 aufgrund internationalen Drucks zu einer politischen Lockerung gezwungen und einer sofort stark wachsenden Opposition gegenüber sah. Die von Kim Young Sam und Kim Dae Jung frisch gegründete Neue Demokratische Partei Koreas schaffte bei den Parlamentswahlen mit fast 30 Prozent der Stimmen ›aus dem Stand heraus‹ den Einzug in die Nationalversammlung. Aber bis zur nächsten Wahl mussten sie noch ein paar Jahre warten, denn Chuns Amtszeit währte legal bis 1988.

Bei dieser Wahl siegte nicht die Opposition – sie hatte sich mal wieder im falschen Moment zerstritten. Neuer Präsident wurde der Kandidat der regierenden Demokratischen Gerechtigkeitspartei Roh Tae Woo, ein Ex-General und Vertrauter Chuns. In seiner Amtszeit machte der Demokratisierungsprozess tatsächlich Fortschritte. Das ›neue‹ Südkorea präsentierte sich 1988 als Gastgeber der Olympischen Sommerspiele der Weltöffentlichkeit. Zusammen mit Nordkorea trat das Land 1991 der UNO bei und 38 Jahre nach dem Ende des Koreakriegs schlossen Nord- und Südkorea einen Nichtangriffsppakt.

Endlich eine zivile Regierung

Bei der Präsidentenwahl 1993 war es endlich soweit: Der oppositionelle Kim Young Sam konnte Staatschef Roh ablösen – und war damit seit 32 Jahren die erste Zivilperson im ›Blauen Haus‹, dem Präsidentenpalast in Seoul, gewählt für eine einmalige Amtszeit von fünf Jahren. Nun konnte die Demokratisierung beginnen. Aber auch auf den mit vielen Vorschusslorbeeren angetretenen Kim legte sich ein Schatten: Ausgerechnet er, der die Ausrottung der Korruption zu seinem politischen Ziel erklärt hatte, geriet in den Strudel eines der größten Korruptionsskandale, die Hanbo-Affäre. Zwar war er persönlich nicht involviert, aber sehr enge Mitarbeiter und sein eigener Sohn sollen von Geschäftsleuten Bestechungsgelder in Höhe von mehreren Millionen Euro angenommen haben.

Kim Young Sam wurde im Februar 1998 als Präsident von Kim Dae Jung abgelöst, dem er ein schweres Erbe hinterließ: eine im Rahmen der asiatischen Finanzkrise zusammengebrochene Wirtschaft. Da sie mit einer in Korea nie gekannten Massenarbeitslosigkeit einherging, verdrängte Kims Kampf mit Unternehmen und Gewerkschaften Nordkorea für eine gewisse Zeit aus den Schlagzeilen. Dennoch lag der Schwerpunkt seiner Politik auf der Aussöhnung mit dem Norden, auf der ›Sonnenscheinpolitik‹. Deren Höhepunkt war ein Treffen Kim Dae Jungs mit dem nordkoreanischen Führer Kim Jong Il in Pjöngjang im Juni 2000. Für diese Politik erhielt Kim Dae Jung noch im selben Jahr den Friedensnobelpreis.

Die gleiche Politik gegenüber Nordkorea verfolgte der aus der Präsidentschaftswahl im Dezember 2002 hervorgegangene Roh Moo Hyun. Auch er reiste zu einem Staatsbesuch nach Nordkorea. Dabei unterzeichnete er mit Diktator Kim Jong Il eine Absichtserklärung, Verhandlungen über einen Friedensvertrag aufnehmen zu wollen. Zu dem Vertrag kam es jedoch nie.

Unter Präsident Lee Myung Bak – 2007 ins Amt gewählt – kühlte sich das Verhältnis zwischen den beiden Bruderstaaten merklich ab. Nordkorea machte seine Grenzen im Dezember 2008 wieder zu, mit Ausnahme des ›kleinen Grenzverkehrs‹ nach Kaesong. Erst im August 2009 kam es wieder zu Gesprächen zwischen hochrangigen Vertretern beider Regierungen. Parallel zu solchen Annäherungsversuchen torpediert der Norden immer wieder die Beziehungen. Für den Untergang eines südkoreanischen Kriegsschiffes im März 2010 wurde Nordkorea verantwortlich gemacht. Auch der Beschuss der Insel Yeonpyeong durch nordkoreanische Artillerie im November 2010 trug nicht zur Entspannung bei, genauso wenig wie die Scharmützel an der Grenzlinie im Oktober 2014.

Nordpalast und Blaues Haus in Seoul

Dass sich Nordkorea für diese Provokationen entschuldigt, ist für die jetzige Präsidentin Park Geun Hye, die am 19. Dezember 2012 gewählt wurde und im Februar 2013 ihr Amt antrat, Voraussetzung für Gespräche zwischen den feindlichen Brüdern. Sie wolle jene Präsidentin sein, ›die die große Einheit erreicht‹, betonte die konservative Politikerin. Den Weg nach Pjöngjang kennt sie allemal, immerhin hatte sie schon im Mai 2002 mit dem damaligen Diktator Kim Jong Il ein längeres Gespräch geführt. Und wenn sie irgendwann dessen Sohn und Thronfolger besuchte, könnten die beiden auf Augenhöhe von Diktatorenkind zu Diktatorenkind sprechen. Die Staatschefin ist schließlich die Tochter von Ex-Alleinherrscher Park Chung Hee.

Das war ihr bei der Wahl nicht unbedingt behilflich, denn ein Großteil der Südkoreaner kann sich noch gut an die 60er und 70er Jahre und die menschenrechtsverachtende Alleinherrschaft ihres Vaters erinnern. Um dieser ›Sippenhaft‹ gegenzusteuern, tat Frau Park etwas in Koreas streng konfuzianischer Gesellschaft, die den Respekt gegenüber Vätern über alles stellt, Unerhörtes: Bei einer Pressekonferenz vor der Wahl verbeugte sie sich lang vor den Anwesenden und bat, erstmals in ihrer 16-jährigen Politikerinnenkarriere, die Opfer der Diktatur öffentlich um Verzeihung.

Die Präsidentin ist in mehrfacher Hinsicht ein Novum für Korea: Sie ist nicht nur die erste Frau im höchsten Staatsamt einer von Männern dominierten Gesellschaft, sondern auch unverheiratet und kinderlos. Das wiederum dürfte aber ihr selbst von sich entworfenes Bild einer ›Tochter des Landes‹ stärken.

Die Stadt und ihre Verwaltung

Der Titel ›Besondere Stadt‹ soll einerseits den Status von Seoul als Hauptstadt klarstellen und andererseits betonen, dass Seoul verwaltungspolitisch den Provinzen gleichgestellt ist, deren Zahl sich auf neun beläuft.

Die ›Besondere Stadt‹ wird durch einen Stadtrat und das Seoul Metropolitan Government verwaltet. Der Stadtrat besteht aus 104 Mitgliedern, deren Amtszeit vier Jahre beträgt. Der Bürgermeister, der dem Seoul Metropolitan Government vorsteht, wird ebenfalls direkt von der Bevölkerung und für vier Jahre gewählt. Wegen der großen Bedeutung Seouls für das Land haben die Präsidenten früherer Jahre für sich das Recht beansprucht, den Bürgermeister selber zu bestellen. Mancher Hauptstadtbürgermeister machte auch Karriere als Präsident. Dem Bürgermeister stehen drei Stellvertreter zur Seite, zwei für Verwaltungsaufgaben und einer für politische Angelegenheiten.

Die 25 Stadtbezirke (Gu) sind weitgehend autonom. Auch für deren Bürgermeister votiert seit 1995 die Bevölkerung direkt. Die Stadtbezirke sind wiederum in Stadtviertel (Dong) unterteilt, von denen es 522 gibt.

Neben der Stadtverwaltung sitzt in Seoul ja auch die Regierung von Südkorea. Die Nationalversammlung tagt in einem wuchtigen Gebäude auf Yeouido, der Insel im Han-Fluss. Der Präsidentenpalast, das wegen der Dachziegelfarbe so genannte Blaue Haus, befindet sich in einem abgeschotteten Gelände nördlich vom Nordpalast.

Verfassung und Staatsorgane

Wie schwer es die Koreaner mit dem Jahrzehnte dauernden Demokratisierungsprozess gehabt haben, spiegelt die Chronik der Verfassung bestens wider. Das völlig nach westlichem Vorbild formulierte Grundgesetz – erstmals ausgearbeitet 1948 – blieb den meisten Koreanern fremd. Es hat kaum Bezug zur koreanischen Wirklichkeit, zu Kultur und Tradition. Der Individualismus und die Idee der Gleichheit aller Menschen zum Beispiel, wie sie im Westen großgeschrieben werden, steht dem Klan-Denken und dem Klassenbewusstsein, dem Denken in den Kategorien ›oben‹ und ›unten‹, der Oberschicht (Yangban) und der breiten Masse (Sangnom) diametral entgegen.

Das alte und das neue Rathaus von Seoul

Museum in Imjingak in der Demilitarisierten Zone

Kein Wunder also, dass die Verfassung neunmal und meist nach dem Willen der jeweils Herrschenden umgestaltet wurde. Die ersten Änderungen waren schon nach vier Jahren unter Syngman Rhee fällig, weil der sich nur dadurch weitere Amtszeiten sichern konnte. Nach Rhees Sturz 1960 votierten die Abgeordneten wieder für eine Verfassungsänderung. Sie brachte der Nationalversammlung das Zwei-Kammer-System und die parlamentarische Demokratie. Dieses System wurde unter Präsident Park Chung Hee rückgängig gemacht. Da auch er nicht nach zwei Amtszeiten abdanken wollte, drückte er 1971 eine neue Grundgesetzänderung durch und im November 1972 die ›Verfassung der Wiederbelebten Reform‹ (Yushin), weil ihm das Regieren mit Notstandsdekreten auf Dauer nicht sicher genug erschien.

Weitere Grundgesetzänderungen folgten unter den in zivilem Habit regierenden Ex-Militärs, bis die erste echt zivile Regierung am 29. Oktober 1987 eine Verfassung mit einer Präambel, 130 Artikeln und sechs Zusatzbestimmungen vorlegte, die noch heute gültig ist. Seither wird der Präsident direkt vom Volk bestimmt, seine Amtszeit beträgt fünf Jahre, eine Wiederwahl ist nicht möglich.

Festgehalten in der Verfassung sind unter anderem auch die Souveränität des Volkes, die Gewaltentrennung, das Ziel einer friedlichen und demokratischen Wiedervereinigung Süd- und Nordkoreas sowie die Verpflichtung des Staates, für das öffentliche Wohl zu sorgen. Einer Verfassungsänderung muss eine Zweidrittelmehrheit der Nationalversammlung zustimmen, außerdem muss sie durch eine einfache Mehrheit einer Volksabstimmung bestätigt werden.

Mit Ausnahme der Zweiten Republik (1960–1962) war Südkorea stets – ähnlich dem Ziehvater USA – eine Präsidialdemokratie, das heißt, die Richtlinien der Politik bestimmt nicht der Premier, sondern der Staatspräsident. Seit Februar 2013 liegt die Macht bei der ehemaligen Chefin der konservativen Saenuri-Partei, Park Geun Hye, der Tochter des 1979 ermordeten Ex-Diktators Park Chung Hee.

Das oberste politische Organ, die Exekutive, ist der Staatsrat. Er setzt sich zusammen aus dem Präsidenten, dem Premierminister, den Ressortministern und anderen Personen, insgesamt ›nicht mehr als 30, aber auch nicht weniger als 15‹, wie es in der Verfassung heißt. Militärs dürfen nicht hinein.

Das Parlament, die Legislative, heißt in Korea Nationalversammlung (Gukhoe). Die Legislaturperiode beträgt vier Jahre. Dem Ein-Kammer-Parlament gehören 300 Abgeordnete an. Das Gros davon wird in allgemeinen, gleichen, direkten und geheimen Wahlen bestimmt. Einige Sitze werden jedoch unter denjenigen Parteien verteilt, die mindestens drei Prozent der Stimmen erhalten haben.

Die Jurisdiktion, das dritte Organ, ist das Verfassungsgericht. Es besteht aus neun Obersten Richtern. Drei davon ernennt der Präsident persönlich, drei bestimmt das Parlament, drei werden vom Vorsitzenden des Obersten Gerichtshofs ernannt. Das Verfassungsgericht beobachtet die Arbeit der Regierung und entscheidet zum Beispiel im Falle von Misstrauensanträgen.

Die Metropolregion Sudogwon

Mit dem Begriff Sudogwon, das heißt in etwa ›Hauptstadtbereich‹, hat man ursprünglich die Kapitale Seoul mit den beiden nahegelegenen Millionenstädten Incheon und Suwon zusammengefasst. Da sich der Großraum Seoul durch Zuzug aber ständig weiter ausdehnte, wurden erst ein paar mit dem Nahverkehr erreichbare Satellitenstädte einbezogen und letztendlich die ganze Provinz Gyeonggi. Die Bezeichnung hat aber nur wirtschaftliche Bedeutung, verwaltungspolitisch sind die Gebiete getrennt. So ist Incheon zum Beispiel eine sich selbst verwaltende sogenannte Metropolitan City und Suwon die Hauptstadt der Provinz.

Wirtschaft

Wer heute als seinen hohen Lebensstandard genießender Europäer nach Seoul kommt, muss sich nicht groß umstellen. Südkorea ist alles andere als ein Entwicklungs- oder Schwellenland. Lebenssituation und Infrastruktur halten nicht nur mit denen eines mitteleuropäischen Staates mit, sondern übertreffen ihn teilweise.

Das war natürlich nicht immer so. Im Jahr 1953, nach dem Ende des Koreakrieges, der weite Teile des Landes in Schutt und Asche gelegt hatte, galt der landwirtschaftlich geprägte Süden als das Armenhaus Ostasiens. Die Städte waren zerstört, und es gab kaum moderne Infrastruktur. 70 Prozent der Bevölkerung lebten von Ackerbau und

Reisterrassen

Samsung-Zentrale im Seouler Stadtteil Gangnam

Fischfang. Nur 20 Jahre später zählte Korea zu den Schwellenländern. In den 1990er Jahren wuchs die Wirtschaft jährlich um durchschnittlich 11,6 Prozent, woran die Metropolregion Sudogwon sicher den größten Anteil hatte. Auch die ›Asienkrise‹ von 1998 und die Wirtschaftskrise von 2008 überwand das Land relativ schnell.

Heute gehört der ›Tigerstaat‹ zu den Industrienationen. Mit einem Bruttoinlandsprodukt von rund 1,2 Milliarden US-Dollar liegt Südkorea auf Platz 15 der Volkswirtschaften der Welt. In verschiedenen Technologiebereichen hat es andere hoch entwickelte Länder bereits überholt und die weltweite Führerschaft angetreten. Anfang 2010 mauserte sich Südkorea – als ehemaliges Nehmerland – zu den Geberländern in der Organisation für wirtschaftliche Zusammenarbeit und Entwicklung (OECD). Korea ist außerdem Mitglied in der Welthandelsorganisation (WTO), der Asiatisch-Pazifischen Wirtschaftsgemeinschaft (APEC) und der Gruppe der 20 wichtigsten Industrie- und Schwellenländer (G20), für die Seoul im Jahr 2010 das Gipfeltreffen ausgerichtet hat.

Diesen rasanten Aufstieg, das ›Wunder vom Han‹, hat Südkorea der – zugegeben manchmal korrupten – Zusammenarbeit zwischen Regierung und Wirtschaft zu verdanken, Importrestriktionen, Exportförderung sowie dem Sponsoring bestimmter Wirtschaftssektoren und Industrien. Das durchschnittliche Bruttoeinkommen pro Kopf liegt heute bei rund 18500 Euro, Anfang der 1960er Jahre hatte es umgerechnet 60 Euro betragen. Die Ausgangssituation war also alles andere als rosig.

Industrie

Fast alle großen, von Familienclans gelenkten Mischkonzerne oder Firmenkonglomerate (Jaebol), die so typisch für die südkoreanische Wirtschaft sind, haben in der Metropolregion Sudogwon ihren Hauptsitz. Selbst wenn die bedeutendsten (Hyundai, Kia, LG und Samsung) bei uns wohlbekannt sind, wissen doch die wenigsten, dass diese Industriekonzerne nicht nur Autos, Schiffe, Mobiltelefone, Computer, Unterhaltungselektronik oder Kühlschränke herstellen, sondern auch im Versicherungswesen, im Großhandel oder Immobiliensektor tätig sind, also quasi jeden Markt abdecken. Auch zeichnen sie sich durch eine innige Verbindung zu Staat und Banken aus.

Die Industrie trägt heute fast 35 Prozent zum Bruttoinlandsprodukt bei und weist jährliche Wachstumsraten von etwa 3,6 Prozent auf. Viele Jahre lang lebte die Wirtschaft von der Leichtindustrie, speziell der Textilindustrie, die heute noch für Seoul wichtig ist – neben der Chemieproduktion, Elektroindustrie, Maschinen und Druckerzeugnissen. Die Wende zur Schwerindustrie kam Mitte der 1970er Jahre unter Park Chung Hee. Die Eisen- und Stahlwerke liegen aber nicht im Großraum Seoul. Dort gibt es nur in Incheon Fabriken für schwere Maschinen.

Parallel zur Großindustrie entwickelten sich auch kleine und mittlere Unternehmen. Und sie wachsen weiter. Während die Großindustrie heute rund 20 Prozent der arbeitenden Bevölkerung beschäftigt, sind gut 60 Prozent in der Klein- und Mittelindustrie tätig. Der Letzteren ist auch die zu Beginn dieses

Jahrtausends mit Pjöngjang ausgehandelte Industriezone bei Kaesong nördlich von Seoul und Panmunjeom vorbehalten, in der die Südkoreaner ihre Brüder und Schwestern aus dem Norden zu Billiglöhnen für sich arbeiten lassen.

Dafür, dass die Industrie weiter wachsen kann, sorgt die hervorragende Infrastruktur. Das bestens ausgebaute Netz an Flughäfen, Häfen, Autobahnen und Schienensträngen sichert den schnellen Transport der Industriegüter. Kern-, Kohle- und Wasserkraftwerke sowie Staudämme unterstützen die weiterhin florierende Industrialisierung durch ausreichende Energieanlieferung.

Außenhandel

Von Seoul aus wird der Außenhandel über den Hafen Incheon abgewickelt. Dabei geht es vor allem um Produkte der Elektro-, Chemie- und Textilindustrie. Export ist einer der Schlüsselbegriffe für das ›Wunder vom Han‹. Daran tragen die USA und Japan einen kräftigen Anteil. Die Vereinigten Staaten haben Südkorea nicht nur militärisch, sondern auch wirtschaftlich auf die Beine geholfen, indem sie einen Großteil der Exporte abnahmen, in manchen Jahren mehr als 30 Prozent. Heute hat China mit den USA gleichgezogen, beide stellen mit mehr als 20 Prozent Exportabnahmen die größten Absatzmärkte. Danach folgen die EU-Staaten, Japan und Taiwan. Die wichtigsten Exportgüter außer den oben genannten sind Stahl, Fahrzeuge und Schiffe.

Da Südkorea arm an Rohstoffen ist (die großen Vorkommen liegen alle im kommunistischen Norden), gehören zu den wesentlichsten Importgütern Rohöl und Metalle. Aber auch Lebensmittel, Maschinen und Chemikalien werden eingeführt. Die ersten drei Staaten auf der Importliste sind die USA, Japan und Saudi-Arabien. Aus dem Nahen Osten stammt etwa ein Drittel aller Ölimporte.

Das World Trade Center in Seoul

Südkorea hat allerdings – wie andere Staaten auch – lange von seinem Recht Gebrauch gemacht, die heimische Industrie vor allzu vielen Importen zu schützen. Erst 1985 begann es, die Handelsschranken langsam abzubauen und die Einfuhren zu liberalisieren. Von deutscher Seite war dem Land oft der Vorwurf gemacht worden, es zerstöre durch seine hohen Exporte in die Bundesrepublik die hiesige Textilindustrie, während es deutsche Textilien nicht hineinlasse. Als hinderlich wurde in der Bundesrepublik ferner der hohe Zoll auf importierte deutsche Autos betrachtet. Er betrug früher immerhin 80 Prozent des Kaufpreises.

U-Bahnstation in Incheon

Seit Korea im Jahr 1995 Mitglied der World Trade Organisation (WTO) wurde, betreibt es systematisch den Abschluss von Freihandelsabkommen. Ein Meilenstein für die Handelsbeziehungen der EU zu Südkorea war das Freihandelsabkommen vom Juli 2011. Es regelte den stufenweisen Abbau der südkoreanischen Importzölle und der teuren Prüf- und Zulassungsverfahren für europäische Autos – mit Erfolg: Nach einer Senkung des Importzolls von acht auf vier Prozent wird es ab 2016 gar keinen Importzoll mehr geben.

Energieversorgung

Da Öl teuer importiert werden muss und die Kohlevorräte irgendwann schwinden, setzt die Regierung auf Kernkraft. Sie wird seit Jahren massiv ausgebaut – nicht ohne Störmanöver verschiedenster Anti-Atom-Bewegungen. Inzwischen sind über 20 Reaktoren am Netz, die meisten an der Ostmeerküste. Der Anteil des Atomstroms an der Energieversorgung beträgt rund 30 Prozent, genauso viel wie der Strom aus Kohlekraftwerken. Trotz eigener guter Kohlevorkommen wird seit mehr als 30 Jahren auch Kohle importiert, da die Regierung fürchtet, dass die Ressourcen plötzlich erschöpft seien. Südkorea ist nach Japan der zweitgrößte Kohleimporteur der Welt. Der Beitrag der Wasserkraft zur Energieversorgung ist unwesentlich, er pendelt seit Jahren um ein Prozent, erneuerbare Energien liefern knapp drei Prozent. Den größten Batzen am Energiemix steuert das teure Erdöl bei: 36 Prozent.

Transport und Verkehr

Die meisten Gäste aus dem Ausland landen auf dem internationalen Flughafen Incheon, rund 50 Kilometer westlich von Seoul. Der auf einer durch Neulandgewinnung entstandenen Insel gebaute Airport wurde 2001 eröffnet und löste

KTX-Züge am Seouler Hauptbahnhof

den aus allen Nähten platzenden Flughafen Gimpo ab, der heute für Inlandsflüge benutzt wird. Beide sind mit Seoul bestens vernetzt, aber auch mit dem Rest Koreas. Da gibt es zum einen das leicht zu verstehende U-Bahnnetz, das mittlerweile neun Linien umfasst, täglich von rund 5,6 Millionen Passagieren benutzt wird und sogar bis zu den Großstädten Suwon, Cheonan und Asan ausgebaut wurde, und zum anderen verschiedene Buslinien, die die großen Hotels in der Hauptstadt, aber auch direkt vom Flughafen andere Großstädte ansteuern.

Von Seoul kommt man sehr schnell und bequem in andere Landesteile. Breite Autobahnen, auf denen die im Zehn-Minuten-Takt startenden Express-Fernbusse eine eigene Spur haben, durchkreuzen das Land. Die wichtigste Verbindung ist der 1970 eröffnete, 430 Kilometer lange ›Express Way‹ von Seoul nach Busan, der die beiden bedeutendsten Zentren des Landes verknüpft. Heute gibt es mehr als 25 ›Express Ways‹ quer durchs Land mit einer Gesamtlänge von über 3000 Kilometern. Sie sind größtenteils mautpflichtig.

Schneller kommt man von Seoul mit der Eisenbahn in den Süden. Inzwischen gibt es vier KTX-Strecken: die immer noch wichtigste nach Busan, eine nach Gwangju und Mokpo, eine nach Masan und Jinju sowie eine nach Suncheon und Yeosu.

Und natürlich gibt es innerkoreanische Flüge. Neben Korean Air und Asiana mischen da auch zwei Billigfluggesellschaften mit.

Den innerkoreanischen Schiffsverkehr hat die Katastrophe der Fähre ›Sewol‹, bei der im April 2014 rund 300 Menschen starben, schwer in Verruf gebracht. Sie war von Incheon – neben Gunsan, Busan, Pohang und Ulsan einer der wichtigsten südkoreanischen Häfen – zur Insel Jeju unterwegs. Schon aus Zeitgründen lohnt sich für ausländische Besucher der allerdings sehr preiswerte Fährbetrieb nicht.

Bevölkerung und Gesellschaft

Drei Begriffe prägen das Wesen der Seouliten wie aller Koreaner: Gi, Heung und Jeong, die man am besten übersetzt mit Energie, Leidenschaft und Enthusiasmus. Das klingt alles – vordergründig – positiv, kraftvoll, vorwärtstreibend und hat die Koreaner ganz gewiss auch dahin gebracht, wo sie heute stehen. Ohne Gi, Heung und Jeong wäre der Aufschwung vom armen Agrarland zum Tigerstaat oder vom politisch hoffnungslosen Fall zur stabilen Demokratie nicht möglich gewesen.

Gi, die Energie, ist unübersehbar, wenn man ihren Niederschlag beispielsweise in der wirtschaftlichen Entwicklung betrachtet. Aber sie steckt auch in jedem Menschen, in allen Dingen der Natur. Sie ist der Motor von allem.

Zweischneidig wird es beim Begriff Heung. Einerseits wirkt der Koreaner wie der ›Italiener Asiens‹, weil auch bei ihm die Familie und eine gute Küche im Mittelpunkt stehen, andererseits leidet er manchmal aber an sich selbst. Dann nämlich, wenn er merkt, dass seiner Begeisterung Grenzen gesteckt sind, wenn er zum Beispiel aufgrund der strikten Klassenunterschiede nicht die hohe Position erreichen kann, die er sich wünscht, oder – politisch betrachtet –, dass sich die Wiedervereinigung nicht so ohne weiteres bewerkstelligen lässt.

Jeong, dem Enthusiasmus, den man auch als Warmherzigkeit, Mitgefühl und sogar Neugier interpretieren kann, begegnet der Reisende auf Schritt und Tritt. Nie wird er sich allein gelassen oder hilflos fühlen, immer wird es Koreaner geben, die sich seiner zurückhaltend, aber interessiert annehmen. Das gehört einfach zur koreanischen Identität.

Herkunft und Gegenwart

Ihre Wurzeln haben die Koreaner nicht auf der Halbinsel, auf der sie seit Jahrtausenden leben. Sie sind der mongolischen Rasse und den altaischen Stämmen zuzurechnen. Diese Stämme lebten in den Steppen nördlich des Altai-Gebirges,

Familie in Tracht in Incheon

Land und Leute

Bauer in traditioneller Kleidung

im heutigen chinesischen Xinjiang und in der Mongolei. Von dort zog ein Teil nach Osten. Jener altaische Stamm, der sich in der Mandschurei und auf der Halbinsel Korea niedergelassen hatte, vermischte sich mit den dort lebenden Ur-Asiaten. Daraus ging das koreanische Volk hervor, in dem das Altaische vorherrschend blieb. Das kann man noch heute an der Sprachentwicklung ablesen. Das Koreanische steht in direkter Verwandtschaft zum Finno-Ugrischen, zu den Turksprachen und zum Mongolischen. Der heutige Name der südkoreanischen Hauptstadt Seoul ist zum Beispiel nur eine Verschleifung des früheren ›Seorabul‹. Das bedeutet ›Sitz der Regierung‹. Die Silbe Bul im Sinne von ›Sitz, Hauptstadt‹ kennt man vom türkischen Istan-bul.

Von den rund 52 Millionen Einwohnern Südkoreas lebt und arbeitet die Hälfte in der Metropolregion Seoul, Sudogwon, die auch die Großstädte Incheon und Suwon sowie die Provinz Gyeonggi umfasst. Sudogwon gilt als zweitgrößter Ballungsraum der Welt nach Tokio-Yokohama. Kein Wunder also, dass Seoul mit durchschnittlich 17 000 Einwohner pro Quadratkilometer eine extrem hohe Bevölkerungsdichte aufweist. Zum Vergleich: München, die Stadt mit der höchsten Bevölkerungsdichte in Deutschland, kommt nur auf 4700 Einwohner pro Quadratkilometer. Etwa 1,2 Millionen Ausländer aus mehr als 90 Staaten leben in Seoul, dies entspricht etwa zehn Prozent der Stadtbevölkerung. Seoul hat damit den höchsten Ausländeranteil aller südkoreanischen Städte, im internationalen Vergleich ist dies aber sehr wenig. Die größte Gruppe an Ausländern stellen die etwa 600 000 Chinesen, gefolgt von rund 130 000 US-Amerikanern, 120 000 Vietnamesen und 41 000 Japanern.

Von den etwa 11 Millionen Seouliten sind etwas weniger als die Hälfte Frauen. Die durchschnittliche Lebenserwartung – dank des medizinischen Fortschritts – beträgt heute bei Männern 77 und bei Frauen 84 Jahre. Die Geburtenrate ist mit 0,25 Prozent sehr niedrig.

Dass es die Koreaner zunehmend vom Land weg in die Städte, vor allem in den Großraum Seoul, zieht, liegt nicht nur am vermeintlich größeren Lebens- und Freizeitwert, sondern auch an der schnell voranschreitenden Industrialisierung und den besseren Bildungsangeboten. Zwar fördert die Regierung die Ansiedlung von Industrien fern von Seoul, um die Anziehungskraft der Hauptstadt zu brechen und eine stärkere, über das Land verteilte Streuung von Arbeitsplätzen zu erreichen, hat damit aber wenig Erfolg.

Das Erziehungswesen

›Lernen und Leiden‹. Diese Alliteration fasst das Leben koreanischer Jugendlicher exakt zusammen. In der noch immer konfuzianisch geprägten Gesellschaft ist Bildung extrem wichtig und entscheidet nicht nur über den beruflichen Werdegang, sondern auch über den sozialen Status – und die Heiratschancen.

An einem bestimmten Tag im Jahr wird es in Seoul, der sonst hektischen Megalopolis, gespenstisch ruhig: am Tag des Suneung, des Universitäts-Eignungstests. Denn nichts ist so ausschlaggebend wie das Prestige der Universität, an der man studiert hat. Und alle drei Top-Unis des Landes stehen in Seoul, die sogenannten SKY-Universitäten: Seoul National, Korea University und Yonsei. Die Rücksichtnahme an Suneung kann durchaus bizarre Formen annehmen: So geben alle großen Firmen ihren Mitarbeitern vormittags frei, damit sie den Straßenverkehr für die Schüler nicht blockieren.

Als vierte Elite-Uni in Seoul gesellt sich die Ewha hinzu, die beste Frauenuniversität. Sie ging aus der Ewha Haktang hervor, der ersten Mädchenschule in Korea, gegründet 1887 von christlichen Missionaren. Solche ersten Schulen für die Allgemeinheit waren natürlich vor allem dazu da, der koreanischen Jugend das Lesen der Bibel beizubringen. Nicht ohne oberlehrerhafte Hintergedanken bauten auch die Amerikaner während ihrer Militärregierung zwischen 1945 und 1948 Schulen. Sie wollten den Koreanern ihre Auffassung von Demokratie und Gleichberechtigung vermitteln – mit mäßigem Erfolg. Vererbt haben sie aber ihr Schulsystem: sechs Jahre Grundschule, drei Jahre Mittelstufe, drei Jahre Oberstufe, vier Jahre College oder Universität. Der Besuch der Grundschule und der Mittelschule ist Pflicht. Beim Wechsel auf die Oberstufe beginnt bereits der Stress mit den Aufnahmeprüfungen, der sich beim Uni-Eignungstest nochmals verschärft.

Betrachtet man einzig die Leistungen der Schüler, liegt das koreanische Erziehungssystem offenbar richtig: Bei der Pisa-Studie landet das Land seit Jahren in vielen Bereichen (Lesen, Mathematik, Naturwissenschaften) ganz weit vorn. Aber die Leistungen sind schwer erkauft. Die Jugendlichen lernen von morgens um acht bis spätnachts, erst in der Schule, dann bei der Nachhilfe (Hakwon); hinterher stürzen sie sich noch auf ihre Hausaufgaben, obwohl das Lernen nach 22 Uhr von Staats wegen verboten ist. Das hat Gründe: Der Stress, der Konkurrenzdruck und die Prüfungsangst treiben jährlich tausende Teenager in den Freitod.

Dass es bei der Studienplatzvergabe auch unfair zugehen kann, weil einige Klans ›gute Beziehungen‹ haben, beweisen die drei Seouler Elite-Universitäten: 70 Prozent der dortigen Studenten entstammen sehr reichen Familien, die aber nur drei Prozent der Stadtbevölkerung ausmachen.

Wer es als Jugendlicher nicht geschafft hat, kann sich an löbliche Einrichtungen zur Erwachsenenbildung wenden. Abendkurse ermöglichen es, Oberschulabschlüsse nachzuholen. Fünf Jahre müssen die Teilnehmer dafür die Schulbank drücken. Auch über das Fernsehen führt ein Bildungsweg. Ein Kanal des Korean Broadcasting Service strahlt ausschließlich Bildungsprogramme aus.

Die Gesellschaftsschichten

Noch heute ist die koreanische Gesellschaft stark von der strikten Differenzierung in Klassen geprägt, böser formuliert: vom Standesdünkel. Und der hat eine jahrtausendelange Tradition. In den alten Zeiten war die Gesellschaft in vier deutlich getrennte Kategorien unterteilt: die Oberschicht (Yangban), die Mittelklasse, das einfache Volk (Sangnom) und die Rechtlosen. Dass auch darunter noch eine Schicht existierte, wird gerne verschwiegen: die Sklaven.

Die Oberschicht, der Adel, umfasste die höchsten Beamten, sowohl die zivilen als auch die militärischen. Die Lehnsherren gehörten dazu und auch einige Gelehrte. Die Mittelschicht setzte sich aus den Beamten zusammen, die auf Grund ihrer Erziehung und Position über den Durchschnitt hinausragten. Das einfache Volk waren die Handwerker und Händler, die Bauern und Künstler. Zu den Rechtlosen zählten alle Leute mit verachteten Berufen wie Schlachter, Schauspieler, Schamanen und Mönche. Letztere galten in der konfuzianischen Gesellschaft als Parasiten.

Als Korea sich im Japanisch-Chinesischen Krieg 1894 der Oberhoheit des Hofs in Peking entzog und allgemeine Reformen in Angriff nahm, wurden nicht nur alle Sklaven freigelassen, sondern man versuchte auch, das starre Kastenwesen abzuschaffen. Da sich das Klassendenken aber bis in feinste grammatikalische Verästelungen der Sprache eingeschlichen hat, ist es bis heute nicht überwunden – und wird es wohl auch nie werden.

Das ›Wunder vom Han‹, der Wirtschaftsaufschwung, hat in Seoul eine breite Mittelschicht hervorgebracht. Kaufleute, Facharbeiter, das mittlere Industriemanagement und die Akademiker stärken diese Klasse von Jahr zu Jahr. Man ist stolz darauf, durch eine gute Schule oder Universität in diese Schicht hineingewachsen zu sein. Gehört man selbst nicht dazu, will man es aber seinen Kindern ermöglichen, gesellschaftlich ›aufzusteigen‹. Als Steighilfen bieten sich bereits die Kindergärten an. Wenn der Nachwuchs den ›richtigen‹ Kindergarten besucht hat, kommt er auch auf die ›richtige‹ Schule. Beziehungen und eine sehr gut bestandene Aufnahmeprüfung ermöglichen dann den Besuch der ›richtigen‹ höheren Schule sowie der ›richtigen‹ Universität. Auf den prestigeträchtigen Schulen bekommt man die ›richtigen‹ Kontakte, die einem im späteren Leben weiterhelfen. Diese Förderung durch die Familie ist beileibe nichts Anrüchiges, sie ist eine Pflicht.

›Hohe Beamte‹ beim Wachwechsel am Deoksu-Palast

Die da oben, wir hier unten

Seit der mythischen Gründung vor mehr als 4300 Jahren bis heute durchzieht ein roter Faden die Geschichte Koreas: die Trennung der Gesellschaft in zwei Schichten, in die wenigen ›da oben‹ und die vielen ›hier unten‹. Im Urbeginn galt: Ganz oben thronten der König und seine Familie, unten lebte die Masse der Bevölkerung. Die Herrscher hatten niemanden neben sich, auch keine Priester, denn sie waren weltliche wie auch religiöse Führer. Ihnen oblag es, zu regieren und die Riten zu vollziehen.

Mit der Zeit bildete sich aus dem Soldatenstand, der sich den Schutz des Landes honorieren ließ, die erste Adelsschicht heraus. Ihr gesellte sich bald eine zweite gleichrangige Adelsschicht zu, der Beamtenstand, der den König in der Verwaltung des Landes unterstützte. Beide, die militärische und die zivile Aristokratie, fasste man in dem Begriff ›Yangban‹ zusammen. Der bedeutet ›beide Klassen‹. Unter den Yangban rangierten die Sangnom, die ›gewöhnlichen Leute‹, die Bauern, Handwerker, Kaufleute und Künstler.

Die Reihenfolge in dieser Skala wurde im Lauf der Zeit oft durcheinandergeschüttelt – unangetastet aber blieb das Klassendenken. Weder die japanische Annexion noch der zügige Aufbruch in die Moderne, auch nicht der Versuch einer Demokratisierung, mit der die Koreaner ungeahnte Schwierigkeiten hatten, konnten dem elitären Standesdünkel etwas anhaben. Er beruht nicht auf dem neuzeitlichen Maßstab ›Geld‹, sondern auf dem traditionellen, von China übernommenen, konfuzianischen Maßstab ›Bildung‹.

Noch heute ist die einzige Möglichkeit, Karriere zu machen oder gesellschaftlich aufzusteigen, eine gute Schule und ein Abschluss auf einer Elite-Universität. Zum Leistungsdruck, der auf der Jugend lastet, kommt der Prestigedruck hinzu. Man lernt nicht für sich selbst, nur in geringem Maße ›für das Leben‹, man lernt hauptsächlich, um der Familie keine Schande zu machen. Yangban verpflichtet.

Schulklasse

Soziales

Qua Gesetz gilt in Südkorea die 40-Stunden-Woche. Doch davon können die meisten Seouliten nur träumen. Um ihre Arbeit zu erledigen, bleiben sehr viele abends länger im Büro. Und haben oft noch stundenlange Fahrzeiten. Gehälter und Löhne sind nicht gerade üppig und die Unterschiede nach Geschlecht, Ausbildung, Tätigkeit und Unternehmensgröße beträchtlich. Das monatliche Durchschnittseinkommen liegt bei 1900 Euro brutto (hat sich aber seit 2001 nahezu verdoppelt). Am besten verdient man in der Großindustrie: rund 4,5 Millionen Won, das sind etwa 3000 Euro pro Monat. Jemand mit gutem Universitätsabschluss bringt etwa 2400 Euro nach Hause, ein Bankangestellter oder ein Versicherungskaufmann rund 2100 Euro, ein Bauarbeiter kommt auf 1900 Euro, ein Busfahrer dagegen muss sich mit 600 Euro bescheiden. Der Unterschied nach Geschlecht ist bei Gehältern und Löhnen enorm. Frauen beziehen nur 65 Prozent vom Verdienst ihrer männlichen Kollegen. Die Steuer schluckt etwa 16 Prozent des Einkommens.

Die Lohnnebenkosten steigen unaufhörlich, denn mit dem zunehmenden Lebensstandard nimmt auch der Ausbau der Sozialversicherungssysteme zu. Die waren früher gar nicht nötig, weil sich – wie in allen Ländern des Fernen Ostens, die durch die alte konfuzianische Gesellschaftsordnung beeinflusst worden waren – auch in Korea nie der Staat um die soziale Wohlfahrt zu kümmern brauchte. Das nahm ihm immer der große Familienverband ab. Ging es einem Mitglied eines Klans schlecht, waren die anderen Mitglieder moralisch verpflichtet, für die Person zu sorgen. Meist kam es gar nicht dazu, dass ein einzelner sozial Schiffbruch erlitt, denn alle Familienmitglieder wohnten unter einem Dach und hatten sich ständig im Blick. Erst mit der verstärkten Individualisierung und der Überalterung der Gesellschaft kam das Problem der Sozialversicherung auf. Sei es bei der Sozialhilfe, sei es bei den Renten – immer betont die Regierung, dass der staatliche Anteil daran verringert werden solle und Programme zur Selbsthilfe gefördert werden müssten. Sie appelliert dabei unverhohlen an die ›hohe Moral‹ des alten Klan-Systems.

Ältere Damen bei der Handarbeit im Tongdo-Tempel

Jahrhundertelang war Korea ein Land der Bauern und Fischer. Das hat sich gründlich geändert. Heute arbeiten nur noch rund 7 Prozent in der Landwirtschaft, 25 Prozent in der Industrie und 68 Prozent im Dienstleistungssektor. Von den etwa 36 Millionen Menschen im arbeitsfähigen Alter – also über 15 Jahre alt – gehen rund 25 Millionen einem Beruf nach. Die Arbeits-

Mädchen im Chima-Jeogori

losenquote in Höhe von 3,1 Prozent erscheint westlichen Nationen wie ein unerfüllbarer Traum. Böser liest sich die Zahl der Jugendarbeitslosigkeit (15 bis 29 Jahre): Sie beträgt acht Prozent.

Alltag und Festtage

Ginge man nur nach der Kleidung, würde sich das Straßenbild in Seoul in nichts vom 08/15-Look anderer Länder unterscheiden. Überall der Einheitsbrei: anthrazitfarbene Anzüge und ›das kleine Schwarze‹ in den Business-Distrikten, Jeans, T-Shirt und Turnschuhe im Rest der Stadt. Es sei denn, man ist gerade zum koreanischen Neujahrsfest (Seollal) unterwegs. Dann kann man die farbenprächtige Tracht (Hanbok) sehen, die bodenlangen, seidenglänzenden Gewänder der Frauen (Chima-Jeogori) mit dem Bolero-Jäckchen und der großen Schmuckschleife. Männer tragen dann weite, bauschige Hosen (Baji), darüber ein dünnes, hemdähnliches Jackett, beides in Weiß. Über das Jackett gehört noch eine dunkle, fast schwarze Weste.

Koreaner sind überaus gesellig, Feiern ist eine Lieblingsbeschäftigung. Ob die Männer in Seoul in ein Noraebang (Karaoke-Bar) oder – wie früher – in eines der Gisaeng-Häuser gehen, um sich dort von jungen Mädchen unterhalten zu lassen, oder ob die Frauen ein Picknick mit einer Flasche Reisschnaps und einer Stundenglastrommel organisieren – Geselligkeit, Tanz und Gesang sind Trumpf.

Die koreanischen Feste richten sich zum Teil nach unserem westlichen Kalender, zum größeren Teil aber nach dem Mondkalender, so dass die Daten hier nur annähernd angegeben werden können. Zuerst die bedeutenderen – weil auf dem Brauchtum fußenden – Feste, die nach dem Mondkalender gefeiert werden.

Neujahr

Das Neujahrsfest (Seollal) fällt in die Zeit zwischen Mitte Januar und Mitte Februar. Es ist die größte Feier, weshalb die Koreaner das neue Jahr in neuen Gewändern, einem traditionellen Hanbok oder in Festtagskleidung begrüßen. Nachdem die Familien ihren Ahnen Opfer gebracht, die Kinder vor ihren Altvorderen den Kotau (Sebae) absolviert und die Eltern den Kindern kleine Geschenke gemacht haben, feiert man mit Freunden. Viele Kinder lassen Drachen steigen.

Der Tag des Mondes (Daeborum), der erste Vollmond nach Seollal, beendet die Neujahrsphase. Familien finden sich zu gutem Essen zusammen. Abends geht man vor die Tür und betrachtet den Vollmond. Vielleicht sieht man in Seoul auch Leute, die mit Fackeln auf den Bukhak-Berg steigen, um dort den Mond zu begrüßen.

Das Kalte Mahl

Das Kalte Mahl (Hansik) ist ein Feiertag zu Ehren eines legendären Staatsmannes, der in Erfüllung seiner Pflicht verbrannte. Um seinen Geist zu versöhnen, wird an diesem Tag (Ende März oder im April) kein Feuer entfacht. Die Koreaner pilgern zu den Gräbern ihrer Vorfahren, wo sie Fleischspeisen, Fischgerichte, Reiskuchen, Gemüse, Früchte und Wein erst opfern – und dann kalt verzehren.

Tag der Bogenschützen

Der Tag der Bogenschützen findet im April statt, mit Sicherheit auch im Pavillon der Gelben Störche (Hwanghak-jeong) auf dem Gelände des Sajik-Parks. Vielleicht trifft man Bogenschützen ebenso auf der Nanji Archery Range im Hangang-Park nahe dem Jamsil-Sportkomplex.

Buddhas Geburtstag

Der Geburtstag Buddhas wird – nach unserem Kalender – im Mai gefeiert. Die Familien besuchen, angetan mit ihren besten Kleidern, einen buddhistischen Tempel und nehmen am Ritus teil. Am Abend erleuchten unzählige Lampions die Straßen und die Gassen hallen wider von Feuerwerkskörpern. Der beste Platz in Seoul, die Zeremonien zu verfolgen, sind der Jogye- und der Bongeun-Tempel. Der erstere liegt direkt im Zentrum, in Insa-dong, der zweite im Gangnam-Viertel südlich des Han-Flusses.

Chilseok-Fest

Das Chilseok-Fest fällt in den August. Wörtlich übersetzt heißt Chilseok ›der siebte Abend‹, nämlich der Abend des siebten Tags des siebten Monats. Nur an diesem Abend sollen – wie die Legende sagt – zwei Liebende, der ›Hirte‹ im Sternbild ›Adler‹ und die Spinnerin, die ›Wega‹ im Sternbild ›Lyra‹, die Möglichkeit haben, über die sie trennende Milchstraße hinweg zusammenzukommen.

Mondfest

Das Mondfest (Chuseok) wird am 15. Tag des 8. Monats – das ist Ende September – gefeiert. Es gilt als Erntedankfest. Früher zogen die Bauern mit Fahnen und Trommeln über die kahlen Felder, und die Bauernjungen zeigten ihren be-

Bändertanz im Koreanischen Volkskundedorf

Laternen am Jogye-Tempel zu Buddhas Geburtstag

rühmten Bändertanz. Chuseok ist aber auch ein Fest der Ahnenverehrung. Die Familien ziehen in großen Scharen zu den Gräbern. Die Bändertänze der Bauern sieht man heute ganz ausgezeichnet im Korean Folk Village nahe Suwon.

Feiertage nach dem westlichen Kalender

Nach dem westlichen Kalender richten sich folgende Feiertage und Festspiele:

- 1. Januar: Neujahr wird drei Tage lang gefeiert – ohne bestimmte Riten und Gebräuche.
- 1. März: Unabhängigkeitstag. Auf Koreanisch heißt er Sam-il, was dritter Monat, erster Tag bedeutet. Man gedenkt der Unabhängigkeitserklärung, die 33 Nationalhelden 1919 an diesem Tag – erfolglos – an die japanische Besatzungsmacht richteten. In Seoul finden im Pagodenpark Feiern statt.
- 5. April: Baumpflanztag. Er wurde in den 1960er Jahren obligatorisch, um die Wiederaufforstung zu beschleunigen.
- 5. Mai: Kindertag. Seit 1975 ist dies ein offizieller Feiertag. Die Eltern brauchen nicht zur Arbeit zu gehen, damit sie sich den Kindern widmen können. Das tun die meisten in den städtischen Grünanlagen oder in Freizeitparks.
- 6. Juni: Heldengedenktag. Mittags ruht für eine Minute jegliche Arbeit. Man erinnert sich der Gefallenen.
- 17. Juli: Verfassungstag. Staatliche Stellen gedenken des Inkrafttretens der Verfassung von 1948.
- 15. August: Unabhängigkeitstag. Er erinnert an die Kapitulation der Japaner (1945).
- 3. Oktober: Gründungstag der Nation. Der Legende nach stieg an diesem Tag im Jahre 2333 vor Christus der Gründer Koreas, Dangun, vom Himmel und schuf das Königreich Gojoseon (Alt-Joseon).

- 9. Oktober: Hangeul-Tag. Man gedenkt der Entwicklung des koreanischen Alphabets, des Hangeul. Es werden Kalligraphie-Wettbewerbe veranstaltet.
- 25. Dezember: Weihnachten ist ein gesetzlicher Feiertag. Er wird zumindest von den rund neun Millionen Christen wie im Westen begangen.

Religion und Philosophie

Bilder von sich majestätisch in Seouler Parks ausbreitenden konfuzianischen Schreinen oder versteckt am Nordberg liegenden buddhistischen Tempeln sind Lieblingsmotive der koreanischen Tourismuswerbung. Das aber ist nur ein kleiner Teil Koreas, dazu noch ein fremder, aus China eingeführter. Die religiösen Wurzeln greifen viel tiefer in die Frühgeschichte zurück. Das zeigt schon der Mythos von Dangun, dem Reichsgründer. Belegt er doch, dass die Koreaner der Frühzeit den Bären und den Tiger verehrten. Beide standen mit dem Unbegreiflichen in direkter Verbindung, denn die damaligen Koreaner lebten in steter Angst vor ihnen.

Schamanismus

Selten wird ein Seoul-Besucher eine schamanistische Zeremonie (Gut) miterleben, aber wenn er seine Augen offen hält, kann das passieren, denn sie werden immer noch praktiziert. In Seoul (am Hang des Inwangsan) gibt es zwar ein Schamanenzentrum, jedoch sind Ausländer oder Neugierige dort während der Riten nicht willkommen. Aber vielleicht trifft man beim Bummel durch die Straßen auf eine Geisterbeschwörung, auf die selbst die moderne Industriegesellschaft nicht verzichten will. Noch heute wird kein neues Gebäude ohne einen schamanistischen Ritus seiner Bestimmung übergeben.

Goldkrone aus der Silla-Zeit im Nationalmuseum

Der Schamanismus ist die ursprünglichste der koreanischen Religionen. Die frühen Dorfgemeinschaften, die in Furcht vor der Natur und den Geistern lebten, brauchten jemanden, der fähig war, mit diesen bedrohlichen Kräften in Verbindung zu treten. Sie brauchten die Schamanen (Manshin). Die galten als ›Botschafter des obersten Himmelsherrn‹, sie konnten zwischen der Erde und der belebten Natur, den Göttern, der Sonne, dem Mond, den Sternen vermitteln. Sie vermochten aber auch mit den Geistern Kontakt aufzunehmen.

Vor zwei Jahrtausenden standen die Schamanen gesellschaftlich ganz oben. Die alten Königreiche Goguryeo,

Heiliger Baum in einem Volkskundedorf

Baekje und Silla waren schamanistische Theokratien, in denen der König als Oberpriester fungierte. Davon künden die im Seouler Nationalmuseum zu bewundernden Goldkronen der Silla-Könige mit ihren schamanistischen Attributen, den einem Hirschgeweih ähnelnden goldenen Aufbauten und de n kommaförmigen Jadeanhängern. Die ›Kommata‹ sind natürlich Symbole des ›Yin und Yang‹, jener zwei tropfenförmigen Einzelteile, die durch ihr Zusammenfügen einen Kreis bilden und somit die Harmonie, das große Ganze, versinnbildlichen.

In der Yi-Dynastie (1392– 1910), die dem Konfuzianismus verpflichtet war, sank die Stellung der Schamanen – es gab im übrigen fast nur noch weibliche Schamanen (Mudang) – auf die unterste gesellschaftliche Stufe. Den Mudang war es sogar verboten, in Seoul zu leben. Natürlich fanden sich immer Mittel und Wege, die Schamanen in die Stadt hereinzuholen, denn niemand – nicht einmal die Königsfamilie – wollte auf ihre Kräfte verzichten.

Buddhismus

Erst rund 800 Jahre nach seiner Entstehung gelangte der Buddhismus aus Indien über China nach Korea. Das erste sichere Datum ist das Jahr 373, in dem ein chinesischer Priester das Königreich Goguryeo besuchte. Der Nachbarstaat Baekje kam im Jahre 384 mit dem Buddhismus in Berührung, als der indische Mönch Marananda aus Südchina auf die Halbinsel übersetzte. Bald reisten auch Leute aus Baekje nach Indien, um die buddhistischen Schriften zu studieren. Das Reich Silla war etwas zögerlicher, zu tief waren dort noch Naturreligion und Schamanismus verwurzelt. Erst im 6. Jahrhundert durfte die Lehre in Silla öffentlich gepredigt werden, wurde aber auch dort bald zur Staatsreligion. Alle drei Königreiche glaubten an die buddhistische Lehre, als Silla im Jahr 668 die Halbinsel unter seiner Herrschaft vereinte.

Just in dieser Zeit des politischen Umbruchs lebte einer der bedeutendsten koreanischen Buddhisten: Wonhyo (617–686), aufgewachsen nahe Gyeongju, der Silla-Hauptstadt. Er war der Auffassung, dass ›alles im unermesslichen Universum durch den eigenen Geist geschaffen wird‹ und entwickelte sich zu einem der größten Philosophen, der die Religion mit dem Denken, der Logik, verband. Auf Wonhyo geht aber noch etwas anderes zurück: Er durchbrach das Mönchsgesetz des Zölibats und heiratete eine Prinzessin. Noch heute kann man die buddhistischen Schulen – ganz grob – in zwei unterteilen: in diejenige, deren Mönche heiraten dürften (Daego-Sekte), und in jene, die sich dem Zölibat verpflichtet fühlt. Letztere, die Jogye-Sekte, ist die größere. Ihr Hauptsitz befindet sich im Jogye-Tempel in Seoul. Mit der Einführung des Konfuzianismus als staatstragende Philosophie durch die Yi-Könige (ab 1392) war es mit dem Buddhismus als Staatsreligion vorbei.

Der Grundgedanke des Buddhismus ist der Wunsch, den Kreislauf der Wiedergeburt zu beenden und ins Nirvana einzugehen. Das irdische Leben wird als Leiden betrachtet, das es so schnell wie möglich zu überwinden gilt. Buddha wusste um die ›Vier Heiligen Wahrheiten‹, das sind die Wahrheit vom Leid, von der Entstehung des Leids durch die Begierde, von der Vernichtung des Leids und von dem dazu führenden ›Achtteiligen Pfad‹. Dieser umfasst den rechten Glauben, den rechten Entschluss, das rechte Wort, die rechte Tat, das rechte Leben, das rechte Streben, das rechte Denken und das rechte Sich-Versenken. Wer sich an diesen Pfad hält, den Buddha bei seiner ersten Predigt im Gazellenhain zu Sarnath beim indischen Varanasi erläuterte, findet Ruhe, Erkenntnis, Erleuchtung, geht ins Nirvana ein.

Buddha-Statue im Bongeun-Tempel

Eisenbuddha im Seouler Nationalmuseum

Konfuzianismus

Auch der Konfuzianismus hat seine Wurzeln außerhalb Koreas, in China, dem ›Großen Bruder‹. So konnten die Koreaner das Reich der Mitte allerdings erst nennen, nachdem sie diese Weltanschauung übernommen hatten, denn erst sie regelte die Beziehungen zwischen den ungleichen Verwandten, dem politisch und kulturell in Fernost führenden China und dem Tributstaat Korea.

Der Konfuzianismus – wie der Buddhismus ursprünglich keine Religion, sondern eine ethische Lehre – geht auf den chinesischen Meister Kong (Kong Fu-Zi) zurück, der zwischen 551 und 479 vor Christus lebte und lehrte. In seiner Philosophie musste der Mensch die Lebensregeln erstmals nicht von den Göttern, also von außen, einholen, sondern von innen, aus sich selbst heraus. Das Göttliche webt – Kong zufolge – nicht nur im Kosmischen, sondern auch im Menschen. Er muss es nur wecken und fördern. Ein Teil dieses im Menschen angesiedelten Göttlichen sind Menschlichkeit, Güte und Liebe. Wer diese Tugenden in sich pflegt, führt ein edles und weises Leben. Die Menschlichkeit äußert sich im familiären Bereich in Pietät, in der staatlichen Organisation in Loyalität und Treue.

Der Konfuzianismus war in Korea schon zu Zeiten der Drei Königreiche (bis 668) bekannt. In Goguryeo gab es bereits im Jahr 372 ein konfuzianisches Lehrinstitut. Auch in Baekje wurde im 4. Jahrhundert eine Akademie gegründet. Silla kam erst später mit der Lehre in Berührung. Im Jahr 682 entstand in Gyeongju eine erste Universität. Zwar galt der Buddhismus weiterhin als Staatsreligion, den Konfuzianismus jedoch benötigten die Silla-Herrscher als Rückgrat ihrer Verwaltung. Die Goryeo-Könige dachten ebenso und rekrutierten ihre Beamtenschaft seit dem Jahr 960 aus konfuzianischen Lehranstalten.

Staatsdoktrin wurde der Konfuzianismus in der Yi-Dynastie (1392–1910). Deren Begründer Yi Song Gye, der als König Taejo den Thron bestieg, ließ sofort, nachdem er die Hauptstadt nach Hanyang (ins heutige Seoul) verlegt hatte, ein konfuzianisches Kolleg, das Sungkyun-gwan, bauen. Dem folgten die Gelehrtenhalle (Munmyo) für die Staatsprüfungen und der Konfuzius-Schrein in Seoul. Seit dieser Zeit durchdrang die Morallehre alle Familien. Der Ehrenkodex, den Konfuzius aufgestellt hatte, griff um sich – und das Herrscherhaus konnte frohlocken. Von nun an war das hierarchische Gefüge perfekt: Die Frau hatte dem Mann und den Söhnen zu dienen, der Sohn dem Vater, der Vater dem nächstbesten Beamten, der Beamte dem Bezirksvorsteher, dieser wiederum dem nächsthöheren Verwalter, der dem Gouverneur, der Gouverneur den hohen Hofbonzen und diese dem König. Dieses Gefüge währte mehr als 500 Jahre. Dann zerstörten es die Japaner durch ihre Machtübernahme 1910 ein für allemal.

Die östliche Lehre

Die konfuzianischen Tugenden Gerechtigkeit und Loyalität liegen auch der im 19. Jahrhundert aufgekommenen ›Östlichen Lehre‹ zugrunde. Sie geht auf den 1824 in Gyeongju geborenen Choi Che U zurück, dem der Niedergang der Kultur, die Auflösung aller Werte und die Armut der Bevölkerung höchst zuwider waren – obwohl er selbst einer Familie des Beamtenadels entstammte, der an diesem all-

Steinmarkierungen für die Beamtenaufstellungen im Seouler Ostpalast

gemeinen Verfall nicht unschuldig war. Choi hatte die konfuzianischen Schriften studiert, ebenso den Buddhismus und hatte auch vom Katholizismus gehört. Mit 38 Jahren glaubte er die Lösung gefunden zu haben. Die ›Östliche Lehre‹ bereite das Königreich Gottes auf Erden vor, versprach Choi seinen Anhängern, die ihm vor allem folgten, weil er ihnen nicht ein künftiges Paradies im Himmel verhieß, wenn sie sich nur schön lange geplagt hätten, sondern die große Harmonie auf Erden zu Lebzeiten. Außerdem lockte Choi sie mit der Feststellung, dass alle Menschen gleich und frei seien. Seinen Weg des Heils nannte er Cheon-do, den ›Himmlischen Weg‹. Bis 1864 sammelte er abertausende von Leuten um sich. Zur Erschaffung des Paradieses auf Erden kam es aber nicht, denn Choi wurde von Regierungssoldaten ergriffen und exekutiert. Sein Märtyrertum verschaffte der Bewegung indes großen Zulauf. Heute hat die Cheon-do-Vereinigung rund 1,5 Millionen Gläubige. Ihr Hauptsitz ist in Seoul.

Christentum

Im August 2014 bekam Seoul hohen Besuch aus Rom: Papst Franziskus. Anlass dazu war die Seligsprechung von 124 Märtyrern, die im 19. Jahrhundert wegen ihres Glaubens umgebracht worden waren. 30 Jahre zuvor war schon Papst Johannes Paul II. dagewesen, um die 200-Jahr-Feier der römisch-katholischen Kirche Koreas zu begehen und Märtyrer heiligzusprechen, 103 von abertausenden.

Die Verbreitung des römisch-katholischen Glaubens in Korea begann 1784. Damals befand sich unter den Gesandten, die Tributgeschenke nach Peking brachten, der Gelehrte Yi Seung-hun mit seinem Sohn. Der traf in China mit einem italienischen Missionar zusammen, ließ sich von der neuen Lehre überzeugen, taufen und trug sie, nach Korea zurückgekehrt, weiter. Schon im folgenden Jahr setzte eine heftige Verfolgung der Christen ein – durch die Konfuzianer, die Gefahr witterten. Die antichristlichen Wellen schlugen bis 1876 hoch und forderten tausende von Toten. Erst als im Jahr 1882 Religionsfreiheit gewährt wurde, war die Christenverfolgung vorbei. 1898 wurde die Kathedrale in Seoul geweiht. An die Zeit der Verfolgung erinnert das Heiligtum der koreanischen Märtyrer auf dem Jeoldusan (›Enthauptungsberg‹) am Ufer des Han.

Den rund 3,5 Millionen katholischen Koreanern stehen etwa 7,5 Millionen Protestanten gegenüber, obwohl der Protestantismus in Korea nur 130 Jahre alt ist. 1884 gehörten die Christenverfolgungen der Vergangenheit an, und in Dr. Horace Newton Allen hatten die Presbyterianer einen Mann gefunden, der wusste, dass Missionierung sich nicht im Verteilen von Bibeln erschöpfen dürfe. Allen versorgte als Arzt in Seoul ansässige Ausländer. Einmal wurde er auch in den Palast gerufen, rettete das Leben eines Prinzen und wurde daraufhin zum Hofarzt ernannt. Ihm haben die Koreaner das erste Krankenhaus für westliche Medizin zu verdanken. Wohin auch immer man in Seoul schaut, der Blick wird auf eine Kirche fallen. Die verschiedenen protestantischen Richtungen nennen etwa 23 500 Gotteshäuser in Südkorea ihr eigen.

Die Vereinigungskirche

Als Wiedergeburt Christi verstand sich der 1920 geborene Mun Seon Myung, der 1954 die sogenannte Vereinigungskirche (Tong-il, auch Mun-Sekte) gründete und eine heute in Millionen zu zählende Schar Gläubige um sein Amalgam aus östlicher und westlicher Weisheit versammelte. Das hatte der Koreaner selbstverständlich von Gott selbst empfangen. Ein paar Jahrzehnte später krönte sich der selbsternannte Messias publikumswirksam eigenhändig zum ›Friedenskönig‹. Zu diesem Anlass hatte er bewusst einen von den Medien umschwirrten Ort gewählt: das Capitol in Washington – und die verdutzten Abgeordneten zu Zeugen der Zeremonie gemacht. Dass er Washington dazu aussuchte und nicht einen Ort in Korea, hat seinen Grund darin, dass das Gros seiner Anhänger Amerikaner sind.

Ähnlich wie bei Scientology liefert auch in der Vereinigungskirche die Religion den Überbau für ein weit gespanntes Wirtschaftsunternehmen, das Niederlassungen in den USA, Lateinamerika und Korea besitzt und Mun unermesslich reich gemacht hat. Aber auch sein letztes Hemd hat keine Taschen. Anfang September 2012 ist der mehr als umstrittene Reverend Mun, der vor allem auch durch die von ihm geleiteten, bizarren Massenhochzeiten berühmt wurde, gestorben.

Schwer als solche zu erkennen: die anglikanische Kirche in Ganghwa-Stadt

Kunst und Kultur

Hinter New York und Paris hat sich Seoul weltweit auf den dritten Platz vorgearbeitet, was die Vielfalt an Theater, Tanz, Shows und anderen Vergnügungen betrifft. Das Schöne daran: Alle haben irgendwie mit dem traditionellen Korea zu tun, vermengen klassische Sujets und Ausdrucksformen mit hochmodernen Inszenierungen, seien es die schmissigen Nanta-Theater oder nonverbale Shows wie Jump, die sich durch Welttourneen bereits international einen Namen gemacht haben.

Weltweit populär ist auch die K-Wave, die ›Koreanische Welle‹ (Hanja), spätestens seit Sommer 2012, seit seinem nach dem Seouler Schickimicki-Stadtbezirk benannten Song ›Gangnam Style‹ des koreanischen Rappers Psy. Sein Video siegte nicht nur bei den MTV Europe Music Awards 2012 in Frankfurt am Main, sondern schaffte auch den Eintrag ins Guinness-Buch der Rekorde als das Video mit den meisten ›likes‹ bei YouTube. Ein schöner Höhepunkt der bereits rund 20-jährigen Geschichte der K-Wave, dem Internet sei Dank.

Das Gold der Könige

Wer das Nationalmuseum in Seoul besucht, sollte auf jeden Fall bei den Goldschätzen der Silla-Zeit Halt machen. Die Ohrgehänge suchen an Eleganz ihresgleichen. Winzige Goldkügelchen schmücken in so perfekter Granulationstechnik dünne Goldblätter, dass diesem Schmuck bereits eine lange kunsthandwerkliche Entwicklung vorangegangen sein muss. Die Kronen der Silla-Könige sind ebenfalls aus Goldblech gefertigt, an manchen Stellen gepunzt und mit Goldflitter, unzähligen winzigen runden Plättchen, aufgelockert. Typisch für die Silla-Kronen sind die ›Zacken‹ – ganz offensichtlich Geweih- oder Baumsymbole: der Baum als Lebensbaum, das Geweih als Symbol der magischen Kraft des Schamanen.

Ohrschmuck aus der Silla-Zeit

Seladon-Vase

Seladon — so schön wie Jade

Man hat es mit Jade verglichen, mit jenem grünen Stein, der die Unsterblichkeit symbolisiert. Die Chinesen, die Entdecker des Seladon, haben diesen Vergleich poetisch besungen. Das koreanische Seladon - zu sehen im National- und im Volkskundemuseum - unterscheidet sich aber in vielem von seinem chinesischen Vorfahren. Technisch gesehen ist Seladon ein festes Steinzeug von grauer Substanz, das - brennt man es bei Temperaturen von mindestens 1200 Grad Celsius - wasserundurchlässig wird. Die Farbe, von graugrün bis zu blaugrün changierend, resultiert aus zwei Bedingungen: aus der Menge Sauerstoff im Brennofen und aus der Eisenmenge, die der farblosen Feldspatglasur beigemengt wurde. Ist der Sauerstoffgehalt im Ofen niedrig, färbt sich das Eisen grünlich, bei hohem Sauerstoffgehalt wird der Scherben rot.

Zwar ist das Seladon für ganz Korea typisch, aber eigentlich repräsentiert es nur die Kunst vierer Jahrhunderte, nämlich der Goryeo-Zeit (918–1392). Damals herrschte zwischen China und Korea ein lebhafter Seehandel. Die besten Brennöfen für Seladon standen südlich von Schanghai. Von dort gelangten sie per Schiff nach Goryeo. Im Mutterland konnte dieses Steingut, dessen Glasuren mit der Farbe des Herbsthimmels oder gar mit dem Gefieder des Eisvogels verglichen worden war, bereits auf eine mehrhundertjährige Tradition zurückblicken. Was die Koreaner ihnen allerdings voraushaben, ist ihre einzigartige Einlegetechnik. Die macht sie zu eigenständigen und unerreichten Meistern. Die Sanggam-Technik erfordert mehrere Schritte. Das Design wird zuerst in den Ton graviert oder geschnitten. Das Relief füllt man dann mit weißem oder braunem Ton. Anschließend werden die Ränder geglättet, überschüssiger farbiger Ton wird entfernt. Zwei Brennungen sind nötig: eine erste mit niedriger Temperatur, wenn die Einlegearbeit vollendet, und die zweite, wenn die Glasur aufgetragen ist. Jetzt wird bei hoher Temperatur gebrannt.

Nur noch wenig Seladon wurde in der letzten koreanischen Dynastie, in der Joseon-Zeit (1392–1910), hergestellt. Man begeisterte sich eher an der Buncheong-Keramik und an Porzellan. Buncheong heißt übersetzt ›pudergrün‹. Der Name trifft aber nur auf die wenigsten Stücke zu, denn die meisten wurden bemalt oder mit Sgraffito-Technik verziert. Ab dem 15. Jahrhundert bevorzugte der Hof - und danach der gesamte Adel - Porzellan. Seit wann das in Korea hergestellt wurde, ist unklar. Wahrscheinlich hatte auch hier China großen Einfluss - über seine Brennöfen in Jingdezhen. Schätzten die Adligen anfangs das Weiße Porzellan, von dem es unter anderem im Horim Art Center in Seoul ein paar kostbare Beispiele gibt, so kam nach 1428 jenes Porzellan in Mode, für das die chinesische Ming-Dynastie so berühmt ist: das blau-weiße mit dem Unterglasur-Kobaltblau.

Seladongefäß im Nationalmuseum Seoul

Malerei und Kalligraphie

Beim Bummel durch Seouls Galerien, vor allem im Viertel Insa-dong oder dem Altstadtbereich Bukchon, sticht sofort ins Auge, wie wichtig die Koreaner Malerei und Kalligraphie nehmen. Sie sind allgegenwärtig – und haben eine lange Tradition.

Den Grundstein zu einer koreanischen Malerei legten die Chinesen in ihrer Provinz Lolang (gegründet 108 vor Christus). Lolang ging 313 im Königreich Goguryeo auf, dessen Herrscher die Art übernahmen, sich in großen Steinpyramiden bestatten zu lassen. Die waren mit Wandmalereien geschmückt. Sehen kann sie nur, wer nach Nordkorea reist, denn all diese Gräber liegen dort. Aber Kopien der Wandbilder findet man im Nationalmuseum in Seoul. Meist stellen sie Fabelwesen dar, einen blauen Drachen, eine Schildkröte, eine Schlange, den Tiger sowie fliegende Engel. Die Fabelwesen entstammen der chinesischen Mythologie: Die Schildkröte symbolisiert den Norden, der Drache den Osten, der Phönix den Süden und der Tiger den Westen.

Aus der Glanzzeit Koreas, der Vereinigten Silla-Dynastie (668–935), sind unzählige wertvolle Gegenstände erhalten, aber fast keine Bilder. Anders sieht es mit Werken der Goryeo-Zeit aus, in der die höfische Malerei dominierte. Auch davon gibt es Beispiele im Nationalmuseum in Seoul.

Einen wesentlichen Beitrag zur Kunst leisteten buddhistische Mönche mit den Wandbildern in ihren Tempeln. Aus den Klöstern ging auch jene Malerei hervor, die für alle offiziellen Bauten heute typisch ist, die sogenannte ›Rot- und Blaumalerei‹ (Dancheong). Fast alle Holzteile wichtiger Gebäude – Dachsparren, Säulen, Architrave – sind stark farbig bemalt.

Als in der Yi-Dynastie (1392–1910) der Buddhismus in den Hintergrund, dafür aber die neue staatstragende Philosophie, der Konfuzianismus, in den Vordergrund trat, änderten sich die Sujets. Der chinesischen Gelehrtenmalerei nacheifernd, schufen die Koreaner jetzt bevorzugt Landschaftsbilder, meist mit Tusche auf Seide gepinselt. Namentlich erwähnen muss man die Malerin Shin Saim Dang wegen ihrer akribischen Darstellung von Pflanzen und Insekten. Ihr Konterfei schmückt heute den 50 000-Won-Schein. Ein ganz eigenes Genre kam im 18. Jahrhundert auf: Szenen des koreanischen Alltags, wie es sie bis dahin nicht gegeben hatte.

Mit der Besetzung Koreas durch Japan 1910 wurden die traditionellen Techniken durch westliche Ölmalerei verdrängt. Nach der Befreiung von der japanischen Fremdherrschaft 1945 widmeten sich einige Künstler wieder der traditionellen koreanischen Malerei. Andere, die sich in den USA, in Frankreich oder Japan heutige Techniken und auch neue Sehweisen angeeignet haben, mischen Tradition und Moderne. Im Westen am ehesten bekannt ist die Videokunst von Nam June Paik, von dem einige Arbeiten im Nationalmuseum Zeitgenössischer Kunst im Süden von Seoul zu sehen sind.

Vom großen Lehrmeister China haben die Koreaner unter anderem auch die Achtung vor der Schrift übernommen. In beiden Staaten gilt die Kalligraphie neben der Malerei als höchste Kunst. So war es beispielsweise unmöglich, eine Staatsprüfung zu bestehen, wenn man die Kalligraphie nicht beherrschte. Das

Dachbemalung des Jogye-Tempels in Seoul

liegt wohl auch daran, dass Malerei und Kalligraphie mit denselben Materialien erstellt werden, den ›vier Freunden des Gelehrten‹, als da sind Tusche, Tusche-Reibstein, Pinsel und Papier.

Holzschnitt

Für einige koreanische Schriftsteller des 18. Jahrhunderts war ihre Heimat das ›Land der drei H‹. Damit meinten sie Hangeul, die Schrift, Hwal, das Bogenschießen, und Hwaljuja, das Drucken mit beweglichen Lettern. Diese Kunst beherrschten die Koreaner gut 200 Jahre vor Gutenberg. 1234 entstand das erste Werk mit Hilfe des beweglichen Metallsatzes: ein konfuzianischer Text. Erhalten ist nichts, nur schriftliche Eintragungen zeugen davon.

Lange vor den beweglichen Lettern benutzen die Koreaner Holzdruckstöcke zur Vervielfältigung. Die bei weitem bekannteste Arbeit koreanischer Holzschneider ist die 6000 Kapitel umfassende Sammlung buddhistischer Schriften, die Tripitaka Koreana. Die ersten, im Jahre 1013 vollendeten Druckstöcke fielen dem Wüten der Mongolen zum Opfer – 200 Jahre nach ihrem Entstehen. Der damalige König war der Auffassung, diese Arbeit müsse noch einmal geleistet werden. Rund 200 Mönche waren im ›Tempel der ererbten Lampe‹ auf der Insel Ganghwa 16 Jahre lang damit beschäftigt, die Texte in Holz zu schneiden. 1251 waren sie fertig und hatten 81258 Druckplatten geschaffen. Jede Platte ist beidseitig beschriftet. So ergeben sich 162516 Druckseiten. Jede Seite ist mit 22 Zeilen zu je 14 chinesischen Zeichen bedeckt. Die rund 25 mal 50 Zentimeter großen Hölzer sind noch heute vollständig und unversehrt erhalten – allerdings weder auf der Insel noch in einem Seouler Museum, sondern im Haein-Tempel bei Daegu.

Holzdruckplatte der Tripitaka Koreana

Bildhauerei

In allen Parks der Hauptstadt, aber auch in der Metropolregion stolpert man über Skulpturen, über ganz klassische wie über hochmoderne. Besonders die junge, unkonventionelle Kunst wird sogar von der Stadt gefördert.

Eine plastische Kunst, die diesen Namen verdient, tauchte in Korea erst lange nach Einführung des Buddhismus auf. Aus dem 6. Jahrhundert stammt die erste Skulptur, ein stehender Buddha mit Lotussockel und Nimbus in Lotosblattform, etwa 16 Zentimeter hoch, aus vergoldeter Bronze. Besonders beliebt war die Darstellung des Bodhisattva Maitreya, des künftigen Buddha, der oft in nachdenklicher Pose gestaltet wurde, das Kinn in eine Hand stützend und den rechten Fuß über das linke Knie gelegt auf einem Sockel sitzend. Die bedeutendste Skulptur dieses Maitreya aus einer Gold-Bronze-Legierung – geschaffen im Vereinigten Silla-Reich (668–935) – ist der Stolz des Nationalmuseums in Seoul.

Die heutigen Bildhauer arbeiten unter starkem Einfluss des Westens und Japans. Der erste ›Moderne‹ war Kim Pok Chin, der 1914 in Japan lernte und nach seiner Rückkehr mit Schülern die Keimzelle der neuen Bildhauerei bildete. Heutige Bildhauer versuchen, eine harmonische Vereinigung östlicher Tradition und westlicher Moderne zu erreichen, was man in vielen Galerien Seouls besichtigen kann.

Baukunst

Von den Chinesen lernten die Koreaner, dass die Erde, der Mikrokosmos, ein Abbild des Himmels, des Makrokosmos, sei. Deshalb machten sich auch alle Architekten drei chinesische Grundvoraussetzungen zu eigen, ob sie nun Städte, Paläste, Tempel oder schlichte Wohnhäuser planten: Der Bau musste sich in die natürliche Umgebung einfügen, von einer Mauer umgürtet sein und sich auf oder symmetrisch zur Nord-Süd-Achse erheben. Wo möglich, lagerte man Bauten an die Südausläufer der Berge, denn dann konnte der Bergrücken vor Unheil schützen, das immer als von Norden kommend gedacht wurde.

Städteplanung

Seoul liefert ein hervorragendes Beispiel für die Axialität, gemäß der Städte gebaut wurden. Man muss nur einen Blick auf einen Plan der Innenstadt werfen. Es nimmt nicht wunder, dass gerade diese Stadt und ihre Paläste nach der klassischen chinesischen Tradition gebaut wurden – ausgerichtet nach der Nord-Süd-Achse, denn der Gründer der Yi-Dynastie (1392–1910), König Taejo, war auch Gründer von Seoul, ein überzeugter Anhänger des Konfuzianismus. Und der schrieb den Menschen ganz starre hierarchische Regeln vor. Sichtbarer Ausdruck dieser Hierarchie war die Staffelung der Stadtviertel. Im Süden lagen die Wohnbereiche der Handwerker und anderer Leute der Unterschicht. Weiter nach Norden schlossen sich die Viertel des Mittelstands an, denen wiederum die Bezirke der Oberschicht folgten. Ganz im Norden der Stadt, an den Südausläufer des Bukhak-Berges gelehnt, lag das Palastviertel. Das hat sich in seiner grundsätzlichen Anordnung bis heute erhalten.

Offizielle Bauten

Die königlichen Paläste in Seoul, Tempel und Wohnhäuser reicher Beamter tragen die gleichen Grundzüge: Erstens sind sie auf einer steinernen, zumindest aber gestampften und ummauerten Plattform errichtet, zweitens bestehen sie immer aus Holz und drittens schwingen ihre Dächer an den Ecken stets aus. Diese Prinzipien haben die Koreaner von den Chinesen – und zwar schon seit der Frühzeit. Sie wurden fast unverändert bis in die letzte, die Yi-Dynastie, überliefert.

Alle diese Anlagen wurden nach gleichem Grundriss angelegt. Den ummauerten Bezirk betrat man durch ein Doppelflügel-Tor, dem sich meist ein zweites, prächtigeres Tor hinzugesellt. Den folgenden Innenhof begrenzt gen Norden das Hauptgebäude, sei es ein Thronsaal, ein Schrein oder eine Empfangshalle.

Tor des Dongmyo-Schreins

Skulptur an der Cheonggye Plaza in Seoul

Hinter dem Hauptgebäude öffnet sich ein zweiter Hof, an dessen Ende die königlichen Privatgemächer, im Tempel die Bibliothek, in einer privaten Anlage die Räume des Hausherrn liegen. Der erste Innenhof wird an den Seiten von Wirtschaftsgebäuden begrenzt, der zweite von Wohnräumen der Familienangehörigen. Die Größe der Anlagen variiert lediglich in der Anzahl der aufeinanderfolgenden Höfe.

Ähnlich wie bei europäischen Fachwerkbauten tragen auch bei den koreanischen Gebäuden nicht die Mauern das Dach, sondern die Pfeiler. Zwischen denen werden die Wände hochgezogen. Durch die Aneinanderreihung mehrerer Joche (Gan) – hierunter versteht man den durch vier Pfeiler gebildeten Raum – konnte man die typischen Langhäuser schaffen. Sie stehen übrigens immer quer zur Nord-Süd-Achse; man betritt sie also nicht an der Giebelseite.

Das typisch Fernöstliche, die Krümmung der Dächer an den vier Ecken, erreichten die Architekten durch Einfügen von Walmsparren oder Aufschieblingen an die Dachsparren. Das Ganze hat einen rein ästhetischen Grund: Durch die Krümmung wirken die schweren, großflächigen Dächer leichter, wie mit Fäden aufgehängt.

Tempel und Klöster

Für die sakrale Architektur gilt im Prinzip dasselbe wie für die Palastbauten. Anders ist allerdings die Gliederung der Gebäude. So kann es sein, dass man vor Betreten des inneren heiligen Bezirks mehrere Tore durchschreiten muss. Das ist wie die Ouvertüre vor dem Hauptstück. Auf das Tor folgt die Eingangshalle, in der zwei Wächter die buddhistische Lehre schützen. Ihr schließt sich die Halle der Vier Himmelskönige an. Vor der Haupthalle mit den Kultstatuen ragt eine Pagode auf. Hinter der Haupthalle befindet sich die Predigt- oder Lehrhalle. Oft gibt es daran anschließend noch ein Bibliotheksgebäude. Wohn- und Wirtschaftsräume der Mönche stehen immer auf Seitenachsen.

Bei vielen Tempeln, wie zum Beispiel dem Bongeun-sa in Seoul-Gangnam, konnten die Baumeister die ursprünglich vorgegebene Axialität allerdings nicht einhalten: Hügel oder andere natürliche Gegebenheiten verhinderten das.

Pagoden

Ein gutes Beispiel liefert die jetzt im Nationalmuseum in Seoul geschützte, 13-stöckig aufragende Marmorpagode. Sie wurde 1348 für den inzwischen verschwundenen Gyeongcheong-Tempel geschaffen und ist über und über mit buddhistischen Motiven verziert, mit Buddhas, Bodhisattvas, Blumenornamenten und Arabesken. Mit ihrer schlanken Obelisk-Form und der Fülle an Steinmetzarbeiten ein natürlich extravagantes Exemplar, macht sie dennoch die Grundprinzipien der Pagode deutlich: den quadratischen Grundriss und die Stufenform, wofür das China der Tang (618 – 907) das Vorbild lieferte. Ursprünglich hat sich die Pagode aus dem von Indien herübergekommenen Stupa entwickelt, jener auf einem Kreis errichteten Halbkugel, in der Reliquien bewahrt wurden, und dem im China der Han sehr beliebten mehrstöckigen Pavillon. Es gibt Holz- und Steinpagoden – und es gibt jede Menge kleinere aus Granit, die meistens dreistöckig aufragen und besonders für die Silla-Zeit (668–935) typisch sind.

Grabbauten

In Seoul und der Metropolregion finden sich zahlreiche Grabanlagen, die die Entwicklung der Bestattungskultur von der Frühzeit bis in die Yi-Dynastie nachvollziehen lassen. Da die Koreaner seit alters den Tod nicht als Ende ihrer Existenz an, sondern als Änderung des Seins-Zustands betrachten und an ein Leben nach dem Tode glauben, legen sie auf den Bau ihrer Ruhestätten ebenso viel Wert wie auf die Errichtung ihrer Paläste oder Wohnhäuser.

Die auffälligsten Gräber der Jungsteinzeit sind die Dolmen, Hünengräber. Sie stammen aus dem 6. Jahrhundert vor Christus, als eine neue Besiedlungswelle aus dem sibirischen Raum auf die Halbinsel drang. Das Musterbeispiel aller Dolmen steht auf der Insel Ganghwa nahe Seoul.

Von China beeinflusst ist die Art und Weise, in der die Koreaner seit der Zeit der Drei Königreiche (57 vor Christus–668) ihre Toten bestatteten, nämlich in großen Tumulus-Gräbern. Sie schützten vor Grabräubern, hatten aber auch symbolische Funktion: Sie waren (als Berge) die Achsen zum Kosmos. Die Könige der Yi-Dynastie übernahmen für ihre Grabanlagen ebenfalls ein chinesisches Vorbild: den ›Seelenweg‹. Dabei ist der Tumulus von Stelen und Wächterstatuen gesäumt. Seoul hält hierfür ein paar exzellente Beispiele parat, bei denen vom Roten Tor, dem Beginn des heiligen Bezirks, über den gepflasterten Andachtsweg und den T-förmigen Ehrenschrein bis hin zu den steinernen Wächtern und dem Tumulus alle wichtigen Attribute vorhanden sind.

Literatur

Bei einem Seoul-Besuch werden sich wohl nur die ausgebufftesten Freaks um koreanische Literatur kümmern, es sei denn, sie sind Koreanisten. Dennoch soll hier ein Einblick in dieses Genre gegeben werden, weil die Literatur einen wichtigen Beitrag zum koreanischen Geistesleben geleistet hat – und somit dazu, wer und was die Koreaner heute sind.

Die frühesten literarischen Werke sind – wie in allen alten Kulturen – Lieder und Gesänge, die man bei religiösen Festen vortrug. Sie wurden mündlich überliefert, da man einer Schrift ermangelte. Aus der erst viel später verfassten ›Chronik der Drei Königreiche‹ (Samguk-sagi) und den ›Erinnerungen an die Drei Königreiche‹ (Samguk-yusa) erfährt man, dass das früheste niedergeschriebene Gedicht im Jahre 17 vor Christus entstand. König Yuri aus dem Goguryeo-Reich hat damit eine seiner zwei Frauen poetisch beweint:

Gelbe Vögel flattern hin und her;
Mann und Frau – wie gut sie harmonieren.
Hier steh' ich nun, beraubt, allein;
Wie soll es weitergehen?

Die ersten Prosawerke in Korea waren Annalen wie die oben erwähnten. Der chinesische Einfluss ist unverkennbar, denn im Reich der Mitte schätzte man nichts so sehr wie Geschichtsschreibung. Aber auch die späteren Romane wurden von China befeuert. Der Standardroman schlechthin ist ›Die Geschichte der Chun-

Druckstock im Seouler Volkskundemuseum

hyang‹, eine Liebesromanze aus dem 17. Jahrhundert, der die ›Mesalliance‹ zwischen einer Gisaeng und ihrem Geliebten Yi Mong Ryeong beschreibt, den sie eigentlich nicht heiraten kann, weil er der Oberschicht angehört. Aber natürlich siegen die Liebe und die Loyalität!

Das Genre der sogenannten höfischen Literatur, die vornehmlich von Frauen geschrieben wurde, hatte seine Blütezeit im 17. und 18. Jahrhundert. Meist wurden Themen aus dem Palast behandelt, mit Vorliebe Intrigen. Die Literatur des 19. und 20. Jahrhunderts weist starke Einflüsse aus dem Westen auf. Das liegt unter anderem daran, dass aus dem von Kaiser Meji 1868 reformierten Japan westliches Gedankengut nach Korea gelangte. Zwischen den vielen Strömungen der modernen Literatur, wie dem Realismus, der Dekadenz, dem Symbolismus, soll eine besonders hervorgehoben werden: der Humanismus. Der nährte sich vor allem aus Schriften europäischer Denker. Humanismus war auch das Schlagwort nach dem Koreakrieg. Die Schriftsteller fragten sich, warum Koreaner auf Koreaner hatten schießen müssen.

Theater

Theater im westlichen Sinn ist in Korea recht jung. Im Juli 1908 hob es der Schauspieler und Autor Yi In Jik aus der Taufe, auf der Bühne eines eigens gebauten Schauspielhauses in Seoul. Yi schrieb seine frühen Novellen als Schauspiele um und schuf somit das erste moderne Drama, ›Die Silberwelt‹. Da Korea ab 1910 japanisch besetzt war, wurde auch das Theater vor allem durch Japan ›inspiriert‹. Gespielt wurden aber auch westliche Autoren wie Ibsen oder Tschechow.

Maskentänzer in Incheon

Nach der Befreiung 1945 schossen Theatergruppen wie Pilze aus dem Boden. 1949 wurde das Nationaltheater gegründet, von dem die wesentlichsten Impulse für das neue koreanische Drama ausgehen. Bemerkenswert ist die große Zahl kleiner Theater und ›off-off‹-Bühnen in Seoul. Das liegt daran, dass in der zweiten Hälfte der 1950er Jahre staatlicherseits eine ›Bewegung zugunsten kleiner Theater‹ entfacht wurde, die respektablen Erfolg zeitigte. Diese experimentellen Bühnen erhielten Hilfe zur Selbsthilfe. Heute kommen sie fast alle ohne Subventionen aus.

In ihrer Kreativität und dem mitreißendem Mix aus Tradition und Popmoderne sind die Koreaner unschlagbar. Nicht von ungefähr wurde der Regisseur Bae Yo Sup im Jahr 2012 mit seiner Inszenierung ›Hamlet Cantabile‹ zu den Salzburger Festspielen eingeladen. Und was zeigte er? Eine durchaus typisch koreanische Verschmelzung von Schauspiel und Puppentheater.

Maskentänze und Puppenspiel

Die populärste Kategorie der früher nur bei religiösen Riten und nicht zur Unterhaltung aufgeführten Maskentänze (Talchum) – es gibt vier – ist Sandae. Sie besteht aus zwölf Szenen, wobei 24 Masken auftreten. Die Szenen zeigen vor allem Kritik an der herrschenden Klasse (Yangban) und an korrupten Mönchen, was den Maskentanz beim Volk sehr beliebt machte – bis weit in die Yi-Dynastie hinein. Erst in der Mitte des 17. Jahrhunderts gelang es den freude-resistenten Konfuzianern, die Spiele zu verunglimpfen. Seit jener Zeit waren Tänzer geächtet. Sie gingen in den Untergrund, wo das Volk aber weiter nach ihnen verlangte. Sandae kann man in Seoul anschauen. Die anderen Kategorien werden in anderen Landesteilen gezeigt – da, wo sie auch herstammen.

Der gleiche gesellschaftskritische Inhalt liegt auch dem Puppenspiel zugrunde. Drei Stücke werden heute noch manchmal aufgeführt: Kkeoktu gaksi, die ›Puppenbraut‹, Mansok jeong, das Stück ›vom Mönch mit den zehntausend Reissäcken‹ und Changnankam inhyong, das Puppenspiel ›mit dem verschiedenen Spielzeug‹. Früher waren die Spiele bei jedem Dorffest anzutreffen, und die Aufführungen dauerten viele Stunden, da sich zwischen den Puppen und den Zuschauern lange Dialoge entsponnen.

Weil Maskentänze und Puppenspiele bei rituellen Anlässen aufgeführt wurden, warf man die Masken und Figuren nach Gebrauch ins Feuer. Sie hatten sich, so glaubte man, mit bösen Kräften vollgesogen und waren unrein geworden.

Pansori

Auf mehreren Bühnen im Großraum Seoul und auf fast allen Kulturfestivals in der und um die Hauptstadt herum kann man Pansori hören. In Seoul hat dieses Kulturgut sogar ein festes Haus: Die Gesellschaft zur Bewahrung des Pansori ließ nahe dem Pagodenpark das Pagodentheater restaurieren. Diese ›epischen Gesänge‹ (Changguk oder Pansori) sind ein Erbe der ›Blumenritter‹ (Hwarang), der Jungmänner-Elite aus der Silla-Zeit. Dabei handelt es sich um von einer Fasstrommel begleitete Balladen. Die Melodien und Texte stammen aus dem 6. und 7. Jahrhundert und wurden meist mündlich überliefert. Vor allem die einfachen Leute schätzten Pansori, handelten doch die Texte meist vom alltäglichen Leben.

Pansori-Darbietung

K-Wave-Abteilung bei der Korean Tourism Organisation

Pansori braucht keine spezielle Bühne; eine Strohmatte reicht für den Sänger, der auf Koreanisch Gwangdae heißt, übersetzt: Clown. Neben dem Sänger gibt es nur den Trommler, der manchmal kommentierende Bemerkungen einwirft. 2003 wurde Pansori als immaterielles Kulturgut in die UNESCO-Welterbeliste aufgenommen.

Musik

Bei Musik denkt man heute vor allem an ›Hallyu‹, die K-Wave. Damit ist vor allem der K-Pop gemeint. Die meist blutjungen Girl- und Boy-Groups wie Girl's Generation, Big Bang, 2NE1, TVXQ oder Rain, eroberten mit Rap, Pop, Dance, Hip Hop, Electropop und R&B die Charts und die Herzen vor allem der Heranwachsenden, anfänglich nur in Ost- und Südostasien, inzwischen rund um die Welt.

Der Mix aus westlicher und koreanischer Musik blickt allerdings auf eine Geschichte von fast 100 Jahren zurück. In den 1920er Jahren mischte ein Koreaner, von amerikanischen Predigern beeinflusst, koreanische mit Gospel-Musik, was als ›Trot‹ in die Musikhistorie einging. ›Trot‹ ist immer noch sehr beliebt wegen seiner herzzerreißenden Poesie und der traurigen Melodien, was viele junge Sänger auch heute reüssieren lässt. Schließlich spricht ›Trot‹ ja einen typischen Wesenszug der Koreaner an, das Heung, die Melancholie.

Aber es gibt auch die klassische koreanische Musik, die wie der Tanz ihren Ursprung in religiösen Festen hat. Schon vor 3000 Jahren soll es – Geschichtsbüchern zufolge – exakt festgelegte Musikstücke gegeben haben. Unter den Königen der Silla-Zeit (668–935) wurde das heute für Korea berühmteste Instrument Gaya-gum gefördert, eine zwölfsaitige Zither.

Und es gibt die Bauernmusik, Samul-nori. Das heißt übersetzt ›Spiel mit vier Instrumenten‹, als da wären der kleine und der große Gong, die ›Sanduhrtrommel‹ und die ›Fasstrommel‹. Durch diese Musik glaubten die Bauern, die Götter gnädig für eine gute Ernte stimmen zu können, symbolisieren die vier Instrumente doch den Blitz, den Wind, den Regen und die Wolken.

Medien

Die Massenmedien Presse, Fernsehen, Hörfunk und Film haben genau wie bei uns die Aufgabe, zu informieren, zu bilden und zu unterhalten. In Südkorea darf man aber davon ausgehen, dass staatlich bestimmt wird, was Information ist, was der Bildung dient und was Unterhaltung bedeutet. Denn auf fast allen Medien hat der Staat die Hand drauf.

Das Pressewesen kann auf mehr als 130 Jahre zurückblicken. Schon damals stand der Staat dahinter. Dreimal im Monat gab er die Hanseong Sunbo heraus, das erste Mal im Herbst 1883. Hundert Jahre später reduzierte die diktatorische Regierung Chun die Vielzahl der Zeitungen auf 25 und berief sich dabei auf eine Erklärung des Verlegerverbandes, die angeblich besagte, dass die Fusionierung und die Auflösung einiger Organe wünschenswert seien. In der Weltpresse las sich das anders. Da war von Publikationsverboten und Umerziehungslagern für Journalisten die Rede. Heute bestehen 26 reguläre Tageszeitungen, darunter Wirtschaftsblätter, englischsprachige und chinesische Zeitungen, Sportblätter und Kinder-Tageszeitungen. Englischsprachig sind Korea Herald, Korea Times und Korea Joong Ang Daily.

Die guten Möglichkeiten, mit Radio Politik zu machen, haben sich in Korea schon die Japaner während ihrer Besatzungszeit zunutze gemacht. 1927 setzten sie den ersten Sender in Betrieb. Aus ihm ging 1945 der Koreanische Rundfunk (KBS) hervor.

Wie schon auf den Zeitungen und Hörfunksendern hat der Staat seine Hand auch auf dem TV-Geschäft – seit 1961, als die Regierung ihren Sender KBS-TV gründete. 1980 kam die Regierung auch bei den TV-Sendern einem angeblichen Wunsch nach Beschneidung der Vielfalt nach. Die Privatanstalten wurden von KBS übernommen. Heute gibt es neben dem KBS (Korean Broadcasting System) das Munhwa Broadcasting System, das Seoul Broadcasting System und die von der staatlichen Nachrichtenagentur betriebenen Yonhap Television News.

Die 1945 gegründete Nachrichtenagentur Yonhap ist Koreas Nadelöhr. Alles, was Koreaner an Nachrichten zu hören bekommen, und fast alles, was das Ausland über Korea erfährt, muss da durch. Zu der Beschränkung auf nur eine Nachrichtenagentur, die zudem noch eng mit dem Informationsministerium verbunden ist, kam es 1981 im Zuge der allgemeinen Fusionierung der Medien unter der Oberaufsicht der Regierung.

Online-Medien sind – wie das Medium – relativ jung. Drei nur online publizierende stechen aus dem Angebot hervor: MediaToday, Ohmynews und Pressian. Aber auch die Chosun Ilbo oder die Seoul Times liefern ihre Printinhalte online.

Film

Korea gehört zu den wenigen Ländern, in denen mehr Eigenproduktionen als Hollywood-Filme angeschaut werden. Für den Durchbruch des koreanischen Films sorgte 1999 der Streifen ›Shiri‹ des Regisseurs Kang Je Gyu, der die Geschichte eines nordkoreanischen Spions erzählt, der einen Coup in Seoul plant. Er verwies in den koreanischen Besucherzahlen Filme wie ›Starwars‹ auf die Plätze. Die romantische Komödie ›Das bizarre Mädchen‹ (2001) ließ sogar den Hype um ›Harry Potter‹ oder ›Der Herr der Ringe‹ hinter sich.

Und die Erfolgsgeschichte des koreanischen Films geht weiter, nicht nur in Korea, sondern inzwischen weltweit. Für das 2002 in ›Painted Fire‹ verfilmte Leben des Malers Jang Seung Op (1843–1897) erhielt Regisseur Im Kwon Taek in Cannes den Preis für die beste Regie. Im selben Jahr holte sich Lee Chang Dong mit ›Oasis‹ in Venedig eine Auszeichnung. 2004 reüssierte Park Chan Wook in Cannes mit ›Old Boy‹, drei Jahre später in Berlin mit ›I'm a Cyborg, but that's OK‹. Kim Ki Duk nahm zweimal aus Venedig den ›Goldenen Löwen‹ mit: 2012 für seine kapitalismuskritische ›Pieta‹ und 2014 für seinen Thriller ›One on One‹. Eines der Hauptthemen der koreanischen Filme ist und bleibt – neben der Liebe in all ihren Variationen – die Teilung ihres Landes.

Dass Koreaner Kino lieben, zeigt die riesige Fülle an Filmfestivals. Es gibt inzwischen rund 50. Begonnen hat der Boom 1996 mit dem Busan International Film Festival. Jede Menge Internationale Filmfestspiele gibt es auch in Seoul: Women's Film Festival im April, Youth Film Festival im August, International Film Festival im September, Independent Film Festival im Dezember.

Sport

Die modernen Koreaner kennen selbstverständlich alle Sportarten, die es auch im Westen gibt, wie Fußball, Baseball, Tennis, Golf, Boxen, Skifahren, Rafting. Sie kennen aber auch noch zahlreiche traditionelle Sportarten, die keineswegs als museal abgetan, sondern intensiv praktiziert werden.

Bogenschießen

Der Weltrekordler im Bogenschießen, Im Dong Hyun, stammt nicht von ungefähr aus Korea. Bei den Olympischen Sommerspielen 2012 in London übertraf er seinen eigenen früheren Rekord, indem er mit 72 Pfeilen 699 Ringe erzielte, auf eine Entfernung von 70 Metern. Und das, obwohl er halb blind ist. Vielleicht stimmt es ja doch, was die Bogen-Experten sagen – nämlich, dass der Pfeil ›mit dem Geist geschossen wird‹. Immerhin steht das Bogenschießen (Hwal oder Gukgung) seit der Einführung des Zen-Buddhismus nach Korea im 7. Jahrhundert in engem Zusammenhang mit Meditation.

Der Nationalsport hat eine lange Geschichte: Alten chinesischen Quellen zufolge wurden Pfeile und Bogen schon vor 4000 Jahren aus Korea ins Reich der Mitte eingeführt. Versuche, dort die berühmten Bogen nachzubauen, scheiterten immer wieder. Die Koreaner früherer Zeiten schossen allerdings mit kleineren Bögen und die Ziele waren relativ weit entfernt, rund 150 Meter. Das hat man bei archäologischen Untersuchungen alter Wettkampfstätten entdeckt.

Im Dong Hyun bei den Olympischen Spielen 2012

Ringkampf

Auf eine Geschichte von rund 1500 Jahren kann das Ringen (Ssireum) zurückblicken. Das belegen Bilder dieses Sports, die in Gräbern der Goguryeo-Könige gefunden wurden. Die damaligen Kämpfer sahen allerdings schmächtiger als die modernen aus, denn ein Ssireum-Ringer bringt heute rund 160 Kilo auf die Waage und misst ungefähr zwei Meter. Zur Ringerhose trägt er einen mit Schlaufen versehenen Gurt (Satpa), der um die Hüfte und die Oberschenkel geschlungen wird. Damit kann er den Gegner schieben, ziehen, heben, drücken, drehen, werfen oder sonstwie zum Taumeln bringen.

Dieser Nationalsport ist im Westen eher durch die ähnliche japanische Variante Sumo bekannt. Die Grundregeln sind die gleichen. Ziel ist es, den Gegner nur durch Kraft und Geschicklichkeit zu Fall zu bringen. Gewonnen hat derjenige schwergewichtige Kämpfer, der den anderen in zwei von drei Runden zu Boden geworfen hat. Jede Runde währt fünf Minuten. Als zu Boden gegangen zählt, wer den Sand in der Arena mit einem anderen Körperteil als den Beinen berührt. Der Gewinner darf den Titel ›Der Stärkste unter dem Himmel‹ führen und bekommt ›nur‹ einen Pokal. Früher wurde er immerhin mit einem ganzen Rind belohnt.

Taekwondo und Taekgyeon

Wer an Taekwondo Interesse hat, kann sich in Seoul im Taekwondo-Zentrum Kukkiwon im Bezirk Gangnam informieren. Taekwondo ist ähnlich wie Karate (Japan) oder Kung Fu (China), ein Selbstverteidigungskampf, der hauptsächlich mit Fäusten, Handkanten und Füßen geführt wird. Wie bei allen fernöstlichen Kampfsportarten steckt auch hinter Taekwondo eine jahrtausendealte Kultur mit philosophischem Hintergrund. Deshalb hören die Kämpfer es gar nicht gern, wenn man ihre Künste als sportliche Übung oder Selbstverteidigung abtut. Budo (›Kampfkunst‹) ist für sie ein Weg, Körper und Geist in Einklang zu bringen.

Das gilt auch für Taekgyeon, die eher tänzerische Version des Taekwondo. Da es sich hierbei um eine rein koreanische Variante des Kampfsports handelt, wurde sie 1983 von der Regierung als ›immaterielles Kulturgut‹ ausgezeichnet und 2011 als ›Meisterwerk des mündlich überlieferten und immateriellen Erbes‹ von der UNESCO geadelt.

Jungen beim Taekwando

Medizin

Bis zur Einführung westlicher medizinischer Kenntnisse nach Korea, also bis vor etwas mehr als 100 Jahren, stützte sich die koreanische Heilkunst auf die chinesische. Diese blickte schon auf eine Tradition von gut 1800 Jahren zurück, als sie im 1. Jahrhundert vor Christus in Korea Eingang fand, gestützt auf verschiedene Werke über die Heilkunst – Akupunktur, Moxibustion, Atemtherapie und Massage – wie auch über Heilpflanzen.

In Seoul öffnete das erste Krankenhaus für westliche Medizin am 10. April 1885 seine Pforten. Gründungsarzt war der amerikanische Missionsdoktor Horace N. Allen, der schon ziemlich bald mit der Ausbildung von westlich orientierten Ärzten begann. 1908 wurden die ersten sieben Studenten promoviert. Aus diesem Institut ging das Yonsei University Medical College hervor, das heute berühmteste für Medizin. Wegen seines Spitzenniveaus und reichhaltigen Angebots an schonenden, traditionellen Behandlungsweisen avancierte Korea inzwischen auch zu einem der führenden Reiseziele im Medizintourismus.

Das Allheilmittel Ginseng

Wenn es die Berggötter nicht gäbe, so meinen manche alten Koreaner, wäre das Ernten wilden Ginsengs erheblich leichter. Dann nämlich könnten die Menschen ganz sorglos in die Berge gehen, um nach den ›Wurzeln des Lebens‹ zu suchen und zu graben. So aber lebten sie in Furcht vor der Rache der Götter. Aber ob das der Grund ist, dass der wilde Ginseng noch heute mit Abstand der teuerste ist? Wer ihn findet, macht über Nacht sein Glück. Bauern, die Ginseng anbauen, werden dagegen nicht reich. Der Staat überwacht Produktion und Verkauf. Er hat auf Ginseng – wie auf Tabak – das Monopol.

Die Ginsengwurzel, der wegen ihrer menschenähnlichen Form die groteskesten Wunder zugeschrieben werden, wurde bereits um 200 vor Christus in Korea angebaut. Zur Zeit der Drei Königreiche (bis 668) herrschte ein reger Export nach China und Japan. Heute wird Ginseng, der angeblich nur in Korea die besten Wachstumsbedingungen vorfindet, in alle Welt versandt.

Das Seoul am nächsten gelegene Hauptanbaugebiet ist die vor der Mündung des Han-Flusses liegende Insel Ganghwa. Ginsengfelder sind leicht erkennbar. Sie sind mit Matten überdacht, damit die empfindlichen Wurzeln nicht zu viel Regen oder Sonnenlicht abbekommen. Fünf bis sechs Jahre braucht Ginseng, um reif zu werden. Er beansprucht sorgsame Pflege. Deshalb sind auch die Feste anlässlich der Ernte die üppigsten, die man in Korea kennt.

Es gibt drei Arten Ginseng, den wilden schon ausgenommen: weißen, roten und Wasserginseng. Der weiße wird in der Sonne getrocknet, der rote im Schatten. Er wird später gedämpft, wobei er sich leicht rosa verfärbt. Diese Art ist von den dreien die teuerste. Wasserginseng wird nicht getrocknet. Man kann das Wundermittel als Pulver, in Kapseln, als Tee oder in Likör erwerben. Allen Formen wird dasselbe nachgesagt: Ginseng hilft angeblich gegen Krebs, wirkt auf das Nervensystem beruhigend, aber auch anregend, regelt den Blutdruck, stimuliert innere Organe, senkt Fieber, stabilisiert die Körpertemperatur, hilft, einen ›Kater‹ zu vertreiben, und sorgt für ein langes Leben.

Ginsengwurzeln

EXTRA

Wissenschaft und Technik

Nur wenige Länder stürzen sich derart intensiv auf Wissenschaft und Technik wie Südkorea. Für deren gedeihliche Entwicklung soll seit 2001 das ›Science and Technology Framework Law‹ sorgen. Darin geht es vor allem um die Förderung der technologischen Entwicklung, fokussiert auf besonders ›vielversprechende‹ Bereiche wie Informations-, Bio-, Umwelt-, Weltraum- und Nanotechnologie.

Mit öffentlichen Ausgaben für Forschung und Bildung von umgerechnet 7,3 Milliarden Euro – das sind rund 3,7 Prozent des Bruttoinlandsprodukts – nimmt Korea im internationalen Vergleich eine Spitzenposition ein. Deutschland lässt sich Wissenschaft und Forschung nur 2,51 Prozent des Bruttoinlandsprodukts kosten. Nach Angaben des Bildungsministeriums erreichen die öffentlichen und die privaten Aufwendungen zusammengerechnet sogar 7,2 Prozent des Bruttoinlandsprodukts.

Im privaten Sektor sind es die großen Konzerne und Firmenkonglomerate (Jaebol), die am meisten Geld in Forschung und Wissenschaft stecken. Der Großteil geht dabei in die Bereiche Elektronik, Maschinen und Telekommunikation. Eine der aktivsten Einrichtungen unterhält Samsung, das ›Samsung Advanced Institute of Technology (SAIT)‹, das insbesondere in den Bereichen Bildschirmtechnologien, Informations- und Kommunikationstechnik und Biotechnologie forscht.

Schon ein paar Stichworte aus der klassischen koreanischen Wissenschaft zeigen, dass wir Europäer echte Spätentwickler sind. Die erste koreanische Universität wurde im Jahr 372 gegründet. Das älteste Observatorium des Fernen Ostens wurde 647 erbaut. Dort waren Wissenschaftler mit der Beobachtung der Sternenbewegungen beauftragt und notierten alle Himmelserscheinungen akkurat.

Observatorium in Gyeongju aus dem 7. Jahrhundert

Daraus kalkulierten sie den Kalender so exakt, dass die Länge eines damaligen Jahres bis auf die sechste Dezimalstelle der eines heutigen Jahres gleicht. 1234 entstand das erste Buch, das mit beweglichen Metalllettern gedruckt worden war, 200 Jahre vor Gutenberg. Rund 300 Jahre vor den Franzosen, nämlich schon im 15. Jahrhundert, verfassten koreanische Gelehrte auf Geheiß von König Sejong eine Enzyklopädie – in 112 Bänden. Sejong ließ ferner ein ausgeklügeltes Fernmeldesystem ausbauen, das mit Feuersignalen arbeitete, die auf Leuchtfeuerlinien von den Grenzen nach Seoul führten. Einem über das ganze Land verteilten Regenmesser, der einen relativ verlässlichen Wetterdienst ermöglichte, folgten andere Erfindungen: aus Jade gefertigte Wasseruhren, Vergrößerungsgläser oder astronomische Geräte wie Himmelsgloben. Und auch Admiral Yi Sun Sin gehört in diese Liste: 1592 entwickelte er das erste gepanzerte Schiff der Welt. Die Aufzählung ließe sich beliebig erweitern.

Die westliche Wissenschaft fand im 17. Jahrhundert in Korea Eingang – über China, wo christliche Missionare gerade Fuß fassten und sich das Kaiserhaus sehr an den mathematischen und astronomischen Kenntnissen der Europäer interessiert zeigte. So gelangten die ersten westlichen Werke über Astronomie, Geografie und den Kalender sowie Landkarten ins ›Land der Morgenstille‹.

Sprache und Schrift

›Begabte Menschen lernen es an einem Vormittag. Dummköpfe werden es in zehn Tagen beherrschen‹, meinte König Sejong 1446, als er seinem Volk eine wissenschaftlich entwickelte Schrift, das Hangeul, vorlegte. Er hatte acht Intellektuelle mit der Erstellung beauftragt, weil er fand, die chinesischen – bis dahin in der Gelehrtenschicht Koreas gebräuchlichen – Schriftzeichen genügten nicht, um die Vielfalt der koreanischen Sprache darzustellen. Außerdem hielt er das Erlernen der komplizierten Bildsymbole für zu schwer. Zu Recht, denn die Masse der Bevölkerung war dadurch von der Bildung ausgeschlossen. Dem hatte der aufgeklärte König abhelfen wollen.

Natürlich entstand das Hangeul nicht aus dem Nichts. Sprachwissenschaftlern zufolge fußt es auf einer Yida genannten Buchstabenschrift. Sie soll bereits im 7. Jahrhundert in Korea entwickelt worden sein – und wurde seitdem von des Lesens und Schreibens unterschiedlich mächtigen ›einfachen Leuten‹ benutzt.

Das Koreanische gehört zur ural-altaischen Sprachfamilie. Um den Unterschied zum Chinesischen auf den einfachsten Nenner zu bringen: Das Koreanische ist vielsilbig, das Chinesische einsilbig. Hier gilt: Ein Schriftzeichen ist eine Silbe ist ein Wort. Im Koreanischen aber setzt sich ein Wort aus mehreren Silben zusammen. Es werden an die Stammsilben noch Suffixe und Endungen angefügt. Das ließ sich mit der chinesischen Silbenschrift überhaupt nicht darstellen.

Das vom König vorgestellte Alphabet umfasste 28 Buchstaben:, elf Vokale und 17 Konsonanten. Im Laufe der Jahre stellten sich einige Buchstaben als überflüssig heraus. Heute gibt es 24 Buchstaben: 14 Konsonanten und zehn Vokale. Weil das Hangeul eine wissenschaftlich konzipierte Schrift und damit einzigartig ist, wurde es von der UNESCO zum Weltdokumentenerbe erhoben.

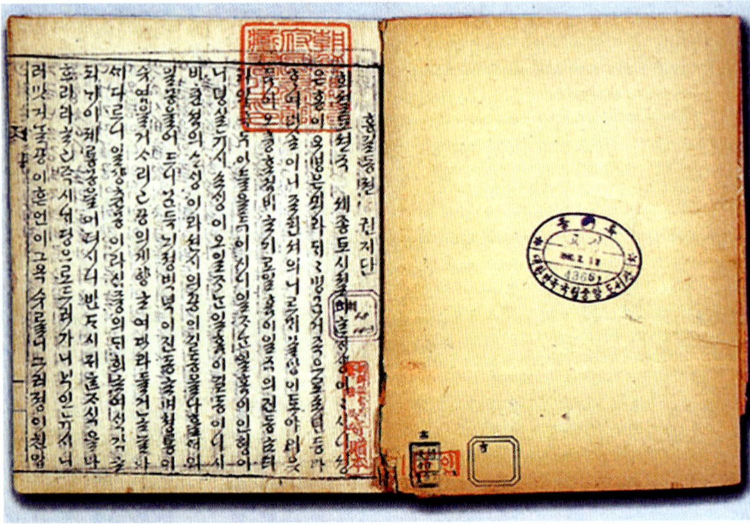

Der erste in Hangeul verfasste Roman, ›Geschichte des Hong Gil Dong‹

Kochkunst

›Die beste Aussicht hat keinen Reiz, wenn der Tisch leer ist‹, behauptet ein koreanisches Sprichwort. Demnach wird also auch im ›Land der Morgenstille‹ ein gutes Essen für das allgemeine Wohlbefinden, für den Dreiklang von Körper, Seele und Geist für nötig gehalten. Harmonie auch bei der Mahlzeit ist Pflicht. Dafür sind ein paar aromatische Grundregeln zu beachten: Das Essen soll schön anzusehen sein – heißt: Die fünf Grundfarben Blau, Rot, Gelb, Weiß und Schwarz müssen auf dem Tisch erscheinen, und es muss die fünf Hauptgeschmacksrichtungen bieten, die da sind salzig, süß, scharf, bitter und sauer. Und natürlich müssen die Energien von Yin und Yang ausgeglichen sein. Kein Wunder, dass sich die koreanische Küche (Hansik) als Philosophie versteht.

Die Küche kann man – ihrer Herkunft nach – in drei Kategorien einteilen. Ganz obenan steht die Küche des Hofes in Seoul; ihr folgt die rustikale; dieser ist die lokale Küche nachgeordnet. Die höfische Küche, die nur dem Adel zustand, verlangt ein hohes Maß an Raffinesse des Kochs. Sie kennt keine Bescheidenheit – weder bei den Grundmaterialien noch beim Personalaufwand noch bei der Vorbereitungszeit. Wollte in früheren Jahren jemand Koch in einem der Paläste in Seoul werden, so hatte er zahlreiche Bedingungen zu erfüllen, unter anderem musste er dem Adel entstammen, auch wurde ihm eine 40-jährige Praxis abverlangt – und zwar nur in den Gerichten, auf die er sich spezialisiert hatte.

Die rustikale Küche – sie durfte, wie auch die lokale, von Frauen zubereitet werden – variiert entsprechend den Gebräuchen der einzelnen Gesellschaftsschichten. Ferner sorgten der unterschiedliche Bildungsstand und der mehr oder weniger nuancierte Geschmackssinn für Abwechslung.

Die lokale Küche wird bestimmt durch die landwirtschaftlichen Produkte und das regional differierende kulturelle Erbe. Es macht einen großen Unterschied, ob eine Familie seit Jahrhunderten an der Küste bei Incheon vom Fischfang hat leben müssen oder ob sie mit den Gottheiten der Erde und des Wassers, der Felder und des Regens guten Umgang gepflegt hat.

Ob höfische, rustikale oder lokale Küche, eines haben sie gemeinsam: Kimchi. Das ist sauer eingelegtes Gemüse, ein Nationalgericht. Es gibt keine Mahlzeit ohne. Kimchi kann sehr verschieden zubereitet werden: mit China- oder mit Weißkohl, mit Gurke oder Rettich, eingelegt wird in Salzwasser, das die Fermentierung vorantreibt. Diese Art der Zubereitung soll bereits Jahrtausende alt sein. Im Nordpalast und bei Ausflügen in ländliche Regionen nahe Seoul kann man die hohen, dunkelbraun glasierten Tontöpfe mit Deckel sehen. Sie enthalten das Nationalgericht.

›Das Brot der Asiaten‹, Reis (Bap), essen Koreaner schon zum Frühstück, manche als Reisbrei (Juk), der zu den ältesten Gerichten zählt und in vielen Variationen angeboten wird. Seoul-Besucher werden auf jeden Fall eine berühmte Reisschüssel kennenlernen: Bibimbap. Das ist gekochter, dampfender Reis mit verschiedenem frischen Gemüse und Rindfleischstreifen, manchmal von einem Ei gekrönt, heftig durchmischt (koreanisch: bibim) und mit Gochujang, einer roten Sauce aus Chili, Klebreispulver, Salz und Sojabohnen, übergossen. Ein Erlebnis!

Bibimbap

Kimchi-Krüge

Auch Bulgogi – in Sesamöl, Sojasauce und mit Knoblauch marinierte, in einer heißen Eisenpfanne am Tisch gegrillte, hauchdünne Rindfleischscheiben – sollte man sich nicht entgehen lassen. Die sind an Güte nur noch mit Sinseollo vergleichbar, einem Feuertopf, ähnlich einer Fondue, bei dem dünne Fleischscheiben und Gemüse in einer köstlichen Brühe gegart werden. Oder wie wäre es mit Galbi? Dabei handelt es sich um in pikanter Sauce marinierte Kalbs- oder Schweinerippchen, die gegrillt werden. Natürlich beherrschen die Koreaner auch ungezählte Fischrezepte.

Ohne Gewürze geht nichts – dennoch sind nicht alle Speisen scharf. Knoblauch kommt fast immer vor. Ohne Sojasauce, Sesamöl, Ingwer, Cayennepfeffer und Lauch ist nahezu kein Gericht denkbar.

Getränke

Das gute Würzen macht selbstverständlich Durst. Einheimische nichtalkoholische Getränke sind Wasser und Tees. Letztere gibt es als schwarzen und grünen Tee, aber auch aus Ginseng, Ingwer, Zimt und anderen Kräutern und Gewürzen. Die alkoholischen Getränke basieren zum großen Teil auf Reis, so der milchige Reiswein (Makgeolli) und der nicht allzu hochprozentige Reisschnaps (Soju). Selbstverständlich hat auch Bier in Korea Eingang gefunden. Mittlerweile hat man sich sogar auf den Anbau von Weintrauben gestürzt. Die Oriental Brewery ließ es sich viel kosten, Weinhänge zu finden, in denen Boden und Klima jenen im Rheintal entsprechen. Mit Riesling- und Muskattrauben wurde experimentiert. Nun glaubt man, einen ›Rheinwein‹ gefunden zu haben, den Majuang.

Rezepte

Bulgogi

Zutaten:
600 g Rinderfilet oder Roastbeaf
Marinade:
6 EL Sojasauce
1/2 geriebene Birne
3 EL kleingeschnittene Frühlingszwiebeln
3–4 EL Zucker
2 zerdrückte Knoblauchzehen
2 EL Sesamöl
1/2 TL Pfeffer

Fleisch in hauchdünne Scheiben schneiden lassen. Diese in 3x4 cm große Stücke teilen und dann in der Marinade für mindestens zwei Stunden ruhen lassen. Bei starker Hitze kurz braten (es muss nicht über Holzkohle sein, eine anständige Eisenpfanne tut es auch). Mit Petersilie garniert servieren. Beilage: Reis.

Galbi

Zutaten:
850 g magere Kalbs- oder Rinderrippen
Marinade:
5 El Sojasauce
5 EL kleingeschnittene Frühlingszwiebeln
3 EL Zucker
1 zerdrückte Knoblauchzehe
1 EL Sesamöl
2 EL Sherry
1/2 TL Pfeffer
1 EL Salz

Rippchen in 5–6 cm lange Stücke zerhacken. Fett entfernen. Mit scharfem Messer das Fleisch bis zum Knochen kreuzförmig in 2 mm Abstand einschneiden. Rippchen mit 1 EL Zucker einstreichen, dann gut mit der Marinade einhüllen. Mindestens zwei Stunden ruhen lassen. Auf einem Grillrost braten oder bei starker Hitze (220 °C) knapp unter dem Grillstab in der Bratröhre grillen. Saft mit Backblech auffangen. Nach 10 Minuten die Rippchen wenden und andere Seite bräunen. Mit Petersilie servieren. Beilage: Gegrillte Zwiebelscheiben, gegrillte Tomaten und Reis.

Kimchi (aus Chinakohl)

Zutaten:
2 kg Chinakohl
1/2 Tasse Salz

EXTRA

Bulgogi

Füllung:
1 Rettich
1 großer Lauch
2 zerdrückte Knoblauchzehen
1/2 EL feingehackter Ingwer
1/2 Birne
2 EL Salz
3 EL Cayennepfeffer
1/2 TL Zucker

Den Chinakohl von den äußeren Blättern befreien und dann halbieren. Waschen, in Salzwasser (2 Liter) etwa 3 Stunden ziehen lassen. Waschen und abtropfen lassen. Den geschälten und in dünne Streifen geschnittenen Rettich, die Birne und den Lauch mit den Gewürzen vermischen und abschmecken. Die Füllung löffelweise mit den Kohlblättern schichten (in einem Einmachglas), zum Schluss ein Kohlblatt auflegen, mit einem Stein beschweren und zugedeckt gären lassen. Falls nötig, nach rund 2 Tagen 1 bis 2 Tassen Salzwasser nachfüllen. Das Gären dauert in warmen Zeiten 3 bis 4 Tage, in kalten 3 bis 4 Wochen. Kimchi wird kühl serviert.

Alle Rezepte gelten für 4 Personen.

Seoul und Umgebung mit Kindern

Keine Angst vor der Mega-City! Das täuscht nämlich. Der Moloch Seoul ist sehr kinderfreundlich, jedenfalls viel mehr als deutsche Großstädte. Jahrhundertelang konfuzianisch geprägt, legen die Koreaner auch heute noch großen Wert auf die Familie und auf Kinder. Die zentralen Begriffe in der Philosophie des chinesischen Weisen – Liebe, Loyalität und Kindespietät – haben nichts an Aktualität eingebüßt. Deshalb ist es für Familien mit Kindern wirklich ein ›Kinderspiel‹, Seoul zu entdecken, sei es auf Besichtigungstouren, im Museum, im Hotel, in Restaurants, beim Shopping, beim Fortkommen mit Bus und Bahn oder sogar im Krankenhaus.

Transport

Als bestes Verkehrsmittel hat sich die **Bahn** erwiesen, denn Kinder unter 4 Jahren in Begleitung eines Erwachsenen fahren kostenlos, Kinder zwischen 4 und 13 Jahren erhalten 50 Prozent Ermäßigung. Auf den großen Bahnhöfen Seoul und Yongsan gibt es Still- und Wickelräume, ebenso in den KTX-Hochgeschwindigkeitszügen. In Bussen und U-Bahnen fährt jeweils ein Kind bis 6 Jahren in Begleitung eines Erwachsenen kostenlos, für jedes weitere Kind bis zu 6 Jahren muss man allerdings ein Ticket berappen.

Bahnhöfe, Bus Terminals und die meisten U-Bahnstationen erreicht man über Rolltreppen oder Aufzüge, so dass man auch mit einem Kinderwagen gut vorankommt. Den braucht man aber gar nicht überall mit hinzunehmen, denn viele Sehenswürdigkeiten, allen voran natürlich die Family Parks, bieten kostenlose Leihwagen an.

Es versteht sich in einem höchst betriebsamen Land wie Korea von selbst, dass Eltern mit kleinen Kindern die öffentlichen Verkehrsmittel zur Rush-hour besser meiden.

Shopping

Leih-Kinderwagen werden auch in großen Kaufhäusern wie Lotte-Mart oder E-Mart am Kundenservice-Schalter offeriert, zumindest aber gibt es Einkaufswagen mit Kindersitz. Still- oder Wickelräume? In den großen Kaufhäusern und den riesigen Shopping Malls kein Problem. Die meisten da-

Ein beliebtes Ausflugsziel ist die ›Lotte World‹

Kinder in der Festung in Suwon

von bieten auch spezielle Spielzonen an, wenn die Eltern mal durchatmen möchten. Wer Kinderkleidung oder Spielzeug einkaufen will, sollte in Seoul den **Namdaemun-Markt** besuchen; dort gibt es lange Ladenzeilen nur mit Geschäften, die auf Kinderbedarf spezialisiert sind. Auch in der Schreib- und Spielwarengasse des **Dongdaemun-Markts** werden Eltern fündig – und sparen beim Einkauf im Vergleich zu den großen Kaufhäusern zwischen 30 und 50 Prozent des Preises.

Sehenswürdigkeiten

Alle Besichtigungspunkte sind kinderleicht mit dem Nachwuchs anzusteuern, am besten mit den U-Bahnen. Nicht nur für Kinder aufregend sind die farbenfrohen Wachwechsel-Zeremonien in historischen Kostümen, die vor dem Nord-, Ost- und Deoksu-Palast das alte Korea wieder aufleben lassen (Anfahrt und Öffnungszeiten → S. 108, 121, 125).

Museen

Ob Kulturgeschichte, Volkskunde, koreanische Traditionen oder Naturgeschichte – es gibt es eine Vielzahl von Museen, die über spezielle Bereiche für Kinder verfügen. Darin können die Kleinen spielerisch an Objekte (natürlich Kopien) herangehen, deren Originale die Erwachsenen meist nur hinter Glas bewundern dürfen. Manche Museen sind sogar explizit für Kinder konzipiert.

▸ Kindermuseum im Nationalmuseum

Große Kunst zum Anfassen: Hier können die Kleinen nach Herzenslust an Repliken der bedeutendsten koreanischen Kunstwerke herumspielen. → S. 161.
Anfahrt: Yongsan-gu, 137 Seobinggo-ro, U4, Station Ichon, Ausgang 2.
Öffnungszeiten: Di–So 9–18 Uhr.

▸ Kindermuseum im Nationalen Volkskundemuseum

Erlebnisorientiert: Nach einem Besuch der Dauerausstellung, die sich mit koreanischen Märchen befasst, können sich die Kinder im ›Erlebnisteil‹ im Freien traditionellen koreanischen Spielen hingeben. → S. 112.
Anfahrt: Jongno-gu, 37 Samcheong-ro, U3, Gyeongbokgung, Ausgang 5.

Öffnungszeiten: Mi–Mo, ausgenommen 1. Januar, 9–18, im Winter 9–17 Uhr.

▸ Seoul Children's Museum und Park

Spielerisch: Im Osten Seouls gelegen bietet das Museum auf vier Stockwerken jede Menge Lehrbeispiele und Unterhaltung. Kinder können die Natur erforschen oder sich in verschiedenen Berufen wie Künstler oder Tiermediziner versuchen. Vor allem aber können sie spielen. Und wenn Sie genug vom Museum haben, liegt der Children's Grand Park direkt vor der Tür, eine weitläufige Anlage mit Kinderzoo, Botanischem Garten und Spielplätzen.
Anfahrt: U7, Children's Park Station, Ausgang 1
Öffnungszeiten: Di–So, außer an hohen koreanischen Feiertagen, 10–18 Uhr, Park tägl. 5–22 Uhr, Zoo tägl. 10–17 Uhr; Eintritt frei.

▸ Nationales Wissenschaftsmuseum

Interaktion: Hier werden die Jüngsten spielerisch an die Welt der Wissenschaft herangeführt. Die vielen beweglichen Ausstellungsstücke animieren zum Ausprobieren. Ein zweiter Bereich informiert über Naturgeschichte und Weltraum.
Anfahrt: Jongno-gu, 215 Changgyeonggung-ro, U4, Hyehwa, Ausgang 4.
Öffnungszeiten: Di–So 9.30–17.30 Uhr.

▸ 63 City Wachsfigurenmuseum

Für Foto-Freaks: Im 3. Untergeschoss des Seouler Wahrzeichens ›63 City‹ befindet sich das WaxMuseum mit etwa 70 Wachsfiguren. Sie sind so aufgestellt, dass man sich mit ihnen fotografieren kann, was Koreaner sehr mögen. Zu den Attraktionen gehören ferner ein Gruselkabinett und ein Mega 5D-Kino.
Anfahrt: Yeouido-dong, Yeongdeungpo-gu, 63-ro 50, U5, Yeouido, Ausgang 6, dann kostenloser Shuttle-Bus, oder Linie 9, Saetgang, dann Shuttle-Bus.
Öffnungszeiten: Tägl. 10–22 Uhr.

Aussichtsplätze

Das schönste Panorama über Seoul – ob bei Tag oder Nacht – kann man mit dem Nachwuchs von zwei Türmen aus genießen, die außerdem noch viele andere Attraktionen für Kinder bieten.

▸ Der N Seoul Tower

Mit der Seilbahn geht es bequem auf den 262 Meter hohen Südberg (Namsan). Bei der Bergstation kann man einen Botanischen Garten besuchen, bevor man sich mit dem Lift ins Observatorium des 236 Meter hohen Fernsehturms schießen lässt. Dort oben gibt es verschiedene Restaurants und am Fuß des Namsan ein Hanok-Dorf,

Schüler im Nationalmuseum

in dem Kinder das traditionelle Korea erleben können. → S. 133.
Anfahrt: U3 oder U4, Chungmuro, Ausgang 2, dann Ring-Busse Nr. 02 und 05, die vor dem Daehan Kino halten, oder U4, Myeongdong, Ausgang 3, dann Ring-Bus Nr. 05, oder U6, Itaewon, Ausgang 4, dann Ring-Bus Nr. 03.

▸ 63 City
Mit 264 Metern ist der golden schimmernde Turm das höchste Gebäude in Seoul, von dessen Aussichtsplattform man einen herrlichen Blick über den Han-Fluss und das moderne Seoul werfen kann. In seinen drei unterirdischen und 60 oberirdischen Stockwerken beherbergt er neben Büros u.a. ein Sea World-Aquarium, das oben erwähnte Wachsfigurenmuseum, ein Kunstmuseum, Shopping Malls und Restaurants jeder Art. → S. 153.
Anfahrt: U5, Yeouido, Ausgang 6, dann kostenoser Shuttle-Bus, oder U9, Saetgang, dann Shuttle-Bus.
Öffnungszeiten: Tägl. 10–22 Uhr.

Freizeitparks
Koreaner lieben ›Disneyland‹. Deshalb gibt es davon jede Menge, selbstverständlich auch in Seoul wie in Incheon. Für die Kleinsten der Kleinen kann man am Eingang Kinderwagen leihen, und natürlich sind alle Anlagen mit Wickelräumen ausgestattet.

▸ Seoul Grand Park
Koreas erster Themenpark: Zwei Drittel des Parks im Süden von Seoul belegen Amüsierbetriebe, alle Variationen von Fahrgeschäften, vor allem Achterbahnen. Aber es gibt auch einen Zoo (den zehntgrößten der Welt) samt einem Kinderzoo mit Streicheltieren. Der **Botanische Garten** enthält neben großen Freiflächen ein Treibhaus, in dem man sich wie im Dschungel vorkommt, sowie einen Rosengarten. → S. 169.
Anfahrt: U4, Seoul Grand Park, Ausgänge 1–3.
Öffnungszeiten: Tägl. 9.30–21, im Winter 9.30–19 und Juli/August 9.30–22 Uhr.

Der Wolmi Theme Park in Incheon

▸ Lotte World

Ein Superlativ: Der größte Inhouse-Vergnügungspark der Welt bietet Achterbahnen, Varieté und 4D-Kinos; natürlich gibt es auch ein Schwimmbad, eine Eislaufbahn, einen Sportclub, ein Hotel und Kaufhäuser. Strahlende Kinderaugen wird es auf ›Magic Island‹ geben, das der Fantasie Walt Disneys entsprungen sein könnte. → S. 150.
Anfahrt: U2 oder U8, Jamsil, Ausgänge 1–4.
Öffnungszeiten: Tägl. 9.30–23 Uhr.

▸ Everland

Die große Sause: Üppige Blumenflächen teilen sich das Areal mit mehr als 40 Achterbahnen, Riesenrädern und anderen Fahrgeschäften. In der ›Safari World‹ begegnet man Löwen, Tigern und Bären, im ›Lost Valley‹ bei einer Bus-Safari Giraffen und Elefanten. Wie schon beim Grand Park kommen auch hier Kunstliebhaber auf ihre Kosten, denn das Hoam-Museum ist nicht weit. → S. 169.
Anfahrt: Everland liegt 30 Kilometer südlich der Hauptstadt. Bundang Line, Giheung Station, dann Yongin Ever Line bis Endstation Jeondae Everland, Shuttle-Bus; U1 oder U2, Station City Hall, Ausgang 5, dann Shuttle-Bus um 9.30 Uhr; U2, Gangnam, Ausgang 6, dann Shuttle-Bus um 10 Uhr.
Öffnungszeiten: Mo–Sa 9.30–22 Uhr, sonn- und feiertags 9–22 Uhr.

▸ Wolmi-do

Auch Incheon bietet Vergnügungsparks, auf der Insel Wolmi-do. Neben einer kleinen Fahrgeschäfts-Ansammlung im Ortskern lockt vor allem der **Wolmi Theme Park** am südlichen Ende der Uferpromenade. Dort bringen nicht nur die ›Apollo Disco‹ und die ›Viking Rides‹ Spaß, es gibt auch Karussels und ein Riesenrad, von dem man eine wunderbare Aussicht über den Hafen und das Gelbe Meer genießt (vom Bahnhof Incheon Busse Nr. 2 oder 23).
Oder machen Sie eine **Bootsrundfahrt.** Die gibt es ein- und eineinhalbstündig. Beide zeigen Incheon und die großen Brücken mal aus einem anderen Blickwinkel. Abfahrt in stündlichem Rhythmus vom Hafen. Vielleicht fährt ja inzwischen auch die Monorail wieder, die wegen Sicherheitsmängeln eine Zeitlang eingestellt wurde: auch eine nette Art, die Insel zu umrunden. → S. 199.

Hotels

Der tiefe koreanische Familiensinn macht auch vor den Hotels nicht Halt. Insofern ist es für Reisende mit Kindern ziemlich einfach, in allen Kategorien auch so genannte **Familienhotels** zu finden. Darüberhinaus gibt es **Kids Clubs Hotels**, die spezielle Aktivitäten für die Kinder anbieten, so dass die Eltern auch mal abschalten können.

Restaurants

Normalerweise hocken Koreaner beim Essen auf dem blitzblanken Fußboden. Deshalb sollte man mit Kindern vielleicht nicht gerade ein traditionelles Lokal ansteuern. In den meisten großen Gaststätten, besonders den Familienrestaurants, Fast-Food-Ketten und Kaufhauskantinen, sitzt man an Tischen, und es gibt Hochstühle für den Nachwuchs. Um den Kindern das Essen zu erleichtern, werden oft auch Kinderteller und eine Gabel statt der Essstäbchen gereicht. Babynahrung in Gläsern ist eher ein Fremdwort, denn koreanische Kleinkinder werden mit dem Essen der Eltern gefüttert. Neben familienfreundlichen Restaurants wurden inzwischen auch spezielle **Kindercafés** eröffnet. In deren kindgerechten Räumen gibt es allerlei Möglichkeiten sich auszutoben. Zu den bekanntesten gehören die **Pororo Parks**, riesige überdachte Spielplätze, und die Kette **I like Dalki**. Beide könnte man durchaus als Themenparks für Kinder im Alter von 1 bis 6 Jahren bezeichnen.

Krankenhaus

Speziell auf den Nachwuchs ausgerichtet ist die **Kinderklinik des Seoul National University Hospital**. Man spricht auch Englisch (Tel. +82/2/2072-3563 oder +82/2/2072-3580).
Anfahrt: Jongno-gu, 101 Daehang-ro.

Trotz der riesigen Ausdehnung Seouls, die ein Blick vom N Seoul Tower bezeugt, lassen sich einige Stadtviertel gut zu Fuß erkunden, vor allem im alten Stadtzentrum, das sich zwischen dem Bugak-Berg im Norden und dem Han-Fluss im Süden ausbreitet.

Blick auf Seoul

SPAZIERGÄNGE IN SEOUL

Jeder der folgenden Vorschläge ist für eine etwa halbtägige Besichtigungstour konzipiert. Einige lassen sich – nach einer Lunchpause – miteinander kombinieren, weil die Endpunkte oft als neuer Startpunkt fungieren.

Im Norden des Gwanghwamun-Platzes

Der quirlige Gwanghwamun-Platz ist seit Jahrhunderten Dreh- und Angelpunkt der Hauptstadt, an dem der Zusammenprall von Mittelalter und Moderne bestens zu erleben ist.
Anfahrt: U5, Gwanghwamun, Ausgänge 2–7.

Gwanghwamun-Platz

So heißt das 560 Meter lange Areal zwischen der Cheonggye Plaza, auf der man nach Verlassen der U-Bahn steht, und dem in der Ferne an seinen wuchtigen grauen Doppeldächern zu erkennenden Nordpalast. Die alte 16-spurige, unter Präsident Park für protzige Militärparaden missbrauchte Sejong-Avenue haben die demokratisierten Koreaner Mitte der 2000er Jahre auf zehn Spuren reduziert. Die dadurch gewonnene Freifläche mit zum Bummeln auffordernden Grünanlagen und einem Blumenteppich, erlaubt seither einen herrlich klaren Blick auf Palast und Bugak-Berg. Den hatte auch Papst Franziskus, als er hier bei seiner Pastoralvisite Mitte August 2014 vor rund einer Million Menschen 124 Märtyrer selig sprach, 124 von tausenden von Christen, die im 19. Jahrhundert wegen ihres Glaubens umgebracht worden waren.
Das Südende der Plaza dominiert die **Statue des hochverehrten Admirals Yi Sun Sin**, der mit seinen ›Schildkrötenbooten‹ die japanische Invasion 1598 endgültig zum Scheitern gebracht hatte. Rund um den Seehelden sorgen Wasserspiele vor allem bei Kindern für Spaß und Abkühlung. Ein paar Schritte weiter nach Norden kann man hinter der Statue in den Untergrund abtauchen, wo sich ein **Museum für König Sejong** und eines für **Admiral Yi** befinden. Schon von weitem zu erkennen ist die zehn Meter hohe, golden leuchtende **Statue von König Sejong** – er hat den Koreanern die eigene Schrift, das Hangeul, geschenkt. Sie ist die wohl am meisten fotografierte Skulptur Seouls.
Der große Betonklotz aus den 70er Jahren westlich der Statue beherbergt das **Sejong-Kulturzentrum**. Hier finden Theateraufführungen, Konferenzen und Ausstellungen statt.
Ganz unverfälscht zeigt sich das alte Seoul in den Residenzen der Yi-Könige wie dem **Nordpalast**, der das Nordende der Plaza markiert. Während die Straßen ringsum nicht nur zur Rushhour verstopft sind, dringt in die alten Anlagen kein Laut der aufgeregten Zeit. Hier macht das ›Land der Morgenstille‹ seinem Namen alle Ehre.

Gwanghwa-Tor

Das wuchtige ›Tor der Verwandlung im Licht‹ ist seit Gründung der Stadt der Haupteingang zum etwa 500 000 Quadratmeter umfassenden Nordpalast. Es öffnet sich nach Süden und repräsentiert nach der Yin-Yang-Philosophie den Sommer und das Feuer. Zwei Fabelwesen, zwei Haetae, denen feuerabwendende Kräfte nachgesagt werden, bewachen es deshalb zu beiden Seiten. Es gibt noch drei weitere Tore in den verschiedenen Himmelrichtungen: **Geonchun-mun** im Osten, **Yeongchu-mun** im Westen und

▲ Karte S. 108

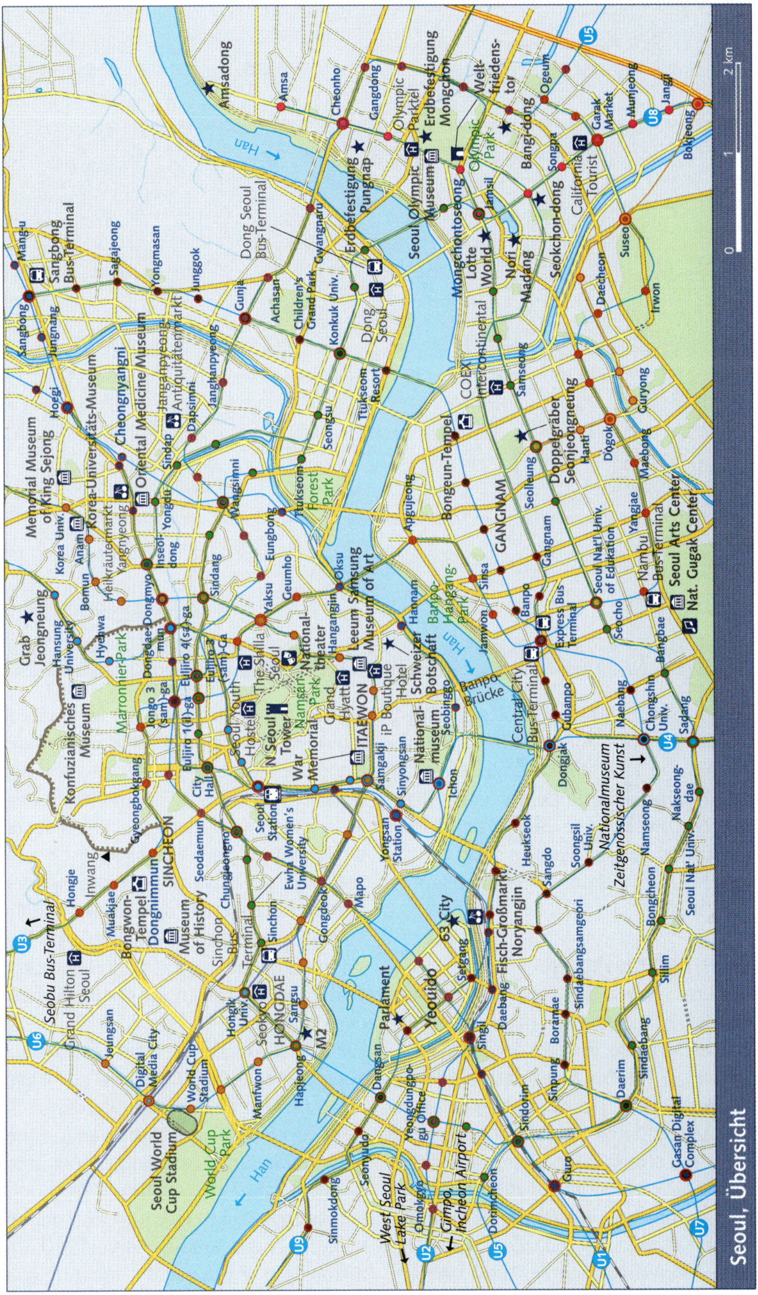
Seoul, Übersicht
0
1
2 km
Han
Amsadong
Amsa
Cheonho
Gangdong
Olympic Parktel
Erdbefestigung Mongchon
Welt-friedens-tor
Ogeum
Garak Market
Munjeong
Jangji
Bokjeong
Olympic Park
Bangi-dong
Songpa
California Tourist
Seoul Olympic Museum
Erdbefestigung Pungnap
Mongchontoseong
Jamsil
Lotte World
Nori Madang
Seokchon-dong
Suseo
Daecheon
Irwon
Dong Seoul Bus-Terminal
Gwangnaru
Achasan
Children's Grand Park
Konkuk Univ.
Dong Seoul
Ttukseom Resort
COEX Intercontinental
Samseong
Doppelgräber Seonjeongneung
Hanti
Dogok
Guryong
Maebong
Yangjae
Bongeun-Tempel
Seolleung
GANGNAM
Gangnam
Seoul Nat'l Univ. of Education
Nambu Bus-Terminal
Seoul Arts Center
Nat. Gugak Center
Sinsa
Apgujeong
Banpo
Express Bus Terminal
Seocho
Bangbae
Sangbong
Sangbong Bus-Terminal
Mangu
Jungnang
Sagajeong
Yongmasan
Junggok
Gunja
Janghanpyeong
Janganpyeong Antiquitätenmarkt
Dapsimni
Hoegi
Memorial Museum of King Sejong
Korea-Universitäts-Museum
Cheongnyangni
Oriental Medicine Museum
Sindap
Yongdu
Wangsimni
Haengdang
Ttukseom Forest Park
Seongsu
Korea Univ.
Anam
Heilkräutermarkt Yangnyeong
Sinseol-dong
Sindang
Geumho
Eungbong
Oksu
Leeum Samsung Museum of Art
Grab Jeongneung
Hansung University
Bomun
Hyehwa
Dongmyo
Dongdaemun
Marronnier Park
Euljiro 4(sa)-ga
Euljiro 3(sam)-ga
Jongno 3(sam)-ga
Yaksu
The Shilla Seoul
National-theater
Namsan Park
Hangangjin
Hannam
Banpo Hangang-Park
Jamwon
Konfuzianisches Museum
Seoul Youth Hostel
N Seoul Tower
Grand Hyatt
IP Boutique Hotel
Schweizer Botschaft
Banpo-Brücke
Central City Bus-Terminal
Gubanpo
Naebang
Chongshin Univ.
Sadang
Euljiro 1(il)-ga
City Hall
Gyeongbokgung
War Memorial
ITAEWON
Samgakji
National-museum
Seobinggo
Ichon
Sinyongsan
Dongjak
Nationalmuseum Zeitgenössischer Kunst
Namseong
Nakseong-dae
Inwang
Gyeongbokgung
Dongnimmun
SINCHEON
Seodaemun
Museum of History
Chungjeongno
Seoul Station
Ewha Women's University
Yongsan Station
Heukseok
Sangdo
Soongsil Univ.
Seoul Nat' Univ.
Bongcheon
Hongje
Muakjae
Bongwon-Tempel
Sinchon Bus-Terminal
Sinchon
Gongdeok
Mapo
63 City
Fisch-Großmarkt Noryangjin
Jangseungbaegi
Sindaebangsamgeori
Sillim
Seobu Bus-Terminal
Grand Hilton Seoul
Hongik Univ.
Seokyo Hotel
HONGDAE
Sangsu
M2
Parlament
Yeouido
Saetgang
Daebang
Singil
Boramae
Sindaebang
Jeungsan
Digital Media City
World Cup Stadium
Mangwon
Hapjeong
Dangsan
Yeongdeungpo-gu Office
Sindorim
Sinpung
Daerim
Gasan Digital Complex
Seoul World Cup Stadium
World Cup Park
Seonyudo
Guro
Sinmokdong
West Seoul Lake Park
Omokgyo
Gimpo, Incheon Airport
Dorimcheon
U1
U2
U3
U4
U5
U6
U7
U8
U9

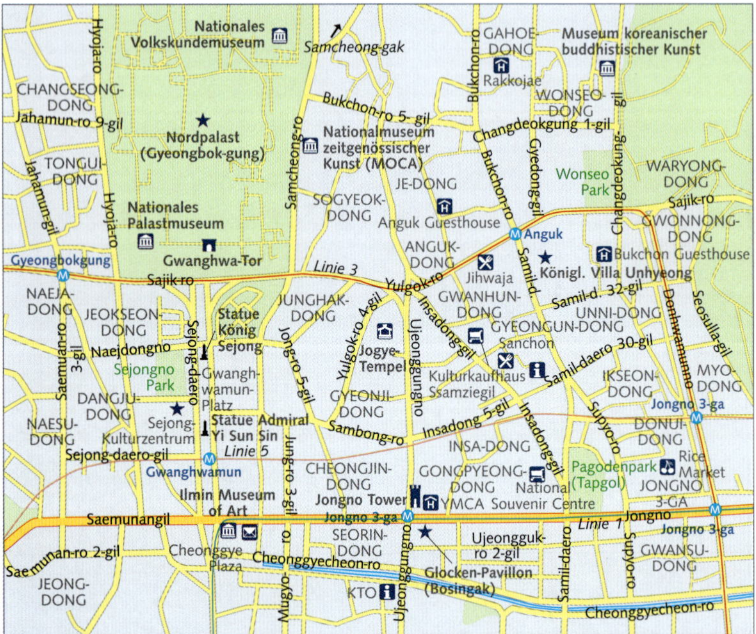

Nördlich des Gwanghwamun-Platzes

Sinmu-mun im Norden. Wetterabhängig findet täglich – außer dienstags – um 10, 13 und 15 Uhr rund um das im Jahr 2010 generalüberholte Tor ein fotogener Wachwechsel in den farbenfrohen Kostümen der Yi-Dynastie statt.
Anfahrt: U3, Station Gyeongbukgong, Ausgang 5.

Gyeongbok-Palast

Der erste Palast der Hauptstadt, fertiggestellt im Jahre zwei nach Gründung der Yi-Dynastie durch König Taejo, also 1394, ist der Gyeongbok-gung – im Volksmund Nordpalast, weil er im Norden der alten Stadt liegt. Übersetzt heißt die streng nach chinesisch-konfuzianischer Tradition auf der Nord-Süd-Achse errichtete, weitläufige Anlage ›Palast der strahlenden Glückseligkeit‹. Die zwei steinernen Haetae, die Taejo am Südtor hatte aufstellen lassen, haben ihren Job anscheinend nicht gut erfüllt: Denn der Palast fiel bei der Invasion der Japaner (1592) den Flammen zum Opfer – allerdings sollen das Feuer nicht die Eindringlinge gelegt haben, sondern koreanische Sklaven, die die Gunst der Stunde nutzten, um die Dokumente ihrer Knechtschaft zu verbrennen. Ihrer Residenz beraubt, zogen die Yi-Herrscher um; viele residierten im Ostpalast, andere im Deoksu-Palast.

Für etwa 270 Jahre blieb der Gyeongbokgung Ruine. Erst 1867 gab der damalige Prinzregent, der Daewongun, den Auftrag, den Palast nach den überlieferten Plänen wiederherzustellen, damit sein zweiter Sohn, der spätere König und kurzzeitige Kaiser Gojong, dort leben könne. Als die Japaner Korea 1910 annektierten, rissen sie die ursprünglich

Das Heungnye-mun

rund 300 Gebäude bis auf zehn ab und stellten 1926 das Capitol, ihren Verwaltungssitz, zur Demonstration ihrer Macht mitten vor die Haupthalle der Palastanlage. Das wiederum sprengten die Koreaner Mitte der 90er Jahre – aus Nationalstolz und um den ursprünglichen Charakter der Anlage wiederherzustellen.

Anfahrt: U3, Gyeongbokgung, Ausgang 5.

Hat man das Gwanghwa-Tor durchschritten, geht es über einen weiträumigen Platz, auf dem früher das Capitol stand, und durch die Tore **Heungnye-mun** und **Geunjeong-mun** sowie über die **Yeongye-Brücke**, die ebenfalls von Fabelwesen bewacht wird, auf der Nord-Süd-Achse weiter in den von Galerien umlaufenen **Zeremonienhof**. Dann steht man vor dem Hauptgebäude des Palastes.

Öffnungszeiten: Mi–Mo 9–18.30, im Winter 9–17 Uhr (Einlass bis eine Stunde vor Schließung).

■ Thronhalle

Die repräsentative Halle der sorgfältigen Regierung (Geunjeong-jeon) ruht auf einem zweistufigen Sockel – aus Rücksicht auf den ›großen Bruder‹, denn nur der Kaiser von China, dem Korea tributpflichtig war, durfte drei Stufen hoch bauen. Vor der Haupthalle, die für Audienzen und Krönungen benutzt wurde, marschierten früher die Würdenträger nach Dienstgraden gestaffelt auf, die Beamten rechter Hand der Hauptachse, die Militärs linker Hand. ›Stolpersteine‹ dokumentieren noch heute, wer früher wo zu stehen und sich zu verneigen hatte. Die steinerne Balustrade der Halle ist mit den zwölf asiatischen Tierkreiszeichen geschmückt.

In der Haupthalle sind der geschnitzte Baldachin über dem Thron, ein Sinnbild des Himmels, und der Wandschirm im Hintergrund bemerkenswert. Er trägt Symbole des chinesischen Daoismus, so unter anderem Berge und Wasser, Sonne und Mond, die Yang und Yin, das Männliche und das Weibliche, das Helle und das Dunkle, repräsentieren. Einen Blick sollte man auch den zwei miteinander spielenden Drachen direkt über dem Thron gönnen; sie symbolisieren die königliche Macht. Am äußeren Dachgebälk zeigt sich die typisch koreanische Dancheong-Malerei mit den farbigen geometrischen Mustern von ihrer schönsten Seite.

Die Thronhalle

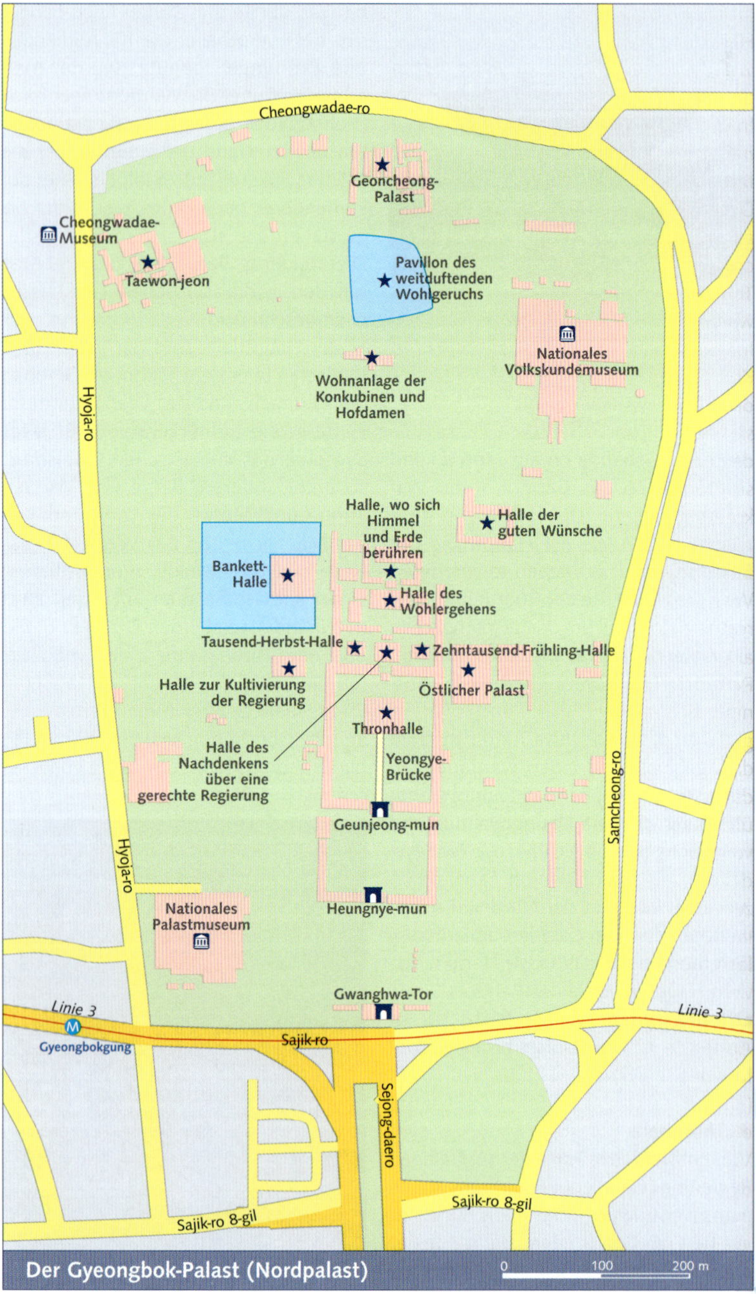

Der Gyeongbok-Palast (Nordpalast)

Die hinteren Höfe

Hinter der Thronhalle öffnen sich zwei weitere Anwesen. Das erstere diente dem König für seine Staatsgeschäfte. In der **Halle des Nachdenkens über eine gerechte Regierung** (Sajeong-jeon), taten er und seine Minister genau das. Die seitlichen Bauwerke, die östlich gelegene **Zehntausend-Frühling-Halle** (Manchun-jeon), und die im Westen stehende **Tausend-Herbst-Halle** (Cheonchu-jeon) waren Büros.

Im zweiten hinteren Hof wohnten der König und die Königin, er in der **Halle des Wohlergehens** (Gangnyeong-jeon), sie in der **Halle, wo sich Himmel und Erde berühren** (Gyotae-jeon). Der schließt sich ein kleiner terrassierter Garten im koreanischen Stil an.

Gebäude im Osten und Norden

Wer an dekorierten Ziegelmauern Interesse hat – und die spielten in der koreanischen Gartenarchitektur eine große Rolle –, sollte sich die Residenz der Königin-Witwe Jo ansehen, die **Halle der guten Wünsche** (Jagyeong-jeon). Sie ist das einzige Gebäude der Wohnquartiere, das noch original aus der Joseon-Periode überliefert ist. Dieser Residenz im Süden vorgelagert, östlich der Thronhalle, befindet sich der Wohnbereich des Kronprinzen, der **Östliche Palast** (Dong-gung).

Im Norden kann man ferner der **Wohnanlage der Konkubinen und Hofdamen** sowie König Gojongs Residenz, dem **Geoncheong-Palast**, einen Besuch abstatten. Auch der charmante, achteckige **Pavillon des weitduftenden Wohlgeruchs** (Hyangwon-jeon) und der **Taewon-jeon**, ein Ahnenschrein, liegen in der Nähe.

Von hier hat man übrigens einen guten Blick auf den Präsidentenpalast. Der Regierungssitz heißt in Anlehnung an das Weiße Haus in Washington das **Blaue Haus** (Cheongwadae), benannt nach der farbigen Glasur seiner Dachziegel. Nahebei gibt das **Cheongwadae-Museum** Aufschluss über die Präsidenten und die Geschichte Koreas.

Im Westen der Thronhalle, wenn man an der fotogenen **Halle zur Kultivierung der Regierung** (Sujeong-jeon) vorbeigegangen ist, fällt der Blick auf einen ebenso fotogenen Prachtbau, die Banketthalle.

Banketthalle

Die ›Halle der glücklichen Begegnungen‹ (Gyeonghoe-ru) wird noch heute manchmal bei offiziellen Anlässen benutzt. Früher fanden hier königliche Empfänge und die Staatsprüfungen der angehenden Beamten statt. Das auf 48 knapp fünf Meter hohen Granitschäften ruhende, zweigeschossige Gebäude wurde 1412 errichtet und ist wegen seiner Spiegelung im stillen Wasser eines quadratischen Lotosteichs ein beliebtes Fotomotiv.

Der Pavillon des weitduftenden Wohlgeruchs

Das Volkskundemuseum

■ Nationales Palastmuseum

In der Südwestecke des Nordpalastes, außerhalb der Galerien, steht das Nationale Palastmuseum. Dort kann, wer am höfischen Leben der Joseon-Dynastie, an königlichen Symbolen oder an Palastarchitektur interessiert ist, rund 42000 Relikte des letzten koreanischen Königshauses studieren.
Anfahrt: U3, Gyeongbokgung, Ausgang 5.
Öffnungszeiten: Di–So 9–18 Uhr.

■ Nationales Volkskundemuseum

Ein Gebäude im Osten des Palastgeländes fällt dem Besucher sofort auf, weil es von weither wegen seiner hoch aufragenden Pagode mit fünfstufigem Dach zu erkennen ist: das 1975 eröffnete Nationale Volkskundemuseum. Die hohe Pagode darauf ist eine Kopie des stilbildenden Bauwerks aus dem Beobju-Tempel. Die rund 4000 Museumsobjekte geben einen schnellen Überblick über Ackerbau, Haushalt und Wohnen, Bekleidung, Musik und Kunst. Auch Beispiele der berühmten Seladonvasen und der typischen Buncheong-Keramik sind zu sehen.
Anfahrt: U3, Gyeongbokgung, Ausgang 5.
Öffnungszeiten: Mi–Mo 9–18, im Winter 9–17 Uhr.

Bukchon

Sich vom Volkskundemuseum über die verkehrsreiche Samcheong-Straße nach Osten wendend, stößt man südlich auf die Bukchon-gil oder nördlich auf die drei Kilometer lange, von Galerien, Restaurants und Cafés in traditionellen Hanok-Häusern gesäumte Samcheong-gil. Beide schmalen Gassen zielen mitten ins Herz von Bukchon, jenem ›Nord-Dorf‹, das – angesiedelt zwischen dem Nord- und dem Ostpalast – ursprünglich, das heißt 600 Jahre lang, das Wohngebiet der hochrangigen Beamten war. Heute kann man in dem unter Ensembleschutz stehenden Viertel mit seinen rund 900 Hanok-Häusern das Leben zur Joseon-Zeit nachempfinden. Das **Bukchon Culture Center** macht mit der Geschichte des Viertels bekannt.
Eine der hübschesten Hanok-Anlagen ist das **Kilburn House** in der Gahoedong-gil Nr. 79. Der Brite David Kilburn, 1988 nach Seoul gekommen und von Anfang an verliebt in die traditionelle Bauweise, sah mit Schrecken, wie ganze Straßenzüge in Bukchon der Abrissbirne zum Opfer fielen und setzte sich mit seiner koreanischen Frau an die Spitze der Bewegung zum Erhalt des Viertels. Mit Erfolg, wie man heute sehen kann. Das zauberhaft restaurierte Anwesen mit seinem romantischen Garten steht Besuchern offen, und bei einer Schale Tee erzählt der Hausherr hoch emotionalisiert von seinem Kampf gegen die Immobilienhaie.

▲ Karte S. 110

Wer gerne mal zentral und wie die Einheimischen wohnen will, kann in einem der **Bukchon-Gästehäuser** reservieren. Freunde buddhistischer Kunst steuern im äußersten Osten des Viertels, gegenüber dem Gelände des Ostpalastes, das **Museum koreanischer buddhistischer Kunst** an. Unter den 6000 Objekten befinden sich Skulpturen, Bilder, Keramiken und rituelle Objekte (73, Changdeokgung-gil, Jongno-gu; Mo–Sa 10–18, im Winter 10–17 Uhr).
Anfahrt: U3, Anguk, Ausgänge 2 und 3.

Samcheong-gak

Im Norden von Bukchon, wenn man die Samcheong-gil weiterlaufen würde, liegt am Hang des Bugak-Bergs in einer grünen Oase der Stille der ›Pavillon der drei Reinheiten‹ (Samcheong-gak). Im Rahmen dieses Rundgangs wäre das etwas zu weit. Es soll aber für einen eventuellen Abstecher oder ein Abendprogramm hier erwähnt sein.
Mit den drei Reinheiten sind die Reinheit des Wassers, der Berge und der Menschlichkeit gemeint. Das zauberhafte Anwesen mit herrlichem Blick auf Seoul entstand ›erst‹ 1972 als Versammlungs- und Banketthalle der Delegierten des Roten Kreuzes von Nord- und Südkorea, die erste Verhandlungen über menschliche Erleichterungen zwischen den verfeindeten Bruderländern führten. Darum heißt das Hauptgebäude auch Ilhwa-dang, was ›Halle der harmonischen Einheit‹ bedeutet. In den Folgejahren nutzte es Diktator Park Chung Hee als Gisaeng-Haus, um hohe Mitarbeiter seines Stabs bei Laune zu halten, die sich dort – ganz nach alter koreanischer Sitte – bei Wein und Gesang von jungen Mädchen unterhalten ließen. Nach Parks Ermordung zog ein Restaurant ein, bis die Stadt das Anwesen im Mai 2000 kaufte und der Öffentlichkeit als Zentrum koreanischer Kultur zugänglich machte.
In dem sehr gepflegten Park stehen sechs Hanok-Gebäude. Im größten, der oben erwähnten **Ilhwa-dang**, dürfen Sie – gegen entsprechenden Obulus natürlich – eine der exzellentesten Erfahrungen koreanischer Kultur machen. Hier wird nicht nur eine der besten Küchen Seouls

Im Bukchon-Viertel

serviert, sondern auch die Shows sind exquisit, egal ob es sich um traditionelle Tänze, Musik oder Pansori-Balladen handelt. Nicht von ungefähr zeichnet das Sejong-Zentrum der Darstellenden Kunst für die Aufführungen verantwortlich. Wann was dargeboten wird, erfährt man unter Tel. +82/2/765-3700.

Die übrigen, ebenfalls sehenswerten Gebäude, darunter ein hübscher achteckiger Pavillon (Yuha-jeong), werden verschieden genutzt, für Bankette, Firmenfeste oder Hochzeiten. Im ehemaligen Teehaus kann man einer Teezeremonie beiwohnen.

Anfahrt: U5, Gwanghwamun, Ausgang 3, dann ein paar Schritte nach Süden. Vor dem Kyobo Book Center fahren zwischen 10 und 22 Uhr stündlich Shuttle-Busse ab. Oder U3, Anguk, Ausgänge 1 oder 6, dann Shuttle-Bus.

Königliche Villa Unhyeong

Vom Bukchon Culture Center können Palastbegeisterte nun nach Süden durch die Bukchon-ro zur großen Straßenkreuzung Anguk schlendern, sie überqueren und in der gegenüberliegenden Straße

Zimmer in der Villa Unhyeong

▲ Karte S. 108

die kleine, aber feine königliche Privatresidenz Unhyeong besuchen. Das heißt übersetzt ›Wolkenpass‹, nach einer früher nahebei gelegenen Wegenge. König Gojong wurde hier geboren, und sein Vater, der Prinzregent (Daewongun), lenkte zwischen 1863 und 1873 von hier aus die Geschicke des Landes. Zu deren Zeit war das Anwesen um ein Vielfaches größer, es wurde jedoch während der japanischen Besatzungszeit und im Koreakrieg völlig zerstört und nur zum Teil wieder aufgebaut.

Betritt man die Anlage durch das Tor, fällt der Blick linker Hand auf einen langen Korridor, in dem früher die Lakaien lebten. Rechterhand liegen die Hauptgebäude. Mit 13 Räumen das größte davon ist die **Zeremonienhalle** (Noan-dang), in der unter anderem die Hochzeit Gojongs mit Königin Myeongseong stattfand. Diese Zeremonie wird zweimal pro Jahr, am zweiten oder dritten Samstag im April und September um 14 Uhr hier nachgespielt und dauert zwei Stunden. Dann folgt die **Residenz des Daewongun** (Norak-dang), in der der Prinzregent seine nicht unumstrittene Politik machte und im Alter von 79 Jahren gestorben ist. Dahinter liegt das **Privatquartier der Prinzregentin** (Iro-dang). Ein kleines **Museum** zeigt historische Objekte aus der Zeit des Prinzregenten.

Von den Höfen aus fällt der Blick gen Osten auch auf ein Kolonialgebäude, historisierend im französischen Renaissancestil errichtet. Diese **Westliche Halle** (Yanggwan) hatten die Japaner für den Enkel des ihnen hörigen Daewongun gebaut. Heute gehört es der Duksung Women's University und zu den schönsten Kolonialbauten in Seoul.

Anfahrt: U3, Anguk, Ausgang 4 oder U5, Jongno 5-ga, Ausgang 5.

Öffnungszeiten: Di–So 9–19, im Winter 9–18 Uhr.

Hochzeitspaar in der Villa Unhyeong

Insa-dong

Vis-à-vis vom Unhyeong-Palast breitet sich nach Westen hin das Künstler-, Galerie und Szeneviertel Insa-dong aus. In ihm folgt ein Antiquitätengeschäft dem anderen; über 70 Kunstgalerien, Papierhandlungen, Möbelgeschäfte, traditionelle Teehäuser und angesagte Restaurants gesellen sich dazu. In einer Gasse gegenüber dem Palast reihen sich **Hanjeongsik**, auf stilvolle koreanische Menüs spezialisierte Gasthäuser, aneinander wie Perlen auf der Schnur. Die Hauptachse des Bezirks – und Namensgeberin – ist die schmale Straße Insa-dong. Die Szene hat aber inzwischen auch alle Seitenstraßen in Besitz genommen.

Einen guten Überblick über Kunst und Kunsthandwerk bietet das 2004 eröffnete **Kulturkaufhaus Ssamziegil**, an der Ecke der gleichnamigen Gasse und der Insa-dong gelegen. In dem modernen Kasten mit großem Innenhof kann man auf einer sanften Rampe durch alle Stockwerke pilgern, wobei man an arrivierten Galerien und noch unbekannten jungen Künstlern vorbeikommt. Vom höchsten Punkt, dem **Sky Garden**, hat man einen schönen Blick über das Viertel. Im Kellergeschoss bieten sich Restaurants und ein Experimentierladen, in dem man sich in koreanischem Handwerk üben kann, zur Erbauung an.

Vom Kaufhaus führt die Hauptachse in südöstlicher Richtung weiter zum Pagodenpark, wobei man auf dem Weg vielleicht noch im **National Souvenir Centre** oder bei **Insa Korea** sein Geld für Souvenirs ausgeben möchte.

Anfahrt: U3, Anguk, Ausgang 5 und 6 (wenn man von Norden eintauchen will) oder U1, Jongno 3-ga, Ausgang 1 (von Süden).

Pagodenpark

Diese Gartenanlage erinnert an jene koreanischen Patrioten, die am 1. März 1919 – Korea war von den Japanern besetzt – vor dem idyllischen **Achteckigen Pavillon** (Palgak-jeong) ihre Unabhängigkeitserklärung verlesen hatten. Die rund 5000 studentischen, Freiheitsrufe skandierenden Zuhörer zogen danach durch die Stadt und initiierten damit landesweite Demonstrationen, die von den Besatzern blutig niedergeschlagen

Straßenszene in Insa-dong

wurden. Memorabilien der getöteten Freiheitshelden und eine Statue von Son Byeong Hee (1861–1922), einem hochverehrten, antijapanischen Nationalisten, sind im Park zu sehen. Seinen Namen hat der Pagodenpark (Tapgol) von der mittlerweile durch einen Glaskubus geschützten, 13-stöckigen **Marmorpagode** aus dem Jahr 1467, dem einzigen Relikt des Wongak-Tempels, der 1464 hier erbaut und 1512 bei einer anti-buddhistischen Aktion zerstört wurde. An den Bau des Tempels erinnert eine durch eine quadratische Halle überdachte, fünf Meter hohe und von Geschichtstexten bedeckte **Steinstele** von 1471. Die steht auf einem gemeißelten Schildkrötensockel, der ›langes Leben‹ symbolisiert.

Vom Pagodenpark sind es nur ein paar Schritte zum Wahrzeichen des Viertels Jongno, dem **Jongno Tower**, von dem man ein tolles Panorama, vor allem nachts, genießt. Von oben fällt der Blick auch auf den Glockenpavillon Bosingak direkt gegenüber.

Anfahrt: U1, U3 oder U5, Jongno 3-ga, Ausgang 1.

Glockenpavillon

Die Namenspatronin des Viertels Jongno – das heißt nämlich Glockenstraße – geht auf das Jahr 1396 zurück, wurde aber mehrmals zerstört und neu gegossen. Die ›jüngste‹, 1468 geschaffene, 19,6 Tonnen schwere, 3,65 Meter hohe und 2,28 Meter im Durchmesser zählende Originalglocke ertönte am 31. Dezember 1985 zum letzten Mal. Dann kam sie ins Nationalmuseum. Heute hängt in dem ausladenden, zweistöckigen Glockenpavillon (Bosingak) eine Kopie.

In der Joseon-Dynastie wurde das Bronzeinstrument zweimal am Tag geschlagen, morgens um vier Uhr kündete es die Öffnung der vier Stadttore an, abends um zehn deren Schließung. Auch zum Feueralarm wurde es benutzt. Den tiefen Klang der Kopie kann man an zwei nationalen Gedenktagen hören: Am Unabhängigkeitstag (1. März) und am Tag der Befreiung (15. August) gibt es offizielle Glockenschlag-Zeremonien. Auch wer über Silvester in Seoul weilt, könnte um Mitternacht in den Genuss kommen, sollte aber früh da sein, denn an dem Spektakel wollen sich so viele Menschen erfreuen, dass die nahe gelegene U-Bahnstation an dem Abend geschlossen bleibt.

Anfahrt: U1, Jongno 3-ga, Ausgang 1.

Am Fuß des Jongno-Towers betritt man die Ujeonggung-ro, deren Verlauf man nach Norden folgt, um ins **buddhistische Zentrum** zu gelangen. Das erkennt man leicht am Informationskiosk für Templestay-Aufenthalte und an der Shopping-Area für buddhistische Zeremonialgegenstände. Der Besuch hier gilt aber vor allem dem Tempel.

Jogye-Tempel

1910 erbaut, oder besser gesagt aus der Provinz Nord-Jeolla hierher verfrachtet, ist der Jogye-Tempel die einzige große buddhistische Anlage im Stadtkern. Die in Korea vorherrschende Sekte des Zen-Buddhismus (jener, deren Priester nicht heiraten dürfen, koreanisch: Seon) hat hier ihren Hauptsitz und der Anlage ihren Namen gegeben. An Buddhas Geburtstag im Mai ist der Tempel vielbesuchter Mittelpunkt des farbenfrohen Laternenfests, dem eine am Dongdaemun startende, lange Laternenprozession vorausgeht.

Außer der reich ausgestatteten **Haupthalle** (Daeung-jeon), in der man häufig buddhistische Zeremonien erleben kann, sollte man sich die **Siebenstöckige Pagode** (Jinsin-sari) und die seltene **Weißstämmige Kiefer** (Baek-song) anschauen. Sie soll aus China stammen und 500 Jahre alt sein.

Anfahrt: U1, Jonghak, Ausgang 2 oder U3, Anguk, Ausgang 6.

▶ Karte S. 108

Im Jogye-Tempel

Im Süden des Gwanghwamun-Platzes

Sich vom Jogye-Tempel nach Westen orientierend, erreicht man binnen kurzem den Start- und Zielpunkt dieses Rundgangs, den Gwanghwamun-Platz. Diese Tour dauert nur so lange, wie jeder persönlich laufen möchte. Sie beginnt am **Gwanghwamun-Platz**, kann als Fortsetzung der ersten betrachtet werden und endet am Cheonggye-Bach, da, wo jeder für sich sagt: Schluss!
Start: U5, Gwanghwamun, Ausgang 5.
Rückfahrt: Von verschiedenen Stationen der U1, zum Beispiel Jonggak, Jungno 3-ga, Jungno 5-ga oder gar Dongdaemun.

Cheonggye Plaza

Das Südende des weitläufigen Gwanghwamun-Areals bildet die Cheonggye Plaza. Sie wartet mit verschiedenen Arten von Wasserspielen auf und einer von den Pop-Künstlern Coosje van Bruggen und Claes Oldenburg geschaffenen, 21 Meter hohen **Schneckenkaskade**.

Ilmin Museum of Art

Bevor man sich auf den Spaziergang entlang dem Cheonggye-Bach macht, lohnt ein Besuch dieses exakt an der Ecke der Plaza zur Jungno-ro gelegenen Privatmuseums. Es zeigt die Sammlung des ehemaligen Präsidenten der Tageszeitung ›Dong-A Ilbo‹, Kim Sang Man, und ist in dem alten Redaktionsgebäude untergebracht (139 Sejong-ro, Jongno-gu). Kim hat rund 500 Objekte zusammengetragen: koreanische Porzellane, Bilder und Kalligraphie von der Goryeo- bis zur Yi-Dynastie. Die Kollektion der ›Dong-A‹-Zeitung umfasst rund 1200 zeitgeschichtliche Ausstellungsstücke, jene der eingegliederten Hyundai Corporation etwa 100 Objekte.
Öffnungszeiten: Di–So 11–19 Uhr.

▲ Karte S. 119

Cheonggye-Bach

Diese Oase mitten im Geschäftsviertel Junggu zieht sich von der Plaza über gut acht Kilometer gen Osten, weit über den Osttorplatz (Dongdaemun) hinaus. In den Wirtschaftswunderjahren hatte man den Bach mit einer Schnellstraße zubetoniert, ihn aber 2003 wieder freigelegt und renaturiert. Mit seinen unzähligen Brücken, Kunstwerken und Wasserspielen ist er ein Erholungspark par excellence. Von den Kunstwerken sei vor allem **Banchado** erwähnt, die auf Kacheln übertragene historische Bildrolle einer königlichen Prozession, mit 192 Metern das längste Keramikbild der Welt. Bunt wird es am Bach am Abend, wenn Lichtinstallationen ein Farbenspiel zaubern – ganz besonders bunt Mitte November, denn dann findet für gut zwei Wochen das fantasievolle Laternenfest statt.
Wer vom Bachspaziergang müde wird, kann sich in unzähligen Cafés und Restaurants am hohen Ufer entspannen oder mit der U1 zurückfahren. Wer allerdings an koreanischer Küche Gefallen gefunden hat, sollte zumindest die rund zwei Kilometer bis zur neunten, der **Baeogaedari-Brücke** bummeln, dort nach rechts in die Stadt abbiegen, sich südlich der U-Bahn-Station Euljiro-4-ga zum **Mukjang-Park** durchschlagen und auf dem Weg nach Nudelrestaurants Ausschau zu halten.

Die ›Kalte Nudelsuppen‹-Straße

Zwischen der U-Bahn-Station und dem Mukjang-Park im Stadtviertel Ojang-dong liegt das Zentrum der ›Kalten Nudelsuppen‹ (Naeng-myeon). Dieses aus Buchweizenmehl oder Süßkartoffelstärke fabrizierte Gericht kommt ur-

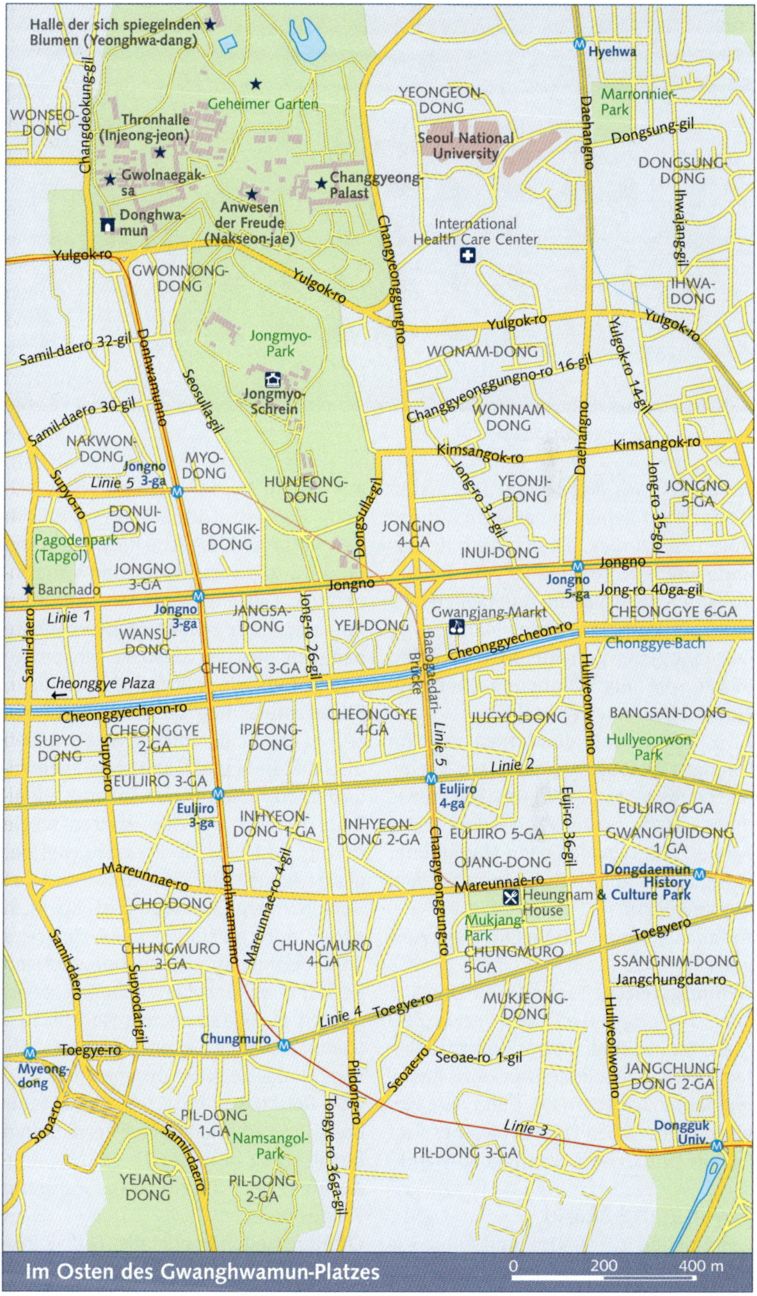
Halle der sich spiegelnden Blumen (Yeonghwa-dang)
Geheimer Garten
Thronhalle (Injeong-jeon)
Gwolnaegak-sa
Donghwa-mun
Anwesen der Freude (Nakseon-jae)
Changgyeong-Palast
WONSEO-DONG
Changdeokgung-gil
YEONGEON-DONG
Seoul National University
International Health Care Center
Hyehwa
Marronnier-Park
Daehangno
Dongsung-gil
DONGSUNG-DONG
Ihwajang-gil
IHWA-DONG
Yulgok-ro
GWONNONG-DONG
Changgyeonggungno
Jongmyo-Park
Jongmyo-Schrein
Samil-daero 32-gil
Samil-daero 30-gil
Donhwamunno
Seosulla-gil
WONAM-DONG
Changgyeonggungno-ro 16-gil
WONNAM-DONG
Yulgok-ro 14-gil
Kimsangok-ro
NAKWON-DONG
MYO-DONG
Jongno 3-ga
Linie 5
Supyo-ro
HUNJEONG-DONG
Dongsulla-gil
Jong-ro 31-gil
YEONJI-DONG
Jong-ro 35-gil
JONGNO 5-GA
DONUI-DONG
Pagodenpark (Tapgol)
BONGIK-DONG
JONGNO 4-GA
INUI-DONG
Jongno
Jongno 5-ga
Jong-ro 40ga-gil
Banchado
JONGNO 3-GA
Linie 1
JANGSA-DONG
Jong-ro 26-gil
YEJI-DONG
Gwangjang-Markt
CHEONGGYE 6-GA
WANSU-DONG
Baeogaedari-Brücke
Cheonggyecheon-ro
Chonggye-Bach
Samil-daero
Cheonggye Plaza
CHEONG 3-GA
Hullyeonwonno
CHEONGGYE 2-GA
SUPYO-DONG
IPJEONG-DONG
CHEONGGYE 4-GA
JUGYO-DONG
BANGSAN-DONG
Hullyeonwon Park
Linie 2
EULJIRO 3-GA
Euljiro 3-ga
Euljiro 4-ga
Eulji-ro 36-gil
EULJIRO 6-GA
INHYEON-DONG 1-GA
INHYEON-DONG 2-GA
EULJIRO 5-GA
GWANGHUIDONG 1-GA
OJANG-DONG
Mareunnae-ro
Dongdaemun History & Culture Park
Heungnam House
Mareunnae-ro 4-gil
CHO-DONG
Mukjang-Park
CHUNGMURO 5-GA
Toegyero
CHUNGMURO 3-GA
CHUNGMURO 4-GA
SSANGNIM-DONG
Jangchungdan-ro
Supyodarigil
MUKJEONG-DONG
Linie 4
Toegye-ro
Chungmuro
Myeong-dong
Seoae-ro
Seoae-ro 1-gil
JANGCHUNG-DONG 2-GA
Pildong-ro
Tongye-ro 36ga-gil
Sopa-ro
PIL-DONG 1-GA
Namsangol-Park
Linie 3
Dongguk Univ.
PIL-DONG 3-GA
YEJANG-DONG
PIL-DONG 2-GA
Im Osten des Gwanghwamun-Platzes
0
200
400 m

Ausschnitt aus dem Banchado

sprünglich aus Nordkorea. Die ersten Gaststätten gehen folgerichtig auf das Jahr 1953 zurück, als sich nach Kriegsende einige Nordkoreaner fürs Bleiben im Süden entschieden, und heißen deshalb oft Pjöngjang oder Hamheung. Die Pjöngjang-Variante ist eine echte Suppe, die aus Hamheung eher eine Nudelschale mit etwas Brühe.

Zwei Restaurants empfehlen sich: Im **Heungnam House**, dem ältesten Naengmyeon-Restaurant, wird das Gericht weniger scharf und auch mit wenig Brühe serviert, im benachbarten **Hamheung**, spezialisiert auf kalte Sashimi-Nudeln, gut gewürzt.

Anfahrt: U2 oder U5, Euljiro 4-ga, Ausgang 8.

Öffnungszeiten: Tägl. 10–22 Uhr.

Am Cheonggye-Bach noch etwa 300 Meter weiter stadtauswärts bis zur zehnten, der Saebyeokdari-Brücke zu flanieren, lohnt sich ebenfalls, denn dort gibt es auf dem linken Ufer ein wahres Fest für alle Sinne: den Gwangjang-Markt.

▲ Karte S. 119

Gwangjang-Markt

Der Einstieg in Tradition und Alltag Koreas gelingt fast nirgendwo besser als auf diesem Markt. Nicht nur, dass sich unter den etwa 5000 Ständen etliche Geschäfte für klassische Kleidung (Hanbok), für die verschiedensten Variationen von Ginsengprodukten oder auch für jede Art regionaler Meeresfrüchte befinden, nein, vor allem die zahlreichen **Food Stalls** im Zentrum des quirligen Basars muss man besuchen. Obwohl sich in der Schlemmermeile etwa 200 Imbiss-Stände und Garküchen aneinanderreihen, sollte man sich früh einen Platz sichern. Ab dem späten Nachmittag geht hier die Post ab, weil der Markt weder bei Reisenden noch bei Koreanern ein Geheimtipp ist. Bei Makgeolli, dem milchigen Reiswein, oder Soju, dem nicht allzu hochprozentigen Reisschnaps, und bei einfachen, preiswerten Delikatessen wie Reisröllchen (Gimbap), Pfannkuchen aus Mungobohnen (Bindaetteok), Würstchen (Sundae) oder Reiskuchen mit Chilisauce (Tteokbokgi) kommt man schnellstens mit der Bevölkerung in Kontakt.

Anfahrt: U1, Jongno 5-ga, Ausgang 7 oder 8.

Öffnungszeiten Foodstalls: Tägl. 8.30–23 Uhr.

Im Osten der alten Stadt

Auch diese halbtägige Tour führt zu den Ruhepolen der heute hektischen Hauptstadt des ›Landes der Morgenstille‹. Sie ist nicht nur für Klassikfans ein ›Muss‹.
Start: Ostpalast, bzw. U3,Station Anguk, Ausgang 3.
Ziel und Rückfahrt: Jongmyo-Schrein, U1, Jongno 3-ga, Ausgang 11. Von der nahe gelegenen U-Bahn-Station Jongno 3-ga kommen Sie mit den Metrolinien 1, 3 und 5 zurück ins pralle Leben des Stadtzentrums.

Changdeok-Palast

Von der Anguk-Kreuzung folgt man der Yulgok-ro nach Osten und erreicht ziemlich schnell den Eingang einer der wichtigsten königlichen Anlagen Seouls. Der als UNESCO-Welterbe eingestufte ›Palast der hohen Tugend‹ (Changdeok-gung, im Volksmund: Ostpalast) wurde 1405 zwar nur als ›Ausweichquartier‹ gebaut, aber immerhin residierten 13 Yi-Herrscher in ihm. Wohl weil sie die – im Gegensatz zum streng axial gegliederten Nordpalast – hier der Landschaft und dem Gelände angepassten, weicheren Bauformen samt dem beschaulichen ›Geheimen Garten‹ bevorzugten. Auch diese Residenz sank während der japanischen Invasion 1592 fast komplett in Schutt und Asche, wurde aber bereits um 1610 neu errichtet. Im ausgehenden 19. Jahrhundert stand der Ostpalast wieder leer, denn König Gojong, kurzzeitig auch selbsternannter Kaiser Koreas, hatte sich 1867 in den renovierten Nordpalast zurückgezogen. 1907 wurde die Anlage generalüberholt. Gojongs Sohn Kaiser Sunjong, der 27. Yi-Herrscher, bewohnte sie bis zu seinem Tod im Jahr 1926. Seine Witwe lebte weitere 40 Jahre in einem Seitenpalast, bis sie 1966 verschied. Ein Wohnrecht dort hatten auch der letzte Kronprinz, der 1970 starb, seine Frau Yi Bangja (die japanische Prinzessin Masako), und Prinzessin Deokhye, mit deren Tod 1989 die Yi-Königsfamilie endgültig erlosch.
Öffnungszeiten: Di–So 9–18, im Winter 9–17 Uhr.

Tor der machtvollen Verwandlung

Das hohe rote Eingangstor (Donghwamun), eines der ältesten originalen Bau-

Die Haupthalle des Changdeok-Palasts

werke in Seoul, weil es bei der japanischen Invasion verschont geblieben war, liefert ein ideales Beispiel der Holzbauweise zu Zeiten der Yi-Dynastie. Wie beim Nordpalast werden auch hier täglich außer montags farbenfrohe Wachwechsel in historischen Kostümen geboten, um 10.30 und um 14 Uhr.

Vom Eingangstor läuft man auf das ehemalige Verwaltungsgebäude **Gwolnaegak-sa** und den früheren Ahnenschrein **Seonwon-jeon** zu. Letzterer wurde irgendwann umfunktioniert, und die Könige gingen darin mit ihren Ministern den Staatsgeschäften nach. Nach einer scharfen Rechtskurve überschreitet man die 1411 gebaute **Steinbrücke** über den ›Schönen Seidenfluss‹, durchquert ein Tor und steht im ersten Hof. Linkerhand gibt das Tor der tugendhaften Regierung den Weg frei in den **Zeremonienhof** (Geumcheon).

Thronhalle

Die Thronhalle (Injeong-jeon) ähnelt in Aufbau und Ambiente jener im Nordpalast. Die ›Halle der tugendhaften Regierung‹ wurde mehrmals zerstört, das letzte Mal 1803. Das heutige Gebäude geht auf den damaligen Wiederaufbau zurück. In der Halle sind – ebenfalls wie beim Nordpalast – der Baldachin, Symbol des Himmelsgewölbes, über dem Thron sowie das Hintergrundgemälde sehenswert, das mit daoistischen Sinnbildern geschmückt ist. Im gepflasterten Innenhof bitte nicht über die kleinen **Steinstelen** stolpern. An denen mussten sich früher die hohen Würdenträger der Rangordnung nach positionieren, wenn seine Majestät zum Appell rief.

Eingangshalle des Huijeong-Dang

▲ Karte S. 119

Eine kleine Audienzanlage, die **Halle der Verbreitung der Regierung** (Seonjeong-jeon) befindet sich östlich der Thronhalle. Sie ist an ihren blau glasierten Dachpfannen schnell zu identifizieren. Blau deckte man offizielle Häuser in der Goryeo-Dynastie. Diese Farbe war dem Königshaus vorbehalten.

Wohnbereich

Nach Osten schließt sich der Wohnbereich an, der etliche Bauten umfasst. Einige von ihnen wurden allerdings erst 1920 aus Teilen der von den Japanern im Nordpalast abgerissenen Gebäude errichtet. Das bemerkenswerteste davon ist die erst als Schlaf-, später als Wohn- und Arbeitstrakt des Herrschers genutzte **Huijeong-Dang**, leicht erkennbar an ihrer weit geschwungenen Eingangshalle. Die Königin residierte in der dahinter erbauten **Daejo-Halle**.

Noch weiter gen Osten lohnt das anmutige **Anwesen der Freude** (Nakseon-jae) einen Besuch, der Wohnbereich der Herrscherwitwen (und der letzten Nachfahren der Yi-Dynastie). Im kontemplativen Terrassengarten lässt es sich sehr gut entspannen.

Geheimer Garten

Der Geheime Garten (Biwon) erstreckt sich im Norden des Changdeok-Palastes über rund 300 000 Quadratmeter. ›Geheim‹ war die Anlage, weil ursprünglich

nur die Herrscherfamilie und ihre Hofdamen hier lustwandeln durften. Heute offenbart er sein Geheimnis nur im Rahmen einer Führung (10–18, im Winter 10–17.30 Uhr, letzter Einlass zwei Stunden vor Schließung).
Im Garten, einem ausgezeichneten Beispiel der klassischen Landschaftsarchitektur, stehen rund 40 Gebäude, von denen hervorgehoben werden sollen: die **Halle der sich spiegelnden Blumen** (Yeonghwa-dang) am Buyong-Teich, in der zeitweise Beamtenprüfungen stattgefunden haben; der zweigeschossige **Juhamnu-Pavillon**, Bibliothek und Bankettsaal der letzten Yi-Herrscher, der einen schönen Blick über den Lotosteich bietet; **Yeongyeong-dang**, ein im Stil der Gelehrtenhäuser 1828 erbautes Anwesen, das für Audienzen diente; und das von Pavillons und Wasser charakterisierte Gebiet um den **Jadefluss** (Ongnyucheon). Hier ließ man sich nieder und verfasste Gedichte, während ein Schälchen mit Wein bachab dümpelte.

Changgyeong-Palast

Durch das Eingangstor des Ostpalastes wieder hinaus sich nach links wendend und der Yulgok-ro folgend erreicht man den dem Geheimen Garten im Osten benachbarten ›Palast der wunderbaren Segnungen‹. Auch dieses UNESCO-Welterbe hat eine lange Geschichte, denn bereits in der Goryeo-Dynastie (918–1392) war hier ein Sommerpalais entstanden. Das nutzte auch der Yi-Dynastiegründer König Taejo bis zur Fertigstellung seines Nordpalasts. Von all dem steht zwar nichts mehr, aber den Grundriss hat König Sejong übernommen, als er 1419 diesen Palast für seinen Vater, der sich zur Ruhe gesetzt hatte, nach Goryeo-Manier von Ost nach West ausrichten ließ – und nicht wie sonst in der Yi-Dynastie üblich auf der Nord-Süd-Achse. Alle Gebäude

Das ›Anwesen der Freude‹

fielen der Hideyoshi-Invasion 1592 zum Opfer, die meisten wurden 1616 wieder errichtet. Einschneidende Veränderungen erfuhr der Palast, als König Sunjong hier 1907 einen Botanischen Garten anlegen ließ und die Japaner daraus 1909, kurz vor ihrer kompletten Annexion Koreas, einen Zoo machten. Für patriotische Koreaner ein Unding! Nicht nur, weil es eine japanische Entscheidung war, sondern weil sie durch die ›wilden Tiere‹ den Palast entweiht sahen. Aber genau das war die Absicht der Japaner. Garten und Zoo wurden 1984 in den ›Seoul Grand Park‹ verlegt.
Anfahrt: U4, Hyewha, Ausgang 4.
Öffnungszeiten: Mi–Mo von 9–18, im Winter 9–17.30 Uhr.

■ Tor der großen Veränderung

In seiner heutigen Form stammt das Tor der großen Veränderung (Honghwa-mun) von 1616 und gilt mit dem stattlichen Doppeldach als außergewöhnlich majestätisches Beispiel der Joseon-Architektur. Drei Türen geben Einlass, die mittlere war dem König vorbehalten, die Sonne- und Mond-Türen dienten dem zivilen und dem militärischen Adel. Über die Jadebach-Brücke gelangt man weiter zum etwas schlichteren **Myeongjeong-Tor**.

Haupthalle

Das Hauptgebäude (Myeongjeong-jeon), die ›Halle der strahlenden Regierung‹, wurde 1483 im Stil der Goryeo-Dynastie gebaut. Wie üblich auf einer zweistufigen Steinterrasse, aber im Gegensatz zu den anderen Palästen trägt die Halle nur ein einfaches, kein Doppeldach. Sie wurde 1616 in ihrer alten Form renoviert und ist damit die älteste durchgehend erhaltene Thronhalle Koreas.

Jongmyo-Schrein

In einem weitläufigen Park südlich vom Ost- und vom Changgyeong-Palast ruht der als UNESCO-Weltkulturerbe ausgezeichnete ›Schrein der königlichen Ahnen‹ (Jongmyo). Hier werden seit der Zeit der Könige Taejong und Sejong (15. Jahrhundert) die Ahnentafeln der Yi-Dynastie verwahrt: im 101 Meter langen **Jeong-jeon** jene Tafeln der 49 Könige und Königinnen, die einen direkten Erben zeugten, im **Yeongnyeong-jeon**, dem kleineren der beiden Schreine, die Tafeln von 34 Familienmitgliedern, die keinen Kronprinzen gebaren oder den Königstitel erst posthum verliehen bekamen. 1592 wurde die Anlage von den japanischen Invasoren zerstört, 1608 war sie wiederhergestellt. In den drei den Schreinen vorgelagerten Höfen bereiteten sich die Herrscher auf den Ritus vor, im **Hyangdae-chong** wurden die Zeremonialgeräte aufbewahrt, im **Jae-gung** reinigten die Könige Körper und Geist, im **Jeonsa-chong** richtete man die Opfergaben zu. Einmal pro Jahr (am 1. Sonntag im Mai) findet eine farbenprächtige, von höfischer Musik begleitete, pompöse Zeremonie statt, die die alten konfuzianischen Ahnenriten wieder aufleben lässt.

Anfahrt: U1, Jongno 3-ga, Ausgang 11.
Öffnungszeiten: Mi–Mo 9–18, im Winter 9–17.30 Uhr. Nur mit geführter Tour zu besichtigen.

▲ Karte S. 119

Die große Ahnentafel-Galerie im Jongmyo-Schrein

Rund um die Seoul Plaza, Seoul Station und das Südtor

Klassik und Konsum lassen sich ziemlich gut vereinen. Das beweist diese Halbtagestour, die an der Seoul Plaza startet und am Namdaemun-Markt (Südtor-Markt) endet.

Start: Seoul Plaza erreicht man am besten mit der U1, Station City Hall, Ausgang 2 oder mit der U2, Station City Hall, Ausgang 12.

Ziel und Rückfahrt: Namdaemun-Markt, U4, Hoehyeon, Ausgänge 5–10, oder Culture Station Seoul 284, U1 und U4, Seoul Station, Ausgang 2.

Seoul Plaza

Hier schlägt das Herz der Hauptstadt. Nicht nur, dass sich das **neue Rathaus**, Sitz des Seoul Metropolitan Government, dort befindet, nein, auch der weitläufige grüne Platz schrieb Geschichte. Am 1. März 1919 hatten sich auf ihm tausende Seouliten zu Protesten gegen die japanischen Besatzer zusammengefunden, und im Juni 1987 nahm die Pro-Demokratiebewegung gegen die Militärmachthaber von hier ihren Ausgang. Heute finden auf dem großen Oval die verschiedensten Veranstaltungen statt wie zum Beispiel das Kulturfestival ›Hi! Seoul‹ oder Konzerte. In der Mittagszeit nutzen aberhunderte von Angestellten es als Pausenhof. Jeden Mittag Punkt zwölf ertönt hier ein Gong, der den Klang der Bosingak-Glocke nachahmt.

Neues Rathaus

Gen Norden wird die Plaza vom neuen Rathaus begrenzt. Die hypermoderne City Hall, 2008 ausgeschrieben und im September 2012 bezogen, stammt aus der Feder von Kerl Yoo und seinem in Seoul ansässigen Architekturbüro ›iArc‹. Den kurvenreich geschwungenen Entwurf begründete Yoo so: »Grundlagen der Gestaltung waren unsere Traditionen, die Bürger und die Zukunft. Die horizontale Betonung, die Dachkrümmungen und die Schattierungen durch das Laub in unserer traditionellen Architektur versuchte ich zukunftsweisend umzusetzen.« Neben den Räumen der Stadtregierung gibt es in dem Glaspalast auch kulturelle Einrichtungen und Mehrzweckhallen.

Altes Rathaus

Erbaut während der japanischen Besatzungszeit im Jahr 1926, diente das leicht an faschistische Architektur erinnernde Art-Deco-Gebäude seit der Befreiung 1945 bis 2008 als Rathaus. Heute befindet sich in dem denkmalgeschützten Bau die **Seoul Metropolitan Library**, eine Bibliothek mit rund 200 000 Bänden.

Deoksu-Palast

Genug vom Trubel der Großstadt? Dann wenden Sie sich doch dem ›Palast des tugendhaften langen Lebens‹ zu, gleich westlich der Plaza gelegen. Das Anwesen war als Wohnsitz für Prinz Wolsan gedacht, der bei der Thronfolge Mitte des 15. Jahrhunderts zweimal übergangen worden war und mit dieser Residenz besänftigt werden sollte. Weil die großen Paläste bei der Invasion der Japaner 1592 zerstört worden waren, nahm der damalige König Seonjo hier Wohnung, denn der Deoksu-Palast war wundersamerweise verschont geblieben. Herrscherresidenz wurde die Anlage auch wieder 1897. Nach dem Mord an seiner Frau durch pro-japanische Koreaner hatte Kaiser Gojong sich dieses im Schutz der westlichen Botschaften liegende Anwesen als Regierungssitz gewählt und es kräftig ausbauen lassen. Nach seiner von den Japanern erzwungenen Abdankung 1907 lebte er

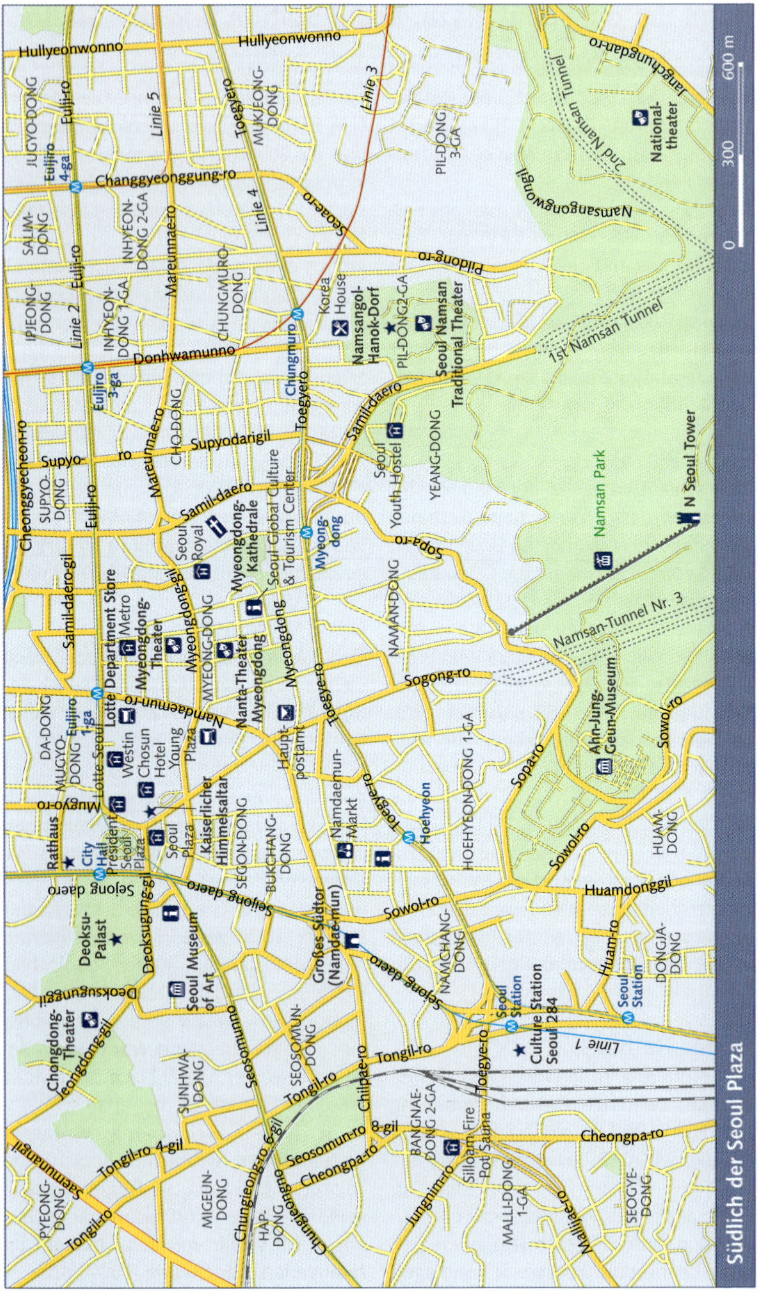
Südlich der Seoul Plaza
0
300
600 m
Hullyeonwonno
Changgyeonggung-ro
Donhwamunno
Supyodarigil
Supyo-
ro
Cheonggyecheon-ro
Samil-daero
Samil-daero-gil
Euljiro
Eulji-ro
Euljiro 4-ga
Euljiro 3-ga
Euljiro 1-ga
Linie 2
Linie 3
Linie 4
Linie 5
Linie 1
Mareunnae-ro
Toegyero
Toegye-ro
Chungmuro
Myeong-dong
Myeongdong
Myeongdong-gil
Namdaemun-ro
Mugyo-ro
Sejong daero
Sejong-daero
Deoksugung-gil
Deoksugungagil
Jeongdong-gil
Saemunangil
Tongil-ro
Tongil-ro 4-gil
Seosomunno
Seosomun-ro 8-gil
Chilpae-ro
Cheongpa-ro
Chungjeongno
Chungjeong-ro 6-gil
Jungnim-ro
Mallijae-ro
Huamdonggil
Huam-ro
Sowol-ro
Sopa-ro
Sogong-ro
Pildong-ro
Seoae-ro
Namsangongwongil
Jangchungdan-ro
1st Namsan Tunnel
2nd Namsan Tunnel
Namsan-Tunnel Nr. 3
Namsan Park
N Seoul Tower
Ahn-Jung-Geun-Museum
Nationaltheater
Namsangol-Hanok-Dorf
Korea House
Seoul Namsan Traditional Theater
Seoul Youth Hostel
Seoul Global Culture & Tourism Center
Myeongdong-Kathedrale
Seoul Royal
Metro
Myeongdong-Theater
Nanta-Theater Myeongdong
Lotte Department Store
Lotte Seoul
Westin Chosun Hotel
Young Plaza
President
Seoul Plaza
Kaiserlicher Himmelsaltar
Rathaus
City Hall
Deoksu-Palast
Seoul Museum of Art
Chongdong-Theater
Haupt-postamt
Namdaemun-Markt
Großes Südtor (Namdaemun)
Hoehyeon
Seoul Station
Culture Station Seoul 284
Fire Pot Sauna
Siloam
JUGYO-DONG
SALIM-DONG
IPJEONG-DONG
INHYEON-DONG 2-GA
INHYEON-DONG 1-GA
MUKJEONG-DONG
CHUNGMURO-DONG
PIL-DONG 3-GA
PIL-DONG 2-GA
CHO-DONG
SUPYO-DONG
MYEONG-DONG
NAMAN-DONG
YEANG-DONG
DA-DONG
MUGYO-DONG
SEGON-DONG
BUKCHANG-DONG
HOEHYEON-DONG 1-GA
HUAM-DONG
NAMCHANG-DONG
DONGJA-DONG
SEOSOMUN-DONG
SUNHWA-DONG
PYEONG-DONG
MIGEUN-DONG
HAP-DONG
BANGNAE-DONG 2-GA
MALLI-DONG 1-GA
SEOGYE-DONG

hier bis zu seinem Tod im Januar 1919. Danach demontierten die Japaner die meisten klassischen Gebäude, weshalb die Anlage heute nur noch ein Drittel ihrer ehemaligen Größe umfasst.
Öffnungszeiten: Di–So 9–21 Uhr.

Großes Han-Tor

Den Haupteingang zum Palast bewacht das Große Han-Tor (Daehan-mun). Ursprünglich im Süden des Palasts gelegen, wurde es im Zuge der Stadterweiterung an die Ostflanke verlegt. Jeden Tag – außer montags – findet hier, wenn das Wetter mitspielt, um 11, 14 und 15.30 Uhr ein sehr sehenswerter Wachwechsel in den farbenfrohen Kostümen der Yi-Dynastie statt. Hinter dem Tor betritt man eine im April durch herrliche Blüten geschmückte Kirschbaumallee. Zu deren rechter Seite liegt die Halle des vollkommenen Friedens.

Seitenansicht der Haupthalle

Halle des vollkommenen Friedens

Dies waren die Privaträume von Kaiser Gojong. Im Gegensatz zu den anderen Palästen erstreckt sich hinter dieser Häusergruppe (Hamnyeong-jeon) kein Königinnentrakt. Gojong hat nach dem Mord an seiner Frau 1895 nicht wieder geheiratet. Als am Westen interessierter Monarch beauftragte er den russischen Architekten Aleksej Seredin-Sabatin, erste westliche Ideen in die koreanische Bauweise einfließen zu lassen: So entstand hinter seinem Privatbereich **Jeonggwanjeon**, eine Halle, in der Gojong westliche Diplomaten empfing.

Halle der unmittelbaren Harmonie

In Aufbau und Ambiente ähnelt die Halle der unmittelbaren Harmonie (Junghwajeon) den Thronhallen der ›großen‹ Paläste. Man gelangt zu ihr durch das **Tor der unmittelbaren Harmonie** (Junghwamun) und steht wie üblich in einem mit Steinplatten ausgelegten Innenhof, sieht die Steinmarkierungen für die Beamtenaufstellungen, die zweifache Steinterrasse und die Treppe mit den Phönixsteinen. Aber etwas ist anders als sonst: das Dach. Natürlich gab es auch hier einst ein Doppeldach, nach einem Brand im Jahr 1904 setzte man der Halle jedoch nur ein schlichtes Walmdach auf.

Alte königliche Halle

Das einzige zweistöckige Gebäude der Anlage ist die Alte königliche Halle (Seogeo-dang), was auf ihren ehemaligen Rang schließen lässt. Ursprünglich wohnte hier nämlich König Seonjo, später diente sie als Ratshalle.

Die klassizistischen Gebäude

Die Häuser im westlichen Teil des Parks waren um 1900 von dem britischen Architekten M. H. Davidson im Auftrag des westlich orientierten Kaisers Gojong

Wachwechsel beim Deoksu-Palast

geplant worden. Sein Sohn Sunjong lebte mit Familie und Hofstaat darin. Im 1938 erbauten Westflügel ist heute das **Deoksugung Art Museum**, ein Zweig des Nationalmuseums zeitgenössischer Kunst, untergebracht.

Kaiserlicher Himmelsaltar

Um diesen Altar zu besuchen, muss man den Palast wieder verlassen, die Seoul Plaza überqueren und in die Häuserschlucht hinter dem ›Plaza‹-Hotel eintauchen. Die Lage des Himmelsaltars (Hwanggung-eu) deutet an, wie großflächig der Deoksu-Palast zu Zeiten des Herrschers Gojongs gewesen sein muss. Zumindest schloss er den gesamten Platz der heutigen City Hall mit ein. Der kaiserliche Himmelsaltar wurde 1897 erbaut, um die vom selbst ernannten Kaiser Gojong angestrebte Unabhängigkeit von China zu demonstrieren. Die Hauptanlage hat – sowieso schon von den Japanern demontiert – dem ersten ›Chosun‹-Hotel weichen müssen, so dass heute nur noch der von einem dreifach gestaffelten Dach bekrönte, achteckige **Pavillon** (Balgak-dang) existiert, der den Garten des ›Westin Chosun Hotels‹ ziert. In ihm wurden die Ahnentafeln aufbewahrt und die Himmelsriten vollzogen.

Von der Seoul Plaza zielt die Sejongdaero pfeilgerade auf ein weiteres bedeutendes Bauwerk zu, früher eine wichtige Wehranlage, heute eine fotogene Sehenswürdigkeit.

▲ Karte S. 126

Großes Südtor

Den prosaischen Namen trägt das Große Südtor (Namdae-mun) erst seit der japanischen Besatzungszeit. Wie viel poetischer klingt doch ›Tor der erhabenen Zeremonie‹ (Sunggye-mun). So wurde das 1396 errichtete, mehrmals renovierte sowie 2013 komplett neu aufgebaute Bollwerk ursprünglich genannt. Durch dieses Tor – damals das höchste Holzgebäude Seouls – verließen die Könige der Yi-Dynastie ihre Residenzstadt, wenn sie im Land nach dem Rechten sehen wollten. Noch Anfang des letzten Jahrhunderts überragte es alle Gebäude in der Umgebung. Kein Vergleich zu heute! Vielspurig vom Verkehr umtost, wird es von Dutzenden von Bürotürmen überboten.

Der Staat verlieh dem Bauwerk 1962 die Auszeichnung ›Nationalschatz Nr. 1‹, aber auch die konnte es im Jahr 2008 nicht vor einem Brandanschlag bewahren, der den völligen Neubau der von herrlicher Dancheong-Malerei geschmückten Holzkonstruktion erforderte. Kosten: rund 20 Millionen US-Dollar. Die feierliche Wiedereröffnung fand am 4. Mai 2013 in Anwesenheit der Staatspräsidentin statt.
Anfahrt: U1, Seoul Station, Ausgang 3.

Namdaemun-Markt

Der 1414 erstmals eröffnete, seither ununterbrochen geschäftige und immer wieder ausgeweitete Markt ist mit seinen rund 10000 Geschäften, Buden und Imbissstationen Südkoreas zweitgrößter und bietet auf der Straße und in den etwa 30 Häuserblocks auf mehreren Ebenen alle Dinge des täglichen Bedarfs. Es gibt nichts, was es in diesem labyrinthischen Gassen- und Kellergewirr nicht gibt. Wer zum Beispiel nach Ginseng in allen Variationen sucht, findet hier sein Angebot. Und wer beim Bummeln hungrig geworden ist, kann gerne an einem der zahlreichen Stände eine der typischen Schweinshaxen zu sich nehmen. Oder lieber eine selbstgemachte Nudelsuppe? Ein Foodstall mit gleich mehreren Garküchen nebeneinander ist **Namhae Sikdang**, in einer überdachten Gasse nahe dem Markteingang 6 positioniert. Es hat den Anschein, als sei der Markt rund um die Uhr geöffnet, einige Shops lassen aber sonntags die Rollläden unten.
Anfahrt: U4, Hoehyeon, Ausgänge 5–10.

Culture Station Seoul 284

Noch nicht müde? Dann sollten Sie einen kleinen Abstecher zur Culture Station Seoul 284 machen. Neben dem riesigen Glaspalast des neuen Bahnhofs blickt der im Stil der europäischen Gründerzeit erbaute alte Bahnhof auf eine Geschichte von rund 90 Jahren zurück. In seine Hallen ist die Kunst eingezogen, statt Bahnfahrkarten und dem Pfeifen alter Loks gibt es Ausstellungen moderner Kunst, Filmvorführungen und Live-Musik.
Anfahrt: U1 und U4, Seoul Station, Ausgang 2.
Öffnungszeiten: Di–So 10–19 Uhr.

Der Kaiserliche Himmelsaltar im Garten des Westin-Chosun-Hotels

Das Viertel Myeongdong und der Südberg

Diesen halbtägigen Rundgang kann man gut an den vorherigen anschließen, schließlich liegt das Viertel Myeongdong direkt östlich vom Namdaemun-Markt, wo man sich für die kommenden Stunden stärken könnte.

Myeongdong gilt als das Geschäfts- und Vergnügungsviertel par excellence. Hier gibt es die namhaftesten Hotels, die wichtigsten Kaufhäuser, die bedeutendsten Banken, die teuersten Läden, aber auch kleine Geschäfte mit preiswerter Kleidung sowie Bierhallen (Hof), Karaoke-Bars (Noraebang), Kneipen, Steakhäuser und Snackbars. Wegen der vielen Geschäfte und Veranstaltungen zum Thema ›Koreanische Welle‹ ist Myeongdong für Hallyu-Fans ein ›Muss‹.

Start: Wegen der abzuklappernden Kilometer bis zum Südberg ist es sinnvoll, als Startpunkt die U2-Station Euljiro 1-ga, Ausgänge 6 und 7, zu nehmen. Dann steht man direkt an der Namdaemun-ro, die das Viertel nach Westen abschottet.

Ziel und Rückfahrt: Südberg, U3 oder U4, Chungmuro.

Namdaemun-ro

Die Namdaemun-ro signalisiert auf den ersten Blick, worum es in Myeongdong geht, ums Shoppen. Gleich zu Beginn ragt das Hochhaus des **Lotte Department Stores** auf. Der Lotte-Konzern betreibt auf der rechten Seite der Straße noch zwei weitere Kaufhäuser: **Avenuel**, das auf Luxusgüter spezialisiert ist, und **Young Plaza** für Heranwachsende. Den Schlusspunkt der Department Stores, in denen es auch Modelabels zu annehmbaren Preisen gibt, bildet am südlichen Ende der Straße jener von **Shinsegae**.

Mitten in der Namdaemun-Straße kann man sich in eine riesige unterirdische Einkaufspassage verirren, bleibt aber auch ebenerdig von Shoppingmöglichkeiten umzingelt. Am besten biegt man über der Einkaufspassage in die Myeongdong-gil ein, wo gleich rechter Hand der **Moon Square** mit Geschäften lockt. Die Myeongdong-gil weitergehend, muss man sich an der zweiten Kreuzung entscheiden: In südlicher Richtung reihen sich in der **Myeongdong Street** (Myeongdong

Blick auf das Viertel Myeongdong vom Südberg

▲ Karte S. 126

8-gil) die Flagship-Stores aller namhaften Modelabels aneinander. In nördlicher Richtung findet man auch Kultur.

Myeongdong-Theater

Das 1934 eröffnete Gebäude im Art-Deco-Stil galt bis 1975 als *die* Bühne der Stadt und beherbergte das Koreanische Nationaltheater. Nach einer vollständigen Renovierung firmiert es seit 2009 unter dem neuen Namen und dient als klassisches Theater und Experimentierbühne wie auch für nonverbale Shows, Musicals und Festivals.

Anfahrt: U2, Station Euljiro 1-ga, Ausgang 6.

Die Myeongdong-gil weiter nach Osten schlendernd, stößt man rechter Hand auf einen weiten Platz, den ein backsteinernes Beispiel westlichen Stils dominiert.

Myeongdong-Kathedrale

Am 18. August 2014 hatte diese erste katholische Kirche Koreas, die St.-Marien-Kathedrale, hohen Besuch. Papst Franziskus las in ihr während seiner Pastoralvisite eine auf die Spaltung Koreas gemünzte ›Messe für Frieden und Versöhnung‹.

Der Grundstein für den roten, im neugotischen Stil von Franzosen ausgeführten und bezahlten Backsteinbau wurde 1890 gelegt – unter Anwesenheit des damaligen Königs Gojong, der allem Westlichen gegenüber sehr aufgeschlossen war. Die Weihe erfolgte 1897. Die Kirche, der der Koreakrieg nichts hatte anhaben können, ist Sitz der Erzdiözese Seoul. Unter dem damaligen Erzbischof, Stephen Kardinal Kim Sou Hwan, spielte die Kathedrale eine wichtige Rolle in der Demokratisierungsbewegung der 1980er Jahre. Zahlreiche Aktivisten gegen das Militärregime fanden hier Zuflucht. Nirgendwo Zuflucht gefunden hatten gut 100 Jahre zuvor während der Christen-

Restaurant in Myeongdong

verfolgung durch das konfuzianische Königshaus die französischen Geistlichen und von ihnen missionierte Einheimische. Im Inneren wird ihrer gedacht – an acht Grabmalen: vier für einen französischen Bischof und drei seiner Priester sowie vier für christliche Koreaner.

Anfahrt: U2, Station Euljiro 1-ga, Ausgang 5.

Vom Kirchplatz kann man gen Westen wieder zurück zur ›Myeongdong Street‹ gehen und sich nach Süden wenden, wo man zwischen den zahlreichen Shops ein Informationszentrum findet.

Seoul Global Culture & Tourism Center

In dem 2009 eröffneten Touristenzentrum lernt man alles über koreanische traditionelle Kleidung und Kunsthandwerk kennen. Es bietet ferner ein Internetcafé und Schließfächer.

Öffnungszeiten: Tägl. 10.30–22 Uhr, außer an den Feiertagen Seollal und Chuseok.

Weiter nach Süden stößt man auf die U-Bahn-Station Myeongdong, von der aus das nächste Ziel, der Südberg, deutlich an seinem Wahrzeichen, dem 265 Me-

Musiker auf dem Namsan

ter hohen N Seoul Tower, zu orten ist. Am Stationsausgang 3 öffnet sich eine Gasse, die Toegye-ro, durch die man seinem Ziel, der Seilbahn auf den Berg, näher kommt, wenn man sich bei der Weggabelung am ›Pacific Hotel‹ rechts hält und ungefähr zehn Minuten Fußweg meistert.

Südberg

Die Seilbahn nahe dem verkehrsreichen Eingang zum Namsan-Tunnel Nr. 3 trägt einen rund ums Jahr zwischen 10 und 23 Uhr gemütlich auf den Südberg (Namsan), der früher die Südgrenze der Stadt bildete, heute mitten im modernen Seoul liegt (Auffahrt 6000 Won). Aber auch eine Wandertour nach oben wäre nicht anstrengend: Sie führt rund 800 Meter über gepflegte Stufen nach oben, wobei man zum Teil an der alten Stadtmauer entlangläuft und schöne Ausblicke auf die Stadt hat.

Bei der Bergstation kann man den **Palgakjeon**, einen achteckigen Pavillon, ansteuern, ein **Aquarium**, eine **Fontäne**, eine **Bibliothek** und eine **Nachbildung der fünf alten Leuchtfeueranlagen** (Bonghwa-dae). Mit denen wurden früher Nachrichten aus den und in die Provinzen ›gemorst‹. Täglich außer montags zwischen 10 und 12.30 Uhr wird diese Signalübermittlung in historischen Kostümen nachgespielt. Danach heißt es aber spätestens: Rein in den Tower und hoch, denn das **Observatorium** (Eintritt 9000 Won) bietet eines der fantastischsten Panoramen über das sich in alle Seitentäler weiter und tiefer ausbreitende Seoul. Der Ausblick aus rund 470 Metern Höhe lässt sich auch in verschiedenen Turmrestaurants genießen, unter anderem im nicht ganz billigen ›HanCook‹ oder dem französischen Sternelokal ›N.Grill‹. Von oben ist deutlich zu sehen, dass rund um den Südberg die ›feineren Adressen‹ liegen, weshalb sich hier reiche Seouliten, Ausländer, Botschaften und Luxushotels angesiedelt haben.

Anfahrt: U3 oder U4, Chungmuro, Ausgang 2, dann Ringbusse Nr. 02 und 05, die vor dem Daehan-Kino halten, oder U4, Myeongdong, Ausgang 3, dann Ringbus Nr. 05, oder U6, Itaewon, Ausgang 4, dann Ring-Bus Nr. 03.

Am Rande des Parks rund um den Namsan gibt es einige lohnenswerte Ziele, die man beim Abstieg gen Nordosten ansteuern kann, wie zum Beispiel das **Seoul Namsan Traditional Theater**. Das

Am Südberg wohnt der Geldadel Seouls

▲ Karte S. 126

Im Hanok-Dorf am Namsan

Nationaltheater liegt zwar auch am Fuß des Südbergs, aber weiter im Osten, und der Weg dorthin lohnt eigentlich nicht.

Namsangol-Hanok-Dorf

Gleich neben dem Traditional Theater gibt es anderes Traditionelles: das aus fünf hierher transportierten Anwesen bestehende Hanok-Dorf. Dieses ›offene Museum‹ erweckt mit seinen Häusern der ›besseren Gesellschaft‹ - eines ist sogar königlicher Herkunft - nochmals das Leben in der Yi-Dynastie. Kunsthandwerker zeigen, wie früher Dinge des Alltags hergestellt wurden. Traditionelle Musik erklingt in einer Theaterhalle, der **Namsan Gugak-dang**. Ein Landschaftsgarten rundet das kleine, aber feine Ensemble ab.

Ein netter Gag ist die **Seoul Millenium Time Capsule** auf dem gleichnamigen Platz. Am 600. Geburtstag der Stadt wurden 600 Gegenstände, die - wie man glaubt - am besten Seoul repräsentieren, hier vergraben. Dort sollen sie bis zum 29. November 2394 ruhen, dem 1000. Geburtstag.

Anfahrt: U3 oder U4, Chungmuro, Ausgang 3.
Öffnungszeiten: Mi–Mo 9–21, im Winter 9–20 Uhr.

Korea House

Bereits 1957 vom Kultusministerium seiner Bestimmung übergeben und 1980 komplett im yi-dynastischen Stil der Halle der guten Wünsche (Jagyeong-jeon) aus dem Nordpalast erneuert, vermittelt das Korea House - seinem Namen alle Ehre machend - koreanische Lebensart. Hier kann man sich die höfische Küche der Joseon-Zeit auf der Zunge zergehen lassen und dabei Vorführungen von traditionellen Tänzen, der rein koreanischen und als UNESCO-Welterbe registrierten Kampfkunst Taekgyeon sowie klassischer Musik als auch der Bauernmusik genießen.

Anfahrt: U3 oder U4, Chungmuro, Ausgang 3.
Vorführungen: Tägl. um 18.30 und 20.30 Uhr; Reservierung notwendig unter +82/2/226-69101, www.koreahouse.or.kr.

Wer den Namsan lieber zu Fuß gen Nordwesten verlässt, stößt am Fuß auf die Gedenkstätte eines bedeutenden koreanischen Freiheitskämpfers.

Ahn-Jung-Geun-Museum

Genau 100 Jahre nach dem Tod des Patrioten Ahn Jung Geun eröffnete die Stadt 2010 diesen Neubau seiner Gedenkstätte. Ahn, Jahrgang 1879, gehörte schon in jungen Jahren dem koreanischen Widerstand gegen die Kolonisierungsversuche durch westliche Nationen und Japan an. Zum Volkshelden avancierte er im Oktober 1909, als er den ersten Generalgouverneur des japanischen Protektorats Korea, Hirobumi Ito, auf dem Bahnhof der chinesischen Stadt Harbin erschoss. Russische Sicherheitskräfte nahmen ihn fest und übergaben ihn den Japanern. Die richteten ihn am 26. März 1910 im Gefängnis von Port Arthur (heute Dalian) hin. Weniger als fünf Monate später annektierte Japan Korea als Kolonie. Während seiner Haft schrieb Ahn den Aufmerksamkeit erregenden Essay ›Über den Frieden in Ostasien‹, in dem er für ein starkes und friedliches ostasiatisches Staatenbündnis eintrat.

Videos zu seinem Leben und Sterben, aber auch Dokumente zur koreanischen Unabhängigkeitsbewegung im Allgemeinen sind auf drei Etagen zu sehen. Das 50 mal 35 Meter messende aus zwölf Kuben zusammengefügte Museumsgebäude wurde von dem in den USA ausgebildeten koreanischen Architektenpaar Lim Young und Kim Sun entworfen, deren Büro ›D-Lim‹ in Seoul angesiedelt ist.

Anfahrt: U1, Seoul Station, Bus 402 bis Namsan Public Library.

Öffnungszeiten: Di–Fr 10–17 Uhr.

Rund um das Dongdaemun

Althergebrachtes und Hypermodernes charakterisieren diese halbtägige Tour, bei der das klassisch beispielhafte Osttor, Nationalschatz Nummer 1, ein unbedingtes ›Muss‹ einer Seoul-Besichtigung ist. Aber auch Teile der alten Stadtmauer, der größte Markt Südkoreas, der Heilkräutermarkt und zukunftweisende Architektur machen den Rundgang abwechslungsreich.

Start: U1, Dongdaemun, Ausgang 1 oder U4, Dongdaemun, Ausgang 9 und 10; dann sieht man die Hauptattraktion direkt vor sich.

Ziel und Rückfahrt: Dongdaemun History & Culture Park, U4, Dongdaemun History & Culture Park, Ausgang 1.

▲ Karte S. 135

Großes Osttor

Wie es heute dasteht, stammt das Große Osttor (Dongdaemun) aus dem Jahr 1869, renoviert auf Geheiß von König Gojong, nachdem es bei der Invasion der japanischen Truppen 1592 völlig zerstört worden war. Der Yi-Herrscher hatte sich viel Zeit gelassen, bis er das ursprünglich 1396 unter dem Dynastiegründer König Taejo zum Schutz der Ostseite seiner Residenzstadt errichtete Tor wieder rekonstruieren ließ. Das deutet darauf hin, dass es inzwischen nicht mehr der Verteidigung diente, sondern nur der Bewachung. Das Tor liefert mit seinen trutzigen Mauern und besonders dem mondsichelförmigen ›Äußeren Ring‹ ein ideales Beispiel mittelalterlicher Wehrtechnik. Denn, war der Feind erst einmal drin, konnte man ihn eventuell noch im Zangengriff vernichten. Früher hatte das Bollwerk einen poetischeren Namen, nämlich ›Tor der erhabenen Gnade‹ (Heungin-ji-mun), was die vier Schriftzeichen auf dem Torschild aussagen.

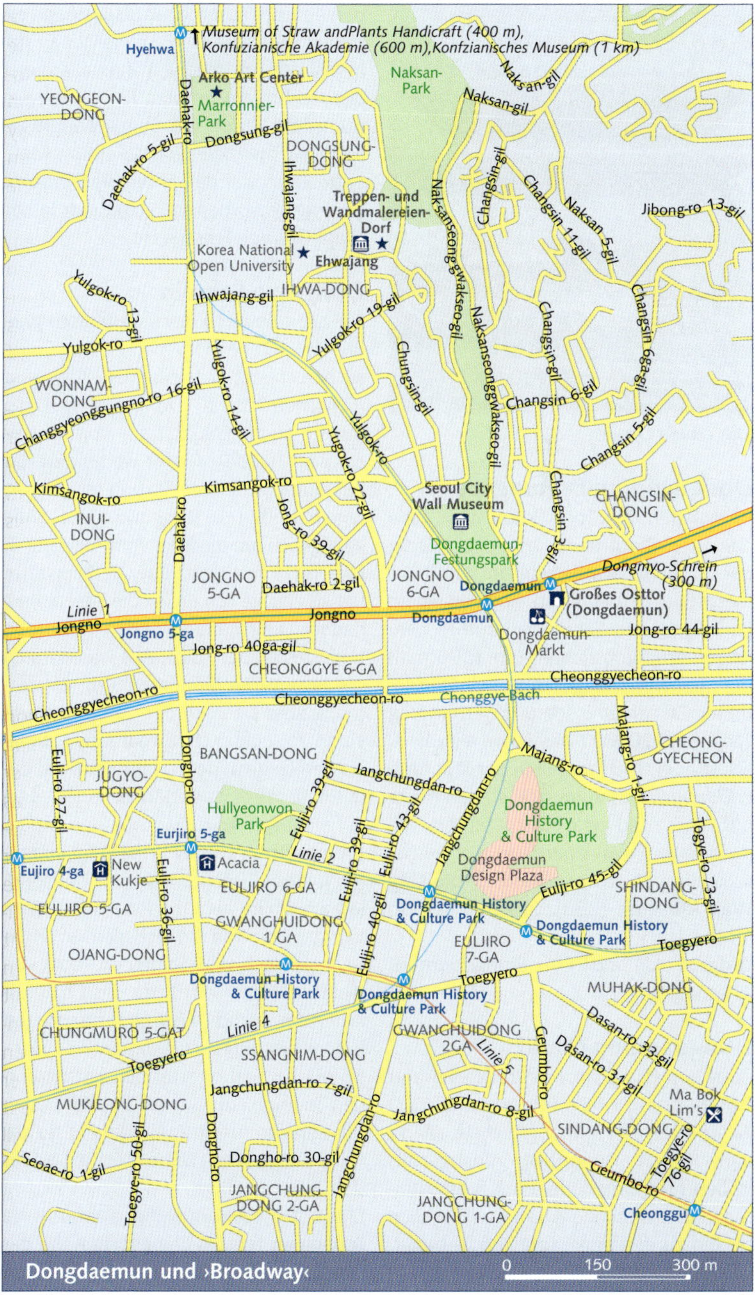

Dongdaemun und ›Broadway‹

Das Große Osttor

Dongdaemun-Festungspark

Im Norden des Tores kann man Teile der alten Stadtmauer besuchen. Oder gar zu einer Wanderung an dem Kilometer lang restaurierten, heute in einem Park liegenden Schutzwall aufbrechen. In den Erbauungsjahren um 1396 maß der Steinwurm insgesamt etwa 18 Kilometer. Zu seiner Errichtung hatte König Taejo rund 200000 Menschen rekrutiert. Da er aber 1907 zum Teil der Stadtentwicklung weichen musste, stehen heute nur noch rund zehn Kilometer, ein Teil davon hier. Einen Überblick über die Geschichte gibt das nagelneue **Seoul City Wall Museum** (283, Yulgok-ro; Di–So 10–17 Uhr).

Anfahrt: U1 und U4, Dongdaemun, Ausgang 1.

Dongdaemun-Markt

Rund um das Osttor erstreckt sich mit 26 Shopping Malls und etwa 30 000 Geschäften der umfangreichste Markt ganz Koreas. Wesentlich günstiger als in den hier angesiedelten Kaufhaustürmen kann man alle Arten von Textilien bis hin zu den angesagtesten Designerstücken an den Straßenständen oder in den unterirdischen Einkaufspassagen erstehen. Geöffnet rund um die Uhr an sieben Tagen die Woche ist hier allerdings des Nachts am meisten los. Wer beim Bummeln durch die Shinpyeonghwa-Fashion Town, die Doota Fashion Mall, Lotte FitIn oder den Shopping Complex hungrig geworden ist, stärkt sich in der **Muja-Golmok-Fressgasse**.

▲ Karte S. 135

Dongmyo-Schrein

Für alle, die nach dem Kaufrausch wieder etwas Ruhe in klassischer Umgebung suchen, bietet sich ein Abstecher zum ›Östlichen Schrein‹ (Dongmyo) an. Dazu muss man die Hauptstraße vom Osttor ein paar hundert Meter weiter gen Osten laufen oder eine Station mit der U1 fahren, Haltestelle Dongmyo. Der Schrein liegt gleich um die Ecke vom Ausgang 3. Die 1601 fertiggestellte Gedenkstätte hat als einzige von dreien die Zeiten überdauert. Die anderen standen im Norden und Westen der Stadt. Alle waren durch die Joseon-Zeit hindurch heftig umstritten, galten sie doch der Verehrung von Guan Yu, einem charismatischen chinesischen General des 3. Jahrhunderts, der in China selbst zu gottähnlichen Weihen aufgestiegen war. Das war den fundamentalistisch-konfuzianischen Generälen in Seoul höchst zuwider. Da Korea jedoch China als Oberlehensherr anerkannte, konnten sie sich dem Wunsch Beijings nach den Schreinen nicht verwehren. Zumal nicht, da die Chinesen ihnen im gerade siegreich beendeten Imjin-Krieg gegen die Japaner (1592–1598) zur Seite gestanden hatten und den Triumph auf die göttliche Hilfe Guan Yus zurückführten. Außerdem hatte der Ming-Kaiser Wan Li eine Menge Geld für den Bau spendiert.

Die 9300 Quadratmeter umfassende Anlage im typisch chinesischen Stil der Ming-Dynastie ist baulich sehr klassisch geordnet: Ausgerichtet auf der Nord-Süd-Achse und komplett von einer Mauer umzogen; dem Vortor folgt das **Haupttor**, dem folgt der **Ahnenschrein**. Seitengebäude dienten der Aufbewahrung ritueller Gerätschaften. Im Schrein thront eine vergoldete Holzstatue des Generals, flankiert von vier Adjutanten. Auch Bilder zeigen Guan Yu: Ist er mit rotem Gesicht dargestellt, meint das den lebenden General, mit gelbem Gesicht stellt das seinen Geist dar.

Anfahrt: U1 oder U6, Dongmyo, Ausgang 3.

Öffnungszeiten: Nur an hohen Feiertagen geschlossen.

Wer den Dongmyo-Ausflug nicht macht, läuft vom Osttor nach Süden und kreuzt dabei eines der bei Koreanern beliebtesten Erholungsziele, den renaturierten und mit Fontänen sowie anderer Kurzweil ausgestatteten **Cheonggye-Bach** (→ S. 118). Er zieht sich bis zur Stadtmitte, der Cheonggye Plaza, hin und mag manchen verleiten, die Tour hier zu beenden und ins Zentrum zurückzuwandern. Wer sich weiter nach Süden orientiert, dem springt linker Hand sofort - sogar für das moderne Seoul - ziemlich spacige Architektur ins Auge.

Dongdaemun Design Plaza

Für die Kreativen von einer Kreativen: Die futuristische Design Plaza wurde von der irakisch-britischen Stararchitektin Zaha Hadid entworfen, einer Schülerin von Rem Koolhaas, der ebenfalls in Seoul gebaut hat: je ein Museum für Samsung und für die Seoul National University. In der weltgrößten ›amorphen Skulptur‹ hat sie eine ihrer Architekturaussagen in die Tat umgesetzt: »Das Wichtigste ist die Bewegung, der Fluss der Dinge, eine nicht-euklidische Geometrie, in der sich nichts wiederholt: eine Neuordnung des Raumes.« Die beiden Gebäude, ohne gerade Linien oder Ecken in fließender Form geschwungen und miteinander verwoben sowie von 45133 Aluminiumplatten umhüllt, enthalten ein **Mode-Design-Zentrum** mit Seminar und Schulungsräumen, verschiedene **Konferenz- und Ausstellungshallen** sowie **Läden**. Eröffnet wurde die Anlage im Mai 2014. Seither zieht sie Scharen von modebewussten jungen Menschen an. Nirgendwo in Seoul ist es leichter, mit unkonventionellen Koreanerinnen und Koreanern Kontakt zu bekommen.

Führungen durch die Gebäude: Tägl. außer Mo 10–19 Uhr.

Dongdaemun History & Culture Park

Beim Aushub für die Design Plaza stießen die Arbeiter auf unzählige Relikte der Joseon-Periode, was sofort die Archäologen auf den Plan rief. Zaha Hadid hat geschickt reagiert und die Reste der alten Stadtmauer, das **Igansumun** (ein Wassertor), das den Zufluss zum Cheonggye-

Vergoldete Statue des Guan Yu im Ahnenschrein

Im Design Plaza

Bach steuerte, sowie die **Dongdaemun History Hall** in die Ausläufer ihrer ›amorphen Skulptur‹ integriert. Ferner befinden sich hier die **Dongdaemun Sports Memorial Hall** und die Flutlichtanlage als Relikt des alten Baseball-Stadions, die ebenfalls ihre Fans finden werden.

Anfahrt: U4, Dongdaemun History & Culture Park, Ausgang 1.

Öffnungszeiten: Parkanlage täglich rund um die Uhr, die Design-Plaza-Gebäude Di–So 10–19 Uhr.

Am ›Broadway‹ von Seoul

Zwischen dem Osttor-Viertel und dem Ostpalast mit dem Geheimen Garten erstreckt sich der ›Broadway Seouls‹. Diesen Spitznamen verdankt die Region um die 1,1 Kilometer lange ›Universitätsstraße‹ (Daehak-ro) den vielen Kleinbühnen und größeren Theatern – es sind rund 50 –, den Szenecafés, Avantgarde-Galerien und vollen Kneipen. Es gibt aber einige historische Orte auf der Route.

Ausgangspunkt: U4-Station Hyehwa, Ausgang 2.

Ziel und Rückfahrt: Konfuzianisches Museum, U4, Hyehwa, Ausgang 4.

▲ Karte S. 135

Marronnier-Park

Die Daehak-ro ein wenig nach Süden laufend sieht man nach kurzem linker Hand den Marronnier-Park, benannt nach der Rosskastanie (französisch: Marronnier) in seinem Zentrum. Hier breitete sich früher der Campus der Seoul National University aus, der Eliteschmiede Koreas. Die ist aber vor Jahrzehnten in den Süden der Stadt umgezogen. Heute kommen die Seouliten – vor allem an Wochenenden – wegen der kunterbunten kulturellen Veranstaltungen her. Das Programm reicht von Kleinbühnen und Comedians

über Straßenkünstler und Wahrsager bis hin zu Tanzgruppen und Bands.
Ins Auge fällt der rote Ziegelbau des **Arko Art Centers**, entworfen vom koreanischen Architekten Kim Su Geun, der auch das Olympiastadion geplant hat. Seit der Gründung 1979 widmet sich das Zentrum der Förderung junger koreanischer Kunst (Di–So 11–20 Uhr, im Winter 11–19 Uhr).

Treppen- und Wandmalereien-Dorf

Eine ganz neue Attraktion in diesem Stadtviertel liefern die Treppen- und Wandmalereien (Ihwa Maeul), die während des seit etwa acht Jahren bestehenden ›Naksan Public Art-Projekts‹ geschaffen wurden. Rund 70 Künstler verzierten vom Zahn der Zeit angenagte Treppen, Häuser und Gassen nahe dem Aufgang zum Naksan-Hügel mit Malereien und Skulpturen, was dem Viertel eine beträchtliche Reputation einbrachte. Noch heute entstehen immer wieder neue fantasievolle Treppenkunstwerke.

›Fischtreppe‹ am Naksan-Hügel

Anfahrt: U4, Hyehwa, Ausgang 2, einen Block nach dem Marronnier-Park an der Seoul-National-University-Grundschule nach links abbiegen und fünf Minuten Fußweg immer geradeaus zurücklegen.

Residenz von Syngman Rhee

Wer den Abstecher zu den Treppenmalereien macht und sich ferner für den ersten Präsidenten und seinen – misslungenen – Demokratisierungsversuch interessiert, kann die im Wohnviertel hinter der Korea National Open University liegende ehemalige Residenz von Syngman Rhee (Ehwajang) besuchen. Das von einem herrlichen Garten umgebene Wohnhaus wurde zu einem **Museum** umgestaltet. In einem Seitengebäude lebt ein Nachfahre, bei dem man sich für die Besichtigung anmelden sollte (1-2, Ihwa-dong, Jongno-gu, Tel. +82/2/762-3171).
Öffnungszeiten: Tägl. 10–16 Uhr.

Naksan-Park

Schöner Blick auf Seoul gefällig? Dann sollte man den hinter den Gassen- und Treppenmalereien gelegenen Naksan-Park ansteuern, denn vom ›Kamelhöcker-Hügel‹ eröffnet sich ein wunderbares Panorama.
Ansonsten bummelt man zum Marronnier-Park zurück und entweder durch die Daehak-ro oder eine der Parallelstraßen, in denen sich zahlreiche Theater, Off-off-Bühnen, Restaurants und Cafés befinden, nach Norden, steuert auf den Hyehwa-Kreisverkehr zu, macht dort eine Spitzkehre nach links in die Changgyeonggung-ro und biegt von der in die erste Seitenstraße rechts ab, wenn man das wenig frequentierte **Museum of Straw and Plants Handicraft** besuchen will. Welch' bedeutende Rolle Stroh in der koreanischen Kultur spielte, begreift man erst bei der Besichtigung (Di–So 10–17 Uhr).

Der Schrein der Gelehrsamkeit

Die Hauptstraße Changgyeonggung-ro weiter gen Südwesten laufend und an der nächsten großen Kreuzung rechts in die Myeongnyundong 3-ga abbiegend, erreicht man nach wenigen hundert Metern linker Hand eine der ältesten Lehranstalten Koreas.

Konfuzianische Akademie

Der heutige ›Schrein der Gelehrsamkeit‹ (Munmyo) diente früher als die alte konfuzianische Akademie, als in der Yi-Dynastie wichtigste Elite-Uni. Aus ihr rekrutierten die Könige ihre höchsten Beamten. Die jeweils rund 200 Schüler, meist Söhne der herrschenden Familien, wurden in den chinesischen Klassikern unterrichtet, die sie aber eigentlich nur stur auswendig lernen mussten; selbständiges Denken war nicht erwünscht.

Die Anlage, ein Musterbeispiel der traditionellen Bauweise, besteht aus mehreren alten Gebäuden, die auf das Jahr 1602 zurückgehen, nachdem sie im Imjin-Krieg (1592–1598) von den Japanern zerstört worden waren. Ein Bereich umfasst die **Halle des großen Heiligen** (Daeseong-jeon), in der des Konfuzius gedacht wird, und zwei Seitenhallen, die dem Andenken an andere chinesische und koreanische Gelehrte gewidmet sind, ein zweiter Bereich die **Halle der glanzvollen Ethik** (Myeongnyun-dang) – das ehemalige Lehrgebäude – sowie die Wohntrakte der Studenten. Dieser zweite Bereich ist heute eher unter der Bezeichnung Sungkyunggwan bekannt, die auch der modernen Universität ihren Namen verliehen hat. Sehenswert ist das Schrein-Areal auch wegen des ehrwürdigen **Gingko-Baums** und eines fotogenen Festivals: Zweimal im Jahr, an den Tagundnachtgleichen in Frühjahr und Herbst, führen Studenten der heutigen Sungkyungwan-Universität in historischen Kostümen Tänze vor, die früher den konfuzianischen Ritus begleiteten.

Anfahrt: U4, Hyehwa, Ausgang 4, dann zehn Minuten zu Fuß Richtung Sungkyunggwan-Universität.

Öffnungszeiten: Tägl. 9.30–17 Uhr.

Konfuzianisches Museum

Das Museum befindet sich in der nahe gelegenen Sungkyungwan-Universität und besticht durch seine Handschriftensammlung. Von der muss **Kunmuk** erwähnt werden, eine Zusammenstellung von mehr als 1100 Autographien vom 14. Jahrhundert bis zum Ende der Yi-Dynastie. Insgesamt besitzt das Museum 8500 Gegenstände.

Anfahrt (und Rückfahrt): U4, Hyehwa, Ausgang 4.

Öffnungszeiten: Während des Semesters tägl. außer sonn- und feiertags 10–16 Uhr.

▲ Karte S. 135

Vom Westen der Altstadt auf den Inwangsan

Zwischen dem Nordpalast und dem 338 Meter hohen Inwangsan, dem ›Berg des gütigen Königs‹, erstreckt sich eine wunderbare Hanok-Siedlung, die zu durchstreifen sich lohnt.

Start: U5, Seodaemun, Ausgang 4.

Ziel: Inwang-Berg.

Viertel Seochon

In den rund 600 traditionellen Häusern haben in der Yi-Dynastie die Bediensteten, die Hofdamen, Ärzte und Köche des königlichen Hofes gewohnt. König Sejong (Regierungszeit 1418–1450), der fähigste unter allen Yi-Königen, wur-

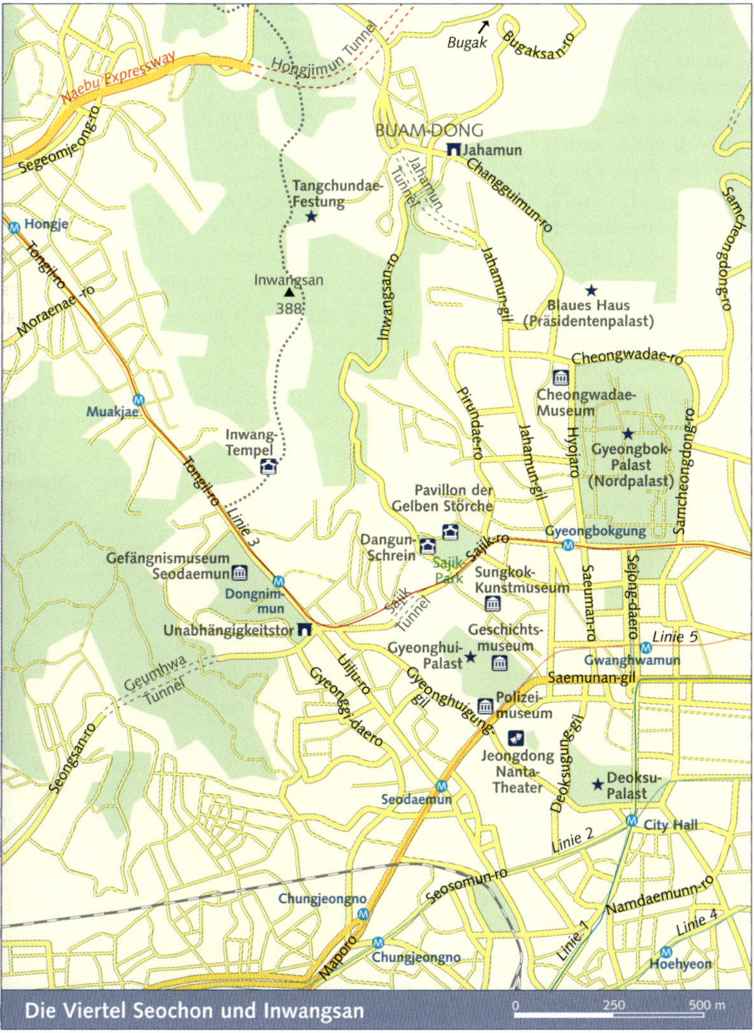

Die Viertel Seochon und Inwangsan

de in einem der Hanoks geboren. Viele reiche und berühmte Seouliten ließen sich am Hang des Inwangsan ihre Sommersitze bauen. Inzwischen hat das Viertel mit seinen alten Märkten und traditionellen Gassen durch den Zuzug vieler Schriftsteller, Maler und Galerien noch eine künstlerische Komponente hinzugewonnen.

Der Inwangsan sollte – der alten Lehre des Feng-Shui zufolge – die Residenzstadt von Westen her schützen. Deshalb gibt es hier kilometerlange Strecken der inzwischen restaurierten **Stadtmauer** samt Toren zu sehen – und natürlich herrliche Ausblicke auf Seoul. Diesen Rundgang plus Wanderung kann man jederzeit unterbrechen und in die Stadt zurückkehren oder gleich weiter auf den Bugak-Berg steigen, genau im Norden der alten Residenz gelegen.

Gestartet wird an der U5-Station Seodaemun, Ausgang 4, denn dann kann man noch ein paar klassische Sehenswürdigkeiten besichtigen. Der Hauptstraße folgt man nach Nordosten, bis man – das Polizeimuseum passierend – an einem königlichen Anwesen anlangt.

Gyeonghui-Palast

Der ›Palast der heiteren Harmonie‹ (Gyeonhui-gung) geht zwar schon auf das Jahr 1620 zurück, stand aber immer im Schatten der anderen königlichen Anlagen und diente mehr als Zweitwohnsitz oder Fluchtstätte in Krisenfällen. Nur zehn Könige der Yi-Dynastie haben ihn überhaupt betreten, in seiner Blütezeit im 18. und 19. Jahrhundert. Unter der japanischen Besatzungsmacht wurde er vollständig zerstört, um einer japanischen Schule Platz zu machen. Im Zuge der auf 40 Jahre angelegten Restaurierung der ›Fünf großen Paläste‹ begann man 1990 mit dem Wiederaufbau. Viel mehr als ein Drittel ihrer früheren Größe wird die Anlage jedoch nie erreichen, dem stehen die Stadtentwicklung und lange Jahre der Vernachlässigung entgegen. Inzwischen wurden das **Eingangstor** (Heunghwamun) und die gesamte Anlage rund um die **Haupthalle** (Sungjeong-jeon) der Öffentlichkeit zugänglich gemacht. Jeden Mittwoch und Samstag finden dort um 14 Uhr sehr fotogene Vorführungen des Nationalsports Taekwondo statt. Das Palastareal beherbergt auch einen Ableger des **Städtischen Kunstmuseums** und das **Seouler Geschichtsmuseum**.

Öffnungszeiten: Di–So 9–18 Uhr.

Vom Palasteingang läuft man auf der Hauptstraße (Saemunan-ro) nach links weiter, biegt am Ende der Parkanlage nach links ab und folgt dieser Straße, vorbei an verschiedenen Botschaften bis zur Sajik-ro. Dabei streift man das **Sungkok-Kunstmuseum**, das der Großkonzern Ssangyong zur Förderung der koreanischen Kunst gestiftet hat (täglich außer montags 10–18 Uhr). An der Sajik-ro fällt der Blick sofort auf das nächste Ziel.

Weg an der Stadtmauer im Herbst

▲ Karte S. 141

Der Gyeonghui-Palast

Sajik-Park

Im Jahr 1395 hat der Gründer der Yi-Dynastie, König Taejo, den ›Altar der Erde und des Korns‹ (Sajik-dan) in Auftrag gegeben, um die alljährlichen Riten für eine reiche Ernte vollziehen zu können. Die Herrscher dieser stark chinesisch beeinflussten Dynastie glaubten, dass ihr Mandat zu Ende ginge, wenn das Volk Hunger litte. Vom Altar sind heute ›nur‹ die restaurierten Fundamente zu sehen, keine Gebäude.

Des ›Stammvaters‹ aller Koreaner wird im benachbarten **Dangun-Schrein** (Dangunseongjeon) gedacht. In dem bei Seouliten populären Park erinnern ferner ein paar Statuen an berühmte koreanische Intellektuelle und Künstler.

Pavillon der Gelben Störche

Dem Sajik-Park im Westen benachbart ist der Pavillon der Gelben Störche (Hwanghak-jeong). Ursprünglich im Nordpalast gelegen, wurde der Pavillon in der japanischen Besatzungszeit an diese Stelle verfrachtet. Die Anlage im klassischen Stil diente und dient immer noch den Bogenschützen für ihre Wettkämpfe.

Nun ist man schon ganz dicht am Wanderweg auf den Inwangsan. Man muss sich nur ein wenig weiter nach Westen durchschlagen oder zur Sajik-ro zurücklaufen, wo man nach fünf Minuten den Brückenkopf der alten Stadtmauer erreicht. Weitere fünf Minuten wären es, wenn man vor dem Aufstieg noch ein weiteres Tor besuchen will.

Unabhängigkeitstor

An Stelle des alten städtischen Westtores wurde 1896 das Unabhängigkeitstor (Dongnim-mun) errichtet. Das dem Arc de Triomphe nachempfundene Bauwerk war auf Drängen der damaligen koreanischen Reformer gebaut worden. Bei der Stadtmodernisierung hat man es wegen einer Hochstraße versetzt. Jetzt steht es in dem idyllischen Unabhängigkeitspark, den ferner die **Unabhängigkeitshalle**, das **Unabhängigkeitsdenkmal** und das **Gefängnismuseum Seodaemun** bereichern. Im letzteren, 1908 von den Japanern errichtet, wurden die Unabhängigkeitsaktivisten gefoltert und getötet. Das Museum gedenkt ihrer.

Anfahrt: U3, Dongnimmun, Ausgang 5.

Schamanen-Schrein auf dem Inwangsan

Inwang-Berg

Genau über dem Sajik-Tunnel beginnt am Brückenkopf der alten Stadtmauer der Aufstieg auf den Inwangsan. Bei der rund zweistündigen, leicht bis mittelschweren, oft über Steinstufen führenden Wanderung zum Gipfel, die am Wochenende auch bei den Seouliten höchst beliebt ist, trifft åman auf restaurierte Befestigungsanlagen, auf ungewöhnliche Felsformationen, als da unter anderem sind der Tigerfelsen, der Adlerfelsen oder der Hutfelsen, und hat einen wunderbaren Blick auf Seoul. Am südwestlichen Fuß des Berges lohnt der **Inwang-Tempel**, auch Guksa-dang genannt, einen Besuch. Eigentlich ist dies ein kleines Tempeldorf, das sich um den Schamanen-Schrein gruppiert.

Von dort aus steuert man das nächste klassische Ziel, die **Tangchundae-Festung** auf dem Inwangsan an, bevor man wieder in Richtung Bugak-Berg absteigt. Seit 1712 verbindet die Burg die alte Stadtmauer mit der Nordfestung (→ S. 165) und besitzt ein fotogenes Eingangstor (Hongji-mun). Das Ende der Wanderung bildet das **Jahamun** im Viertel Buamdong, von dem aus man leicht in die Stadt zurückfahren kann – wenn man nicht noch einen Abstecher in die telegene Landschaft (hier wurde die bei Koreanern sehr beliebte Fernsehserie ›The 1st Shop of Coffee Prince‹ gedreht) oder in eines der zahlreichen Restaurants und in Galerien machen will.

▲ Karte S. 141

Kleines Nordtor

Das Kleine Nordtor, mit anderem Namen **Jahamun** (›Tor des Purpurnebels‹) oder auch **Changuimun**, bildet das Nadelöhr zwischen den massiven Mauern, die sich auf den Inwangsan – westlich – und den Bugaksan – nordöstlich – hinaufwälzen. In den dynastischen Zeiten wurde es nie geöffnet, denn aus dem Norden, so glaubte man, komme das Unheil. Vom nicht mehr existierenden Großen Nordtor wurde sogar gesagt, dass die Frauen Seouls, wenn es geöffnet würde, ihre Tugend verlören. Nordtore wurden nur errichtet, um der Symmetrie der ummauerten Stadt Genüge zu leisten.

Anfahrt: U3 Gyeongbokgung, Ausgang 3, dann Bus 0212, 1020 oder 7022 bis zur Jahamun-Schlucht.

Die Wanderung lässt sich vom Jahamun – immer an der Mauer entlang – natürlich auf den Bugak-Berg fortsetzen. Das bietet sich insofern an, weil man vom

Das Kleine Nordtor

direkt nördlich der Stadt aufragenden Bugaksan den allerbesten Panoramablick über Seoul und seine streng nach konfuzianischen Regeln geplante Nord-Süd-Ausrichtung hat. Mehrere Abstiegsmöglichkeiten vom Bugak-Berg führen direkt hinunter zum ›Blauen Haus‹, dem Präsidentenpalast, und zum Nordpalast.

Bugak Skyway

Wer zum Wandern keine Lust hat, kann mit öffentlichen Verkehrsmitteln den zehn Kilometer langen, kurvenreichen Bugak Skyway hochfahren und das Panorama auf Seoul vom 342 Meter hoch gelegenen **Achteckigen Pavillon** (Palgakjeong), einem der touristischen Hotspots der Hauptstadt, aus genießen. Da das Gebiet bis 2006 für 36 Jahre ein Sperrgebiet war und auch heute noch bewacht wird, sollte man einen Personalausweis oder Pass dabeihaben.

Anfahrt: U3, Gyeongbokgung, Ausgang 3, Busse Nr. 212, 1020 oder 7022 bis zum Buamdong Community Service Center.

Öffnungszeiten: Rund ums Jahr 11–23 Uhr.

Im Gangnam-Viertel

Wer von Tradition genug hat und Moderne sucht, ist im Szenebezirk Gangnam südlich des Han-Flusses gut aufgehoben. Hier versammeln sich die meisten Exemplare zeitgenössischer und zukunftsweisender Architektur, was ein Bummel vor allem durch das Samseong-Viertel eindrucksvoll beweist. Es gibt bei diesem halbtägigen Rundgang durch den Trubel Gangnams aber auch Orte der Ruhe, klassische Anlagen.

Start: U2, Station Gangnam, Ausgang 8.

Ziel und Rückfahrt: Sinsadong, U3, Sinsa Station, Ausgang 8.

Samsung D'Light

Nicht nur alle Architektur-Anbeter kommen in Samseong voll auf ihre Kosten, auch Shopping-Fans. Die silbern schimmernden Glas-Stahl-Türme der Samsung-Hauptgebäude – von der Station aus sofort zu erkennen – vereinen beides. Im ›samsung d'light‹ präsentiert das Elektronikunternehmen auf drei Stockwerken, was digital ›state of the art‹ ist. Da gibt es die Digital Lounge (B1F), die Mobile Plaza (1F) und die Global Gallery (2F). Aber hier wird nicht nur versucht, den modischen Apple-Stores Konkurrenz zu machen, sondern man bietet etliche weitere elegante Läden und Restaurants, wie gesagt: elegantere!

Öffnungszeiten: Tägl. außer sonn- und feiertags 10–19 Uhr.

Wer sich jetzt nicht in den Shopping-Arkaden des U-Bahnstation verliert, sondern an der Oberfläche bleibt, wird mit den unterschiedlichsten Fassaden anderer hochmoderner Bürogebäude belohnt. Nebenbei ein Tipp für den Abend: Nördlich der Station Gangnam, Ausgang 10, stehen ein paar der Clubs, in denen jene jungen Koreaner die Nächte durchfeiern, die von Beruf ›Sohn‹ oder ›Tochter‹ sind. Aber die kommen natürlich nicht mit der U-Bahn, sondern mit ihren Audi- und BMW-Coupés.

Die Hauptstraße Teheran-ro nach Osten laufend, kann man in der zweiten Seitenstraße links im Kukkiwon-Park der **Welt-Taekwondo-Zentrale** einen Besuch abstatten, bevor man an der U-Bahn-Station Seollung wieder nach links abbiegt und eine Parkanlage ansteuert, in der viele Seouliten ihre Mittagspause genießen.

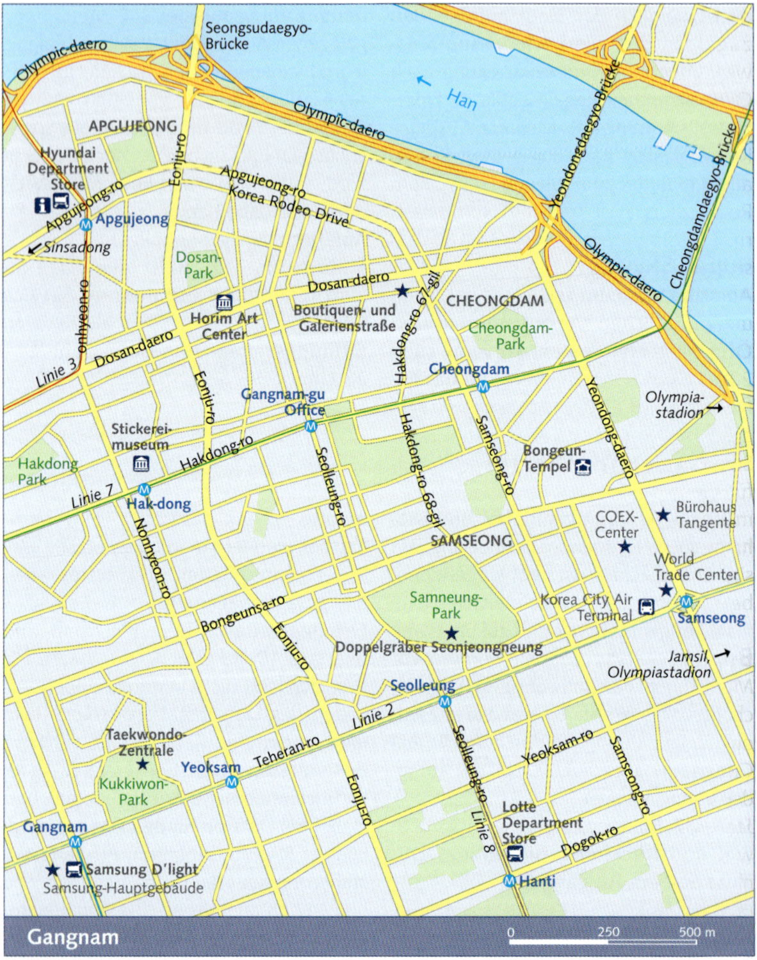

Doppelgräber Seonjeongneung

Vom Eingang muss man durch einen kleinen Park wandern, bevor man die Doppelgräber zu sehen bekommt. Dann aber hat man ein Paradebeispiel der yi-zeitlichen Grabarchitektur vor Augen: Vom Roten Tor, dem Beginn des heiligen Bezirks, über den gepflasterten Andachtsweg und den T-förmigen Ehrenschrein bis hin zu den steinernen Wächterfiguren und dem Tumulus sind alle Attribute vorhanden. In den Doppelgräbern ruhen König Seongjong mit Königin Jeonghyeon (im Seonneung) und sein Sohn, König Jungjeong (im Jeongneung).
Anfahrt: U2, Seollung, Ausgang 8.

Convention & Exhibition Center (COEX)

Wieder Lust auf Geldausgeben? Das geht es am besten in der nächsten Shopping

Mall, der mit 85 000 Quadratmetern zweitgrößten Asiens. Sie befindet sich, wenn man die Hauptstraße weiter nach Osten und an der zweiten Kreuzung nach links geht, im architektonisch auffälligen Komplex des COEX. Die Mall vertreibt außer durch hunderte von Läden und Restaurants auch durch ein Kinozentrum, ein Aquarium und das Kimchi-Museum die Zeit.

Anfahrt: U2, Samseong, Ausgänge 5 und 6.

Öffnungszeiten: Rund ums Jahr 10.30–22 Uhr.

Neben dem COEX steigt wellenförmig das 55-stöckige **World Trade Center** auf. Schräg gegenüber hat Daniel Libeskind für die Zentrale der ›Hyundai Development Corporation‹ das fröhliche **Bürohaus Tangente** entworfen. Die Liste hiesiger moderner Architektur ließe sich beliebig fortsetzen.

Bongeun-Tempel

Machen wir einen Zeitsprung und tauchen aus der Hypermoderne wieder in die Geschichte ein. Nördlich des COEX-Centers ruht am Hang des Sudo-Hügels der Bongeun-Tempel. Er blickt auf 1200 Jahre zurück. Gegründet im Jahr 794 wurde er wie alle klassischen Anlagen mehrmals zerstört, zuletzt im Koreakrieg, und 1981 gründlich renoviert. Der dem Jogye-Orden unterstellte Tempel ist ein Zentrum des Zen-Buddhismus.

Am Eingang grüßen die Vier Himmelswächter, die die Haupthimmelsrichtungen und die buddhistische Lehre schützen. Und nur diejenigen hineinlassen, die reinen Sinnes sind! Als des Tempels wertvollster Schatz gelten die 3175 Holzdruckplatten, in die 15 verschiedene Sutren geschnitten wurden; unter anderen das Blumen-Girlanden-Sutra, eines der wichtigen des Mahayana-Buddhismus. Sie werden im **Pan-jeon** neben der

Im COEX

Haupthalle (Daewong-jeon) aufbewahrt, das übrigens das einzige noch aus dem Jahr 1856 erhaltene Holzgebäude ist. Alle Wirren überdauert hat auch die vor der 1982 renovierten Haupthalle stehende, dreistöckige **Steinpagode**, die auf die Silla-Zeit (668–935) zurückgeht. Der hübsche **Pavillon Jong-gak** schützt eine alte, immerhin 3,18 Meter hohe Glocke. Die 1996 fertiggestellte **Statue des Mireuk**, des zukünftigen Buddha Maitreya, überblickt von ihren 23 Metern Höhe nicht nur den alten Tempel, sondern auch die modernen Bürotürme des Geschäftsviertels.

Außer im Jogye-Tempel in Insa-dong wird auch hier an Buddhas Geburtstag Anfang Mai ein großes Laternenfest ausgerichtet.

Anfahrt: U2, Samseong, Ausgang 6, kleiner Fußmarsch.

Apgujeong und Cheongdam

Neben dem gerade besuchten Samseong-Viertel umfasst der Bezirk Gangnam noch zwei weitere. Sie heißen Apgujeong, das für seine Luxus-Einkaufsmeile **Korea Rodeo Drive** bekannt ist, und Cheongdam. Letzteres bietet Deluxe-Kaufhäuser wie den Galleria Department Store, die Flagship Stores der Schickimicki-Marken in der Apgujeong-ro und teure Designer-Boutiquen, edle Fusion-Restaurants, Szenecafés, Jazz-Bars sowie ein nicht enden wollendes Nachtleben. Nicht jeder will oder kann hier einkaufen, aber ein Schaufensterbummel oder Leute-Gucken kann nicht schaden. Auch der **Dosan-Park** mit dem Denkmal für den Freiheitskämpfer Ahn Chang Ho liegt hier, den man erreicht, wenn man am folgenden Horim Art Center rechts abbiegt.

Anfahrt: U3, Station Apgujeong, Ausgänge 2 und 3, oder Bundang Line, Apgujeong Rodeo, Ausgänge 5–7 nach Apgujeong, Ausgänge 1-4 nach Cheongdam.

Hochhaus in Gangnam

▲ Karte S. 146

Horim Art Center

Dieses auch architektonisch interessante Kunstzentrum geht auf die private Sammlung des Mäzens Jang Sub Yun zurück, den ehemaligen Vorstand der ›Sungbo‹-Unternehmensgruppe. Von den rund 10 000 Objekten ist etwa die Hälfte Töpferware, unter anderem Seladon, Buncheong-Keramik und Weißes Porzellan. Es gibt aber ebenso Gemälde und Bücher. Zur Sammlung zählen auch acht ›Nationalschätze‹ wie zum Beispiel ein in Holz geschnittenes Titelblatt des Lotos-Sutra aus dem 14. Jahrhundert.

Anfahrt: U2, Station Sillim.

Öffnungszeiten: Mo–Sa 10.30–18 Uhr, an hohen koreanischen Feiertagen geschlossen.

Sinsadong

Westlich von Apgujeong schließt sich das Viertel Sinsadong an. Dort hat sich in der von herrlichen Ginkgobäumen gesäumten Apgujeong-ro 12-gil die junge koreanische Designerszene für Mode und Accessoires niedergelassen, vor allem an den Ecken der Garosu-gil und der Serosu-gil. Klar, dass dann auch das **Simone Handbag Museum** (›Bagstage‹) hierher gehört. Der Norden der Apgujeong-ro 12-gil hat nicht von ungefähr den Spitznamen ›Galeriestraße‹ bekommen, denn viele Kunsthändler aus Insadong sind hierher gezogen.

Anfahrt: U3, Sinsa Station, Ausgang 8.

Rund um das ehemalige Olympia-Gelände

Östlich ans Gangnam-Viertel schließen sich die ehemaligen Anlagen der Olympischen Sommerspiele von 1988 an, so zum Beispiel der Jamsil-Sportkomplex. Aber nicht nur Sportbegeisterte finden hier Auslauf, sondern auch alle Architektur-Fans, Geschichts-Interessierten und sogar Vergnügungspark-Süchtige.

Start: U8, Mongchontoseong, Ausgang 1; dort befindet sich der Eingang zum Olympia-Park.

Ziel: Seoul-Sportkomplex, U2, Sport Complex.

Olympiapark

Das Wahrzeichen der mit 1,4 Millionen Quadratmeter wohl größten Grünanlage der Hauptstadt ist das **Weltfriedenstor**, das 24 Meter in der Höhe, 37 Meter in der Breite und 62 Meter in der Tiefe misst. Entworfen wurde es von dem Koreaner Kim Chung Up. Hinter dem Tor stehen die Flaggen der 161 teilnehmenden Staaten in einem großen Halbkreis Spalier um das ewige olympische Feuer. Im Park befinden sich – wie der Name nahelegt – zahlreiche Sportstätten, darunter das Velodrom, die Fecht- und die Turnhalle sowie das Hallenbad. Das **Olympiamuseum** gibt Auskunft über die Spiele (Di–So 10–18 Uhr).

Seit das SOMA, das **Seoul Olympic Museum of Art**, 2004 eröffnet wurde, schmücken 219 Installationen und Skulpturen von 155 Künstlern aus 66 Nationen seine Freiluftgalerie (Di–So 10–18 Uhr). Die **Mongchon-Erdfestung** und das jüngst gegründete **Hanseong-Baekje-Museum** bereichern die Parklandschaft.

Baekje-Museen Mongchon und Hanseong

Von den Befestigungen aus der Baekje-Zeit (18 vor Christus–668) war außer Fundamenten nichts mehr vorhanden, denn sie hatten aus gestampfter Erde bestanden. Inzwischen wurden sie in Teilen rekonstruiert. Im ehemaligen **Mongchon-Fort** – heute eine wunderbare Grünanlage mit Steinskulpturen und restaurierten Rundhütten der Baekje-Ära – befindet sich das **Mongchon-Geschichtsmuseum**, das Gegenstände des Baekje-Alltags zeigt, die Archäologen dort während der Bauzeit des Sportareals 1983 bis 1988 ausgegraben haben (Di–So 10–17, winters bis 16 Uhr).

Seit 2012 gibt auch das lichtdurchflutete **Hanseong-Baekje-Museum** in drei Hallen einen detaillierten Einblick in die Kultur der Vorfahren des heutigen Seoul. Während die erste den Aufstieg Baekjes zu einer eigenständigen Macht nachvollziehen lässt, machen in der zweiten Videos und Artefakte die Besonderheit der damaligen Zivilisation anschaulich, samt einem Modell der ehemaligen Hauptstadt; die dritte informiert über Handel und Wandel zwischen den drei Königreichen Baekje, Goguryeo und Silla, aber auch über deren Kriege. Vom Obergeschoss hat man einen wunderbaren Blick über den Olympiapark.

Anfahrt: U8, Gangdonggu, Ausgang 4.

Öffnungszeiten: Di–So 9–17 Uhr, winters 9–16 Uhr.

Amsadong

Noch tiefer in die Vergangenheit, nämlich in die Steinzeit, führt die Ausgrabung Amsadong zurück. Sie liegt nicht im Olympiapark, sondern nördlich der Stadien. Wer also Interesse am Beweismittel der koreanischen Historiker hat, dass die Gegend um Seoul schon sehr, sehr früh besiedelt war, findet hier die Bestätigung. Einige steinzeitliche Hütten wurden rekonstruiert. In einer Ausstel-

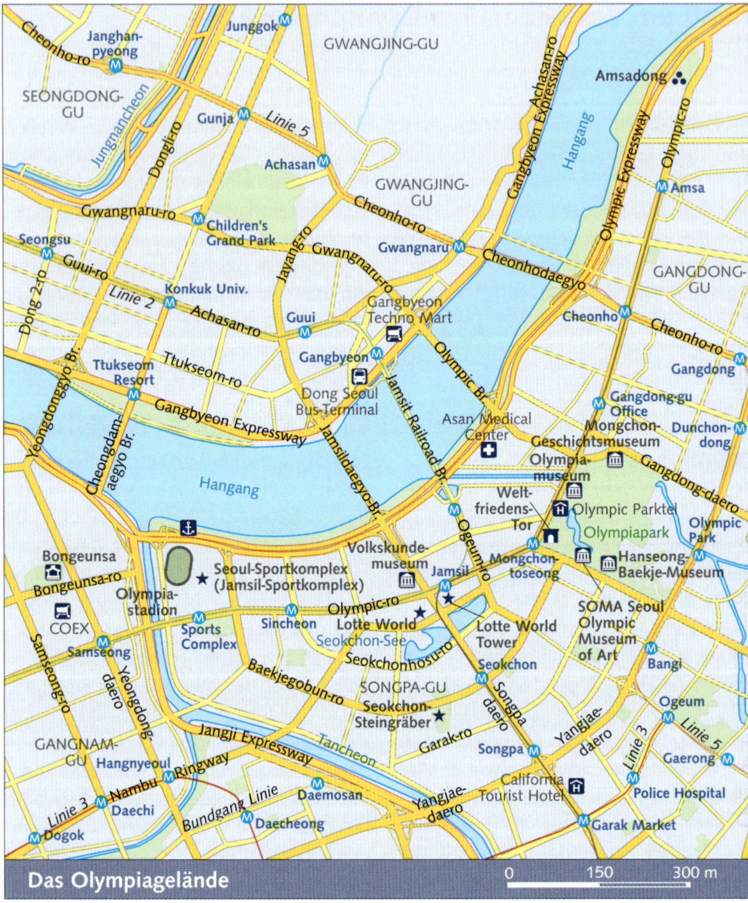

Das Olympiagelände
0 150 300 m

lungshalle gibt es Steinäxte, Messer und Keramiken zu sehen. Sie sollen 5000 bis 6000 Jahre alt sein.

Anfahrt: U8, Endstation Amsa, Ausgang 1, Busse Nr. 2 oder 3.

Öffnungszeiten: Di–So 9.30–18 Uhr.

Lotte World

Vom Weltfriedenstor aus ist schon das Wahrzeichen des nächsten Ziels zu sehen, der **Lotte World Tower**, dessen Baustelle man – immer der Hauptstraße geradeaus folgend – nach etwa zwei Kilometern erreicht. Mit 556 Metern Höhe wird der auf quadratischem Grundriss leicht konisch aufragende, voll verglaste, schlanke Stahlbeton-Wolkenkratzer das höchste Gebäude Koreas sein. In die 123 Stockwerke werden ein Luxushotel, Geschäfte, Büros und Unterhaltungsbetriebe einziehen. Die oberste Etage ist als Aussichtsdeck geplant. Die Eröffnung des schlanken Riesen, der von dem New Yorker Architekturbüro Kohn Pedersen Fox entworfen wurde, das auch den 305 Meter hohen North East Asia Trade Tower in Incheons

neuem Business-Viertel Songdo designt hat, ist für Mitte 2016 angedacht. Es stellt dann den naheliegenden Seokchon-See und den Vergnügungspark Lotte World in den Schatten.
Letzterer ist der größte Inhouse-Amüsierbetrieb der Welt und bietet im ›Adventure‹ Achterbahnen, Varieté und 4D-Kinos; natürlich gibt es auch Schwimmbad, Eislaufbahn, Sportclub, ein Hotel und Kaufhäuser. Der Außenbereich (›Magic Island‹) könnte der Fantasie Walt Disneys entsprungen sein: Neben mittelalterlichen Kulissen locken ebenfalls jede Menge Fahrgeschäfte. Zum Ausgleich für den schnöden Materialismus gibt es auch ein sehenswertes **Volkskundemuseum**.
Warum eigentlich heißt dieser Großkonzern ›Lotte‹? Der Mann, der ihn 1948 gegründet hatte, Shin Kyuk Ho, war ein begeisterter Goethe-Fan und - wohl wegen der typisch koreanischen Eigenart des Heung, der Melancholie - besonders von dessen Werk ›Die Leiden des jungen Werther‹ angetan, so dass er seine Gründung nach der weiblichen Hauptperson Charlotte (kurz Lotte) benannte.
Anfahrt: U2 oder U8, Jamsil, Ausgänge 1–4.
Öffnungszeiten: Tägl. 9.30–23 Uhr.

Der Lotte World Tower soll noch auf 123 Stockwerke wachsen

Nori Madang

Volkskunde pur erlebt man - leider nur am Wochenende - im nahe dem Lotte World Tower und der Lotte World am nordwestlichen Ufer des Seokchon-Sees gelegenen Amphitheater des Nori Madang. Die Vorführungen von Bauern- und Maskentänzen sind gratis und finden samstags und sonntags ab 13 Uhr statt.
Anfahrt: U2 oder U8, Jamsil, Ausgang 3.

Seokchon-Steingräber

In die Baekje-Zeit kann nochmals eintauchen, wer einen kleinen Abstecher in den Bezirk Seokchon, südlich der Lotte World, wagt. Hier befindet sich das größte je auf der Halbinsel gefundene Steingrab. Es stammt aus dem 4. Jahrhundert und misst 55,50 Meter in der Länge, 43,70 Meter in der Breite und 4,50 Meter in der Höhe. Neben drei weiteren Steingräbern gleichen Stils gibt es auch ein schlichtes Hügelgrab, das auf eine veränderte Bestattungsweise hinweist, wie sie im 5. Jahrhundert bevorzugt wurde. Aus ihm hat man goldene Ohrringe, Töpferwaren und Dachziegel ans Licht gebracht.
Anfahrt: U8, Seokchon, Ausgang 6.
Öffnungszeiten: Tägl. 5–24 Uhr.

Seoul-Sportkomplex

Rund zwei Kilometer weiter gen Westen steht im Seoul Sport-Komplex (auch Jamsil-Sportkomplex genannt) das eigentliche **Olympiastadion** - entworfen 1977 von Koreas damals bedeutendstem Ar-

chitekten Kim Su Geun in der Form einer Porzellanschale der Joseon-Dynastie. In diesem Stadion, das 100 000 Zuschauer aufnehmen kann, fanden – neben verschiedenen Wettbewerben – die olympische Eröffnungs- und die Schlussfeier statt. Der Komplex, mit dessen Bau schon vor der Bewerbung um die Olympischen Spiele begonnen worden war, umfasst ferner eine Turnhalle, eine Schwimmhalle, eine Boxhalle und das Jamsil Baseballstadion, die bereits für die Asienspiele im Jahr 1986 gedient hatten.
Anfahrt: U2, Sport Complex.

Das Olympiastadion

Yeouido zu Fuß entdecken

Die Insel im Han-Fluss gilt als Paradebeispiel für das neue Seoul. Sie ist die Adresse des Finanzsektors, der Medien und des Verwaltungsapparates. Hier finden sich zahlreiche Superlative: der die ganze Insel durchquerende Yeouido-Park,

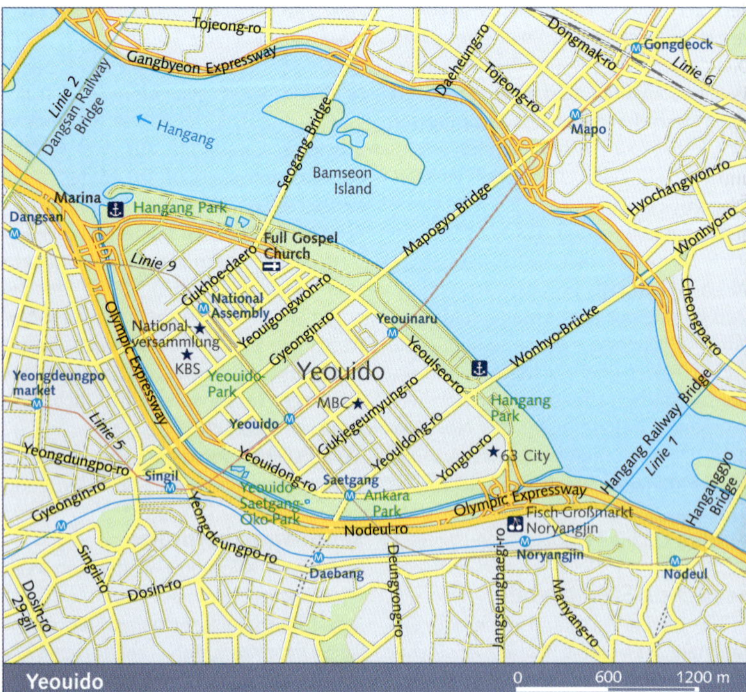

das größte Parlamentsgebäude Asiens, die protestantische Full Gospel Church (Sun Bokum-Church), deren Innenraum mehr als 4500 Personen fasst, sowie die Medienzentralen KBS und MBC.
Start: U9, National Assembly, Ausgang 1. Dort steht man schon vor der ersten Sehenswürdigkeit, dem Parlamentsgebäude.
Ziel und Rückfahrt: Fisch-Großmarkt Noryangjin, U1 oder U9, Noryangjin.

Nationalversammlung

1975 erbaut, hat das Gebäude auf Koreas schwierigem Weg in die Demokratie schon heftige Debatten erlebt. Manche davon trugen die rund 300 Abgeordneten sogar mit Fäusten aus, vor allem in den Jahren 2004 bis 2009 unter Präsident Roh Moo Hyun. Das wird man heute wohl eher nicht erleben, wenn man den Sitz der südkoreanischen Legislative bei einer geführten Tour besichtigt. Die ist eigentlich nicht nötig, denn die ästhetischen Stärken des Gebäudes liegen in seiner äußeren Erscheinung, den 24 hellen Granitsäulen, dem Flachdach und der riesigen blaugrünen Kuppel.
Öffnungszeiten: Mo–Fr 9–17 Uhr, an gesetzlichen Feiertagen geschlossen. Voranmeldung erforderlich per e-Mail an guide@assembly.go.kr.

Das Parlamentsgebäude auf Yeouido

Architektur auf Yeouido

Yeouido-Park

Das Parlamentsgebäude samt Park im Rücken lassend folgt man der breiten Avenue in Richtung Südosten und stößt sehr schnell auf den Yeouido-Park, der die ganze Insel durchquert. Unter Diktator Park Chung Hee gähnte hier eine unvorstellbar große Betonfläche, die er für Militärparaden brauchte. Ab Mitte April wird die Oase von den Blüten der rund 1400 Kirschbäume erleuchtet; dann kann man sogar durch einen ›Kirschblütentunnel‹ schlendern. Viele Seouliten nutzen den Park für ihre kurze Mittagspause. Wer sich nicht so für moderne Architektur interessiert, steuert das nächste Ziel beim Bummel durch weitere Grünanlagen an, vom Yeouido-Park zum Han-Fluss, dann durch den **Hangang-Uferpark** bis zur U-Bahnstation Yeouinaru. Dort starten an Ausgang 4 Shuttle-Busse zur 63 City. Ansonsten läuft man geradeaus zwischen den Bankentürmen zur U-Bahnstation Yeouido, bei deren Ausgang 6 die Shuttle-Busse warten. Das tun sie täglich von 9 bis 23 Uhr.

63 City

Neben vielen anderen architektonisch imposanten Bauten wie den Zwillingstürmen des Großkonzerns ›LG‹ ist vor allem

Blick auf Yeouido mit dem Gebäude 63 City

63 City interessant, der 264 Meter hohe, golden schimmernde Turm einer Lebensversicherungsgesellschaft. In seinen drei unterirdischen und 60 oberirdischen Stockwerken beherbergt er neben Büros unter anderem ein Sea-World-Aquarium, ein Wachsfigurenkabinett, ein Kunstmuseum, ein IMAX-Kino, Shopping Malls, gute Restaurants und kleine Imbissstände sowie eine Aussichtsplattform, die **Sky Art**, die ›höchst gelegene Galerie der Welt‹: ein wunderbarer Blick auf Seoul und den Han-Fluss im Vordergrund!

Han-Fluss

Der Fluss spielte in Geschichte und Entwicklung Seouls immer eine große Rolle. Die scheint wohl in den letzten Jahrzehnten nachgelassen zu haben. Warum sonst nimmt die Stadt heute enorm viel Geld für das auf 25 Jahre angelegte Projekt ›Wiederbelebung des Hangang‹ in die Hand? Einiges ist schon geschehen, um den Fluss für die Bevölkerung attraktiver zu machen. So hat man breite **Ufer-Radwege** angelegt. Einer davon führt über 25 Kilometer von Yeouido über den Gangnam-Bezirk bis nach Amsadong, wobei man 17 der insgesamt 23 Brücken und zahlreiche Uferparks passiert. Zweitens wurde an der Westspitze Yeouidos hinter dem Parlamentsgebäude eine neue **Marina** ausgebaggert, die den Fluss mit Booten beleben und mit dem architektonisch witzigen Clubhaus – seine Form erinnert an einen geblähten Spinnaker – Gourmets ködern soll. Die können sich darin bei wunderbarer Aussicht französisch-japanische Fusion-Küche, Tapas oder europäische Pasta schmecken lassen. Drittens schuf die Stadt den **Yeouido-Hangang-Park**, der mit seinem schwimmenden Amphitheater ebenfalls Gäste anlocken soll. Und viertens hat man auf vielen der 23 Brücken Cafés angesiedelt, von denen man ebenfalls eine tolle Aussicht auf den an manchen Stellen mehr als einen Kilometer breiten Strom genießt.

Bequem lässt sich der Han-Fluss mit **Ausflugsbooten** erkunden, die unter anderem von der Insel Yeouido nahe der Wonhyo-Brücke und beim Sportkomplex Jamsil

▲ Karte S. 152

ablegen. Da hat man plötzlich eine ganz andere Perspektive auf die Metropole. Wassersportler kommen vor allem nahe den Olympischen Sportstätten in Jamsil auf ihre Kosten, wo die Stadt ihnen ein Paradies bereitet hat.

Anfahrt: U5, Yeouinaru, Ausgang 3 (zum Wonhyo-Pier) oder U2, Ausgang 7 (zum Jamsil-Pier).

Yeouido-Saetgang-Öko-Park

Kaum zu glauben, dass direkt neben der Hochhaus- und Betonwüste im Süden Yeouidos ein grünes Idyll Platz hat. Kein geschniegelter Park, sondern nur ein naturbelassener, 150 Meter breiter Grünstreifen entlang einem schmalen Seitenarm des Hangang (Saetgang). Erstmals 1997 als Öko-Zone ausgerufen und 2010 nochmals behutsam renaturiert (während für die andern Parks und Uferpromenaden auf Yeouido heftige Erdbewegungen stattgefunden haben), erfreut diese Oase mit uralten Trauerweiden, wild wachsenden Gräsern und einer reichen Tierwelt. Stockenten sieht man ja überall, aber Reiher oder Turmfalken? Und das alles nur einen Steinwurf vom tosenden Olympic Expressway entfernt. Über die Flora und Fauna dieses Grünstreifens informiert ein **Visitor Center**, ein paar hundert Meter östlich der S-förmig geschwungenen Saetgang-Fußgängerbrücke.

Anfahrt: U9, Saetgang, Ausgang 4.

Öffnungszeiten: rund um die Uhr.

Fisch-Großmarkt Noryangjin

Genau gegenüber der 63 City, allerdings durch verkehrsreiche Schnellstraßen getrennt, liegt der 69 000 Quadratmeter große Fischmarkt, bereits 1927 gegründet und im Jahr 1971 an diese Stelle verlegt. Nachtschwärmer können an lautstarken Fischauktionen teilnehmen; die erste beginnt um 1 Uhr. Aber auch Langschläfer kommen auf ihre Kosten, denn die mehr als 800 Geschäfte haben ganzjährig ganztägig geöffnet. 450 Tonnen Fisch werden täglich mit rund 30 000 Kunden umgesetzt. Der Markt liefert 40 Prozent des Fischverbrauchs im Großraum Seoul. Nettes Aperçu: Besucher können frischen Fisch kaufen, ihn an Ort und Stelle in Scheiben schneiden lassen, zu kleinen Restaurants namens ›Chojangjip‹ tragen und ihn dort roh oder zubereitet mit Saucen und Gemüse verzehren.

Anfahrt: U1 oder U9, Noryangjin, Ausgang 1, dann über die Brücke.

Sonnenaufgang am Han-Fluss mit Blick zur Banpo-Brücke

Interessante Viertel und Sehenswürdigkeiten

Banpo-Regenbogen-Fontäne

Auf dem Südufer des Han-Flusses breitet sich zwischen der Banpo- und der Hannam-Brücke der **Banpo-Hangang-Park** aus, eine nette Oase für Picknicks, Spaziergänge oder eine Radtour. Für Abwechslung sorgen die bunten Lenkdrachen am Himmel, ein riesiger Spielplatz und eine Inlineskater-Anlage. Aber die sind nicht die größte Attraktion. Die bleibt den für ein Hangang-Regenbogen-Fest installierten ›Wasserfällen‹ vorbehalten, die wegen ihrer Exklusivität – längste Brückenfontäne der Welt – 2008 sogar den Eintrag ins Guinness-Buch der Rekorde gefunden haben. Auf einer Länge von 1140 Metern spritzen etwa 380 Düsen auf beiden Seiten der Banpo-Brücke rund 190 Tonnen Wasser pro Minute in hohem Bogen in den Han-Fluss. Nachts funkeln die von etwa 200 Scheinwerfern erleuchteten Kaskaden in allen Regenbogenfarben, daher der Name. Wochentags tanzen die Fontänen dreimal eine Viertelstunde lang zur Musik (um 12, 20 und 21 Uhr), am Wochenende sogar siebenmal (12, 17, 19.30, 20, 20.30, 21 und 21.30 Uhr). **Anfahrt**: U3, U7 und U9, Express Bus Terminal, Ausgänge 7 und 8, dann rund 500 Meter zu Fuß oder Stadtbusse Nr. 405 oder 740 bis Banpo-Hangang-Park. Karte → S. 107, 158.

Heilkräutermarkt Yangnyeong

Relativ weit im Osten der Stadt im Viertel Jegi-dong liegt der berühmteste und inzwischen auch größte Markt Koreas für Heilkräuter und traditionelle Medizin. Bereits zur Joseon-Zeit, also seit 600 Jahren, konnten sich die Seouliten im vom König persönlich in Auftrag gegebenen Bojewon-Institut medizinisch untersuchen und beraten lassen sowie Arzneien kaufen. Um das Institut herum siedelten sich im Lauf der Jahre mehr und mehr Heilkräuterläden an, so dass die Stadtregierung hier den idealen Platz witterte, als sie in den 1960er Jahren einen Heilkräuter-Markt schaffen wollte, wie ihn andere koreanische Städte bereits besaßen. Inzwischen hat der Markt sogar

Fontäne an der Banpo-Brücke

▲ Karte S. 107

seinen bis dato größten Konkurrenten, den Yangnyeong-Markt in Daegu, überflügelt. Heute werden hier 70 Prozent aller in Korea benötigten Heilkräuter umgesetzt. Vielleicht liegt das auch an den Preisen? Im Yangnyeong-si sind sie bis zu 30 Prozent niedriger als anderswo. Das hat sich wohl rumgesprochen, denn der Markt zieht zahlreiche Touristen aus China und Japan an.

Anfahrt: U1, Jegidong, Ausgang 2, linker Hand ist dann schon das traditionell schlichte Eingangstor zu sehen.

Öffnungszeiten: Mo–Sa (außer an Feiertagen) 9–19 Uhr. Karte → S. 107.

Hongdae

Das Szeneviertel rund um die Hongik-Universität, der berühmtesten Kunsthochschule Koreas, wird vor allem von sehr jungen Leuten bevölkert. Avantgarde-Galerien und Modeläden, Szene-Restaurants, schicke Cafés, chillige Bars und Clubs, aus denen Musik von Hip-Hop bis Techno dröhnt, säumen das Gassengewirr, das vor allem von Mitternacht bis in den frühen Morgen belebt ist. Das gilt auch für den Hongdae Playground, ein Zentrum der Straßenkünstler. Der samstägliche Flohmarkt vor der Uni rundet das Angebot ab. Straßenkunst-Festivals finden in unregelmäßigem Rhythmus – meist im September – statt.

Im südlichen Teil Hongdaes, rund um den **Freien Kunstmarkt** (jeden Samstag 13–18 Uhr) und die **Wall Painting Street**, locken die **Picasso Street** und die **Club Street** Kunststudenten und ihre Entourage an. Besonders bunt und kreativ zeigt sich die hippe Szene beim Fringe-Festival, das im August in den Theatern, Clubs, Galerien und auf offener Straße inszeniert wird. Nirgendwo sonst bekommt man einen besseren Einblick in die aktuellen Trends von Independent-Filmen, Pantomime, Tanz und Theater.

Exotisches auf dem Heilkräutermarkt

Wer das Glück hat, an einem letzten Freitag des Monats in Seoul zu sein, kann am sogenannten Hongdae Club Day mit nur einem Ticket für rund 20 000 Won 21 Live Music Clubs besuchen und bekommt in jedem einen Drink auf Kosten des Hauses.

Anfahrt: U2, Hongik-University, Ausgänge 3–5 (nördlicher Teil) oder Ausgänge 8-9 (südlicher Teil).

Itaewon

Südlich des Namsan zieht sich das Viertel Itaewon hin, das hauptsächlich auf die Hannam-Straße konzentriert ist. Die wurde bereits in den 80er Jahren in voller Länge zum Einkaufs- und Unterhaltungsparadies gestaltet – ursprünglich um die amerikanischen GIs, die nahebei kaserniert lebten, bei Laune zu halten. Noch heute fühlen sich mehrheitlich Amerikaner und Ex-Pats vom Viertel angezogen. Aber auch viele Koreaner schätzen inzwischen das Konglomerat von Schneiderwerkstätten, Lederhandlungen, Jeansläden, unzähligen Bierlokalen, Cafés, Discos, Jazz-Clubs, Karaoke-Bars und ausländischen Restaurants jeglicher Couleur. Obwohl die meisten

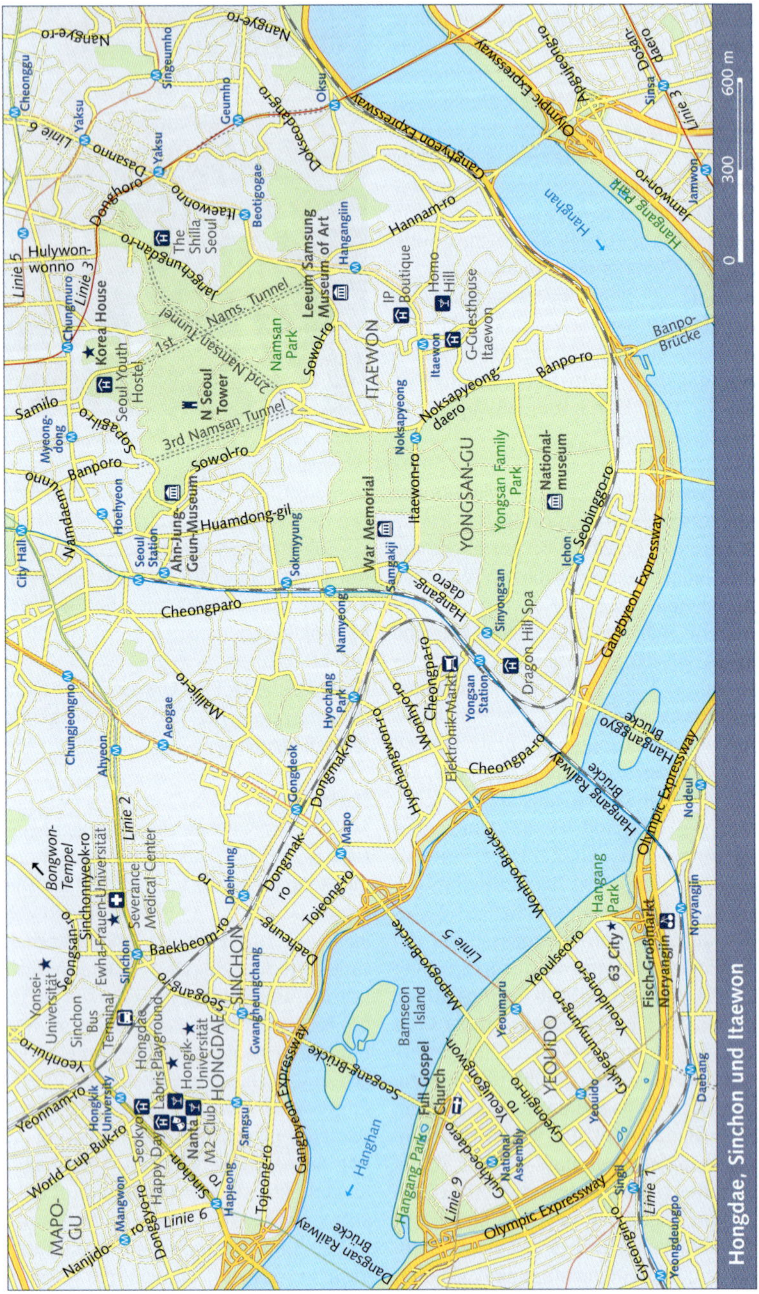

Hongdae, Sinchon und Itaewon
0
300
600 m
MAPO-GU
SINCHON
HONGDAE
YEOUIDO
YONGSAN-GU
ITAEWON
Hanghan
Hangang Park
Namsan Park
Yongsan Family Park
N Seoul Tower
Korea House
Seoul Youth Hostel
The Shilla Seoul
Leeum Samsung Museum of Art
IP Boutique
Homo Hill
G-Guesthouse Itaewon
War Memorial
National-museum
Ahn-Jung-Geun-Museum
Dragon Hill Spa
Elektronik-Markt
Yonsei-Universität
Ewha-Frauen-Universität
Severance Medical Center
Hongik-Universität
Sinchon Bus Terminal
Labris Playground
Nanta
M2 Club
Happy Day
Bongwon-Tempel
Bamseon Island
Full Gospel Church
63 City
Fisch-Großmarkt Noryangjin
Olympic Expressway
Gangbyeon Expressway
Hannam-ro
Itaewon-ro
Noksapyeong-daero
Banpo-ro
Sowol-ro
Huamdong-gil
Cheongparo
Hangang-daero
Dongmak-ro
Baekbeom-ro
World Cup Buk-ro
Yeonnam-ro
Seogang-ro
Wonhyo-Brücke
Mapo-Brücke
Seogang-Brücke
Dangsan Railway Brücke
Hangang Railway Brücke
Hanganggyo Brücke
Banpo-Brücke
Linie 1
Linie 2
Linie 3
Linie 5
Linie 6
Linie 9

heute ein wenig angestaubt wirken, sind sie immer proppevoll. Wenn die richtigen Nachteulen nach ihrem Barbesuch wieder Hunger haben, ziehen sie zu sogenannten **Pojangmachas** weiter, übersetzt: Planwagen. Das sind überdachte Wander-Garküchen. Einige davon findet man bei der U6-Station Ausgang 2. Dort kommt man nach Mitternacht schnell ins Gespräch, auch noch morgens um vier. Vielleicht mit ein paar netten Jungs? Denn südlich der Hannam-Straße, Höhe U-Bahn-Station, hat sich am – in westlichen Augen eher mickrigen – ›Homo Hill‹ die Gay-Szene angesiedelt (mehr Infos unter http://queerkorea.weebly.com). Die Parallelstraße zum ›Homo Hill‹, die ebenfalls wenig einladende, sogenannte ›Hooker Street‹, hat das Rotlichtmilieu bezogen. Südlich der Hannam-Straße, wenn man die Hauptstraße zwischen den U-Bahn-Ausgängen 3 und 4 abwärts läuft, kann man sich in der ›Antiquitäten-Gasse‹ in rund 100 Läden nach koreanischem Handwerk und chinesischen Möbeln umschauen.

Anfahrt: U6, Itaewon.

Seongbuk-Viertel

In der sanften Hügellandschaft im Nordosten der Stadt bis hinein in den Bukhansan-Nationalpark breitet sich das Seongbuk-Viertel aus, das ›Starnberg Seouls‹, die reichste Gemeinde. Das bisher abseits der ausgetretenen Pfade liegende Viertel verfügt über sehr viel kulturelles Erbe und pflegt das auch. Von den vielen Tempeln, zum Beispiel dem besuchenswerten **Gilsang-sa**, königlichen Grabanlagen und Anwesen der Joseon-Zeit seien hier zwei vorgestellt:

Die **Seongrakwon-Villa** ließ sich Sim Sang Ung, Innenminister unter König Cheoljeong (reg. 1849–1864), als Sommerresidenz bauen. Später diente die repräsentative Domäne für 35 Jahre dem Bruder

Hongdae am Abend

des letzten Königs Sunjeong als Wohnsitz. Das die Eleganz der Joseon-Zeit wunderbar widerspiegelnde Anwesen besteht aus drei Bereichen, die malerisch durch einen kleinen Bach getrennt sind. Ganz in der Nähe liegt das ausgezeichnet restaurierte **Simujang-Haus**. Darin lebte der Mönch und Poet Han Yeong Eun (1879–1944) gelebt, der Anfang des letzten Jahrhunderts sehr aktiv in der Unabhängigkeitsbewegung gegen die Japaner mitmischte. Weil er von seinem Fenster aus nicht ständig deren klotziges Verwaltungsgebäude im Nordpalast, das inzwischen gesprengte Capitol, vor Augen haben wollte, ließ er sein Haus – entgegen allen konfuzianischen und Feng-Shui-Regeln – nach Norden ausrichten. Der Ausblick auf Seoul ist heute noch schön – wie überhaupt von ganz Seongbuk-dong, in dem man ferner das **Teehaus Syeonsanbang** oder eines der bestbestückten Museen Seouls, das **Gansong-Museum**, ansteuern kann.

Anfahrt: U4, Hansung University, dann Bus Nr. 1111 bis Seonbuk Elementary School und fünf Minuten Fußweg (gilt für beide Hanok-Häuser). Karte → S. 107.

Öffnungszeiten: Mo–Fr 9–18 Uhr.

Sinchon

Das Viertel lebt wie Hongdae von den jungen Leuten. Hier befinden sich zwei der drei Top-Hochschulen, die Ewha-Frauen- und die Yonsei-Universität. Hunderte von Läden, Kaufhäuser, Cafés, Restaurants und Nachtclubs haben sich dazugesellt. Wohl nicht ohne Hintergedanken wurde als Beginn der verkehrsberuhigten **Fashion Street** der Haupteingang der Frauen-Uni, 1886 als erstes reines Mädchen-College gegründet, gewählt. Zum Flanieren eignet sich auch die von Cafés und Läden gesäumte **Fußgängerzone vor der Yonsei**, die von der U-Bahn-Station Sinchon direkt zum Gelände der medizinischen Hochschule führt. Auf dem Campus der Yonsei steht übrigens auch **Gwanghyewon**, ein Pavillon, Überbleibsel des ersten modernen Krankenhauses in Seoul von 1885. Darin sind heute Dokumente zur über 100-jährigen Geschichte der Universität zu sehen. Karte → S. 158.

Anfahrt: U2, Station Sinchon, Ausgänge 2 und 3 oder Station Ewha Women's University, Ausgänge 2 und 3.

West Seoul Lake Park

Um mit der rasanten Ökonomie Schritt zu halten, hat es die Ökologie schwer. Kein Wunder, dass sich die Stadtregierung bemüht, für Ausgleich zu sorgen. Das tut sie meist mit der Renaturierung oder Neunutzung grauenhafter Industriebrachen. Der Seoul Grand Park im Süden der Hauptstadt ist so ein Beispiel. Aber auch der West Seoul Lake Park, der – wie der Name besagt – im Westen der Megalopolis entstanden ist, im Viertel Sinwol-dong. Dort wurde das Gelände der ehemaligen Wasseraufbereitungsanlage zu einer 225 000 Quadratmeter großen Gartenanlage umgestaltet, die den Seouliten als neue grüne Lunge dient, aber auch ein paar Attraktionen bietet. So haben die Park-Designer rostige Reste des früheren Betriebes zu modernen **Skulpturen** gestapelt. Nicht nur das, auch andere, eher missliche Zustände wie die Nähe des Gimpo-Flughafens haben sie genutzt: Donnern die startenden und landenden Maschinen mit mehr als 80 Dezibel über den Park, schießen aus der **Lärm-Fontäne** 40 Wassersäulen bis zu 15 Meter hoch,

Der Gwanghyewon-Pavillon

Karte S. 158

und das fast alle zwei Minuten. Ein anderer Blickfang ist der **Mondrian-Garten**, benannt nach dem holländischen Künstler, der für seine streng geometrischen Gemälde bekannt ist. Folgerichtig besteht der Garten aus einer Vielzahl von geometrischen Flächen, geraden Linien und rechten Winkeln, die entweder mit Wasser, Pflanzen oder Platten gefüllt sind und somit ein Bild der klassischen Moderne formen. Und natürlich gibt es den namensstiftenden See, bewachsen von großen Seerosenteppichen und geometrisch geschnittenen Plattformen, von denen man Wasserspielen zusehen kann. Die koreanische Park-Design-Firma Ctopos wurde für ihren Entwurf zweimal ausgezeichnet: 2007 von Stadtregierung und 2011 von der American Society of Landscape Architects 2013 – für die gelungene Zusammenführung der Gegensätze von Industrie und Natur.

Anfahrt: U5, Hwagok Station, Ausgang 5. Karte → S. 107.

Öffnungszeiten: rund um die Uhr, ›Lärm-Fontäne‹ nur Mai–Sept. 9–21 Uhr.

Museen

Koreaner sammeln leidenschaftlich gern – auch, weil sie stolz auf ihr kulturelles Erbe sind. Die es sich leisten können, kaufen sogar auf dem internationalen Kunstmarkt früher außer Landes gebrachte Antiquitäten zurück. Die stellen sie dann in zahlreichen Museen und Stiftungen privater und staatlicher Natur der Öffentlichkeit zur Verfügung. Adressen der Museen → S. 186.

Nationalmuseum

Das ›Flaggschiff‹ koreanischer Kultur ist ein unbedingtes ›Muss‹ für jeden Besucher. Es liegt im **Yongsan Family Park** in einer Biegung des Han-Flusses. Allein seine moderne Architektur von Park Seung Hong und der Garten darum herum samt seinen Dolmen, Pagoden, Stelen und der Bosingak-Glocke aus der Joseon-Dynastie sind den Ausflug wert. Von den knapp 300 000 Gegenständen, die das Museum besitzt, werden im Wechsel immer 150 000 ausgestellt.

Das **Erdgeschoss** ist der Archäologie gewidmet, dem Paläolithikum, der Stein- und der Bronzezeit, der Ära der Drei Königreiche sowie den Reichen Goguryeo, Baekje, Gaya und Silla. Ganz am Ende im Lichthof ragt eine schlanke Marmorpagode auf, 1348 in der späten Goryeo-Epoche geschaffen. Ihr dreistufiger Sockel trägt einen dreistufigen Pagodenkörper, der wiederum dem siebenstöckigen Pagodenaufsatz als Basis dient. Ihre exquisiten Steinreliefs zeigen Buddhas, Bodhisattvas, Weltenwächter und Schutzgottheiten.

Pavillon im Park des Nationalmuseums

Lackarbeit im Nationalmuseum

Im **ersten Stock** sind die Galerie der schönen Künste, also Malerei, Kalligraphie und buddhistische Bildkunst, sowie die Galerie der Stiftungen untergebracht. Letztere ist durchaus einen Besuch wert, weil reiche Sammler dem Museum hervorragende Exponate vermacht haben. Im **zweiten Stock** findet man die berühmten Seladone, die Buncheong-Keramik und das Weiße Porzellan. Aber auch jede Menge buddhistische Skulpturen - von handtellergroßen bis zu meterhohen, aus Gold, Silber und Eisen, unter anderem einmalig ästhetische Bronzefiguren des ›denkenden Maitreya‹ aus dem 6. Jahrhundert.

Anfahrt: U4 oder Jungang Line, Station Ichon, Ausgang 2, der unterirdische Weg ist bestens ausgeschildert. Karte → S. 107, 158.

Öffnungszeiten: Di, Do, Fr 9–18, Mi, Sa 9–21, So 9–19 Uhr, Dauerausstellung kostenlos.

Nationalmuseum Zeitgenössischer Kunst

Das Nationalmuseum zeitgenössischer Kunst (MOCA) hat sich auf das Sammeln ausländischer und koreanischer Künstler spezialisiert. Das Gebäude wurde von dem Amerikaner koreanischer Abstammung Kim Tai Su entworfen, umfasst 15 000 Quadratmeter Ausstellungsfläche, ferner einen Skulpturengarten von 33 000 Quadratmetern. In der westlichen Kunstszene gut bekannt ist Nam Jun Paik, von dem hier die Installation ›Je mehr desto besser‹ zu sehen ist, bestehend aus über 1000 Monitoren. Das Museum befindet sich südlich vor der Stadt im Seoul Grand Park, eine Dependance gibt es im Deoksu-Palast.

Anfahrt: U4, Daegongwon/Seoul Grand Park, Ausgang 2. Karte → vordere Umschlagklappe. **Öffnungszeiten**: Di, Do, Fr, So 10–18, Mi, Sa 10–21 Uhr.

Seoul Museum of Art

Früher im Gyeonghui-Palast platziert, zog das Museum 2002 in das aus dem Jahr 1928 stammende und grundlegend restaurierte Gebäude des Obersten Gerichtshofes nahe dem Deoksu-Palast um. Neben Wechselausstellungen berühmter Künstler wie Chagall, Matisse oder Picasso zeigt es die ständige Sammlung **Die Seele der Chun Kyung Ja** mit zwischen 1940 und 1990 entstandenen, westlich inspirierten Werken, die die Künstlerin

Dependance des Nationalmuseums Zeitgenössischer Kunst im Deoksu-Palast

dem Museum 1998 vermacht hatte. Die Sujets reichen von farbintensiven Selbstporträts über Frauen-Bildnisse bis hin zu Landschaftsszenen.

Anfahrt: U1 und U2, City Hall, Ausgänge 1 und 10–12. Karte → S. 126, Plan F 7/8.

Öffnungszeiten: Di–So 10–20, an Wochenenden und Feiertagen (ausgenommen 1. Januar) 10–19 (Winter 18) Uhr.

Seoul Arts Center

Der 1993 eröffnete Baukomplex im südlichen Seocho-Bezirk beherbergt Museen für Kunst, für Kalligraphie und für Design, ein Opernhaus, eine Konzerthalle, eine Freilichtbühne und die Korea National University of Arts. Das bei den Seouliten sehr beliebte Center zieht jährlich zwei Millionen Besucher an. Ob sie alle durch Kunst und Kultur gestärkt wieder von dannen ziehen? Das ist nämlich der Sinn der Anlage, schließlich heißt die unterirdische Lobby ›Vitamin Station‹. Von Juni bis September sprüht die beeindruckend große **World Music Fountain** Wasserspiele, bei denen die Fontänen zur Musik tanzen (tägl. 12, 19 und 21.30 Uhr, Mo keine Mittagsvorstellung).

Anfahrt: U2, Seocho, Ausgang 3 oder U3, Nambu Bus Terminal, Ausgang 5, dann fünf Minuten Fußweg. Karte → S. 107.

Öffnungszeiten der Museen: Di–So 11–20, Winter 11–19 Uhr.

Korea-Universitäts-Museum

Das Museum umfasst rund 17000 Gegenstände: Archäologisches, Folkloristisches, Keramiken, Kalligraphie und Gemälde sowie alte Werkzeuge. Es befindet sich in der Korea-Universität.

Anfahrt: U6, Korea University. Karte → S. 107.

Öffnungzeiten: Mo–Sa 10–16 Uhr, an Feiertagen geschlossen.

Leeum Samsung Museum of Art

Nur einen Teil der größten Privatsammlung Koreas stellt dieses Museum aus, das zu den besten in Seoul zählt. Begonnen hat sie Lee Byung Chull, der Gründer des Samsung-Konzerns. Unter der exqui-

Im Koolhaas-Bau des Leeum-Samsung-Museums

siten koreanischen Keramik sowie der buddhistischen Kunst befinden sich etliche sogenannte Nationalschätze. Aber nicht nur die sind sehenswert, sondern auch die Architektur: Je ein Gebäudeteil wurde von einem Stararchitekten entworfen: von dem Schweizer Mario Botta der Riesenkelch des Eingangsgebäudes samt Museum 1, von dem Franzosen Jean Nouvel der bauhausähnliche Flachbau des Museums 2 und von dem Holländer Rem Koolhaas stammt der Masterplan sowie das Kulturzentrum. Kein Wunder, dass dann auch moderne Kunst darin und darum herum steht, unter anderem von Francis Bacon, Louise Bourgeois, Damian Hirst, Anish Kapoor, Nam June Paik und Andy Warhol.

Das Museum liegt am Fuß des Namsan im Viertel Itaewon.

Anfahrt: U6, Hangangjin, Ausgang 1, fünf Minuten ausgeschilderter Fußweg. Karte → S. 158.

Öffnungszeiten: Di–So 10–18 Uhr, mit Ausnahme hoher koreanischer Feiertage.

Hoam-Museum

Einen anderen Teil seiner mehr als 15 000 Objekte zählenden Sammlung stellt der Samsung‹-Gründer im Hoam-Museum der Öffentlichkeit zur Verfügung: weitere Objekte koreanischer Keramik und Porzellane sowie buddhistische Kunst. Aber auch moderne Skulpturen, beispielsweise von Antoine Bourdelle, Henry Moore und Auguste Rodin sind zu sehen.

Das lohnenswerte Museum, das ein großer Garten in traditionellem Stil samt Pagoden und Pavillons umrahmt, befindet sich rund 30 Kilometer südlich von Seoul im ›Everland‹, Bezirk Yongin, Gyeonggi-do.

Anfahrt: U2, Gangnam, Ausgang 10, dann Bus Nr. 5002 oder U2, Gangbyeon, Ausgang 1, dann Bus Nr. 5800, Fahrzeit je rund 50 Min. Karte → vordere Umschlagklappe.

Öffnungszeiten: Di–So 10–18 Uhr, an bestimmten Feiertagen geschlossen.

War Memorial

Eröffnet 1994, soll dieses militärhistorische Museum samt seiner riesigen Freifläche an den enthusiastischen Verteidigungswillen der Altvorderen erinnern und an den Patriotismus der heutigen Jugend appellieren. Die Koreaner haben im Laufe ihrer mehr als 3000 Jahre währenden Geschichte wahrlich genügend Kriege erlebt. Das auf dem ehemaligen Gelände des Armee-Hauptquartiers platzierte, 20 000 Quadratmeter bedeckende Gebäude umfasst sechs Ausstellungshallen, die unter anderem der Erinnerung, der Militärgeschichte, dem Koreakrieg und der Armee gewidmet sind.

In einem Raum kann man eine Nachbildung des im Imjin-Krieg gegen die Japaner (1592–1598) siegreichen Schildkrötenboots inspizieren. Eine andere Halle beherbergt größere Kriegsobjekte wie Aufklärungsflugzeuge oder Fallschirme. Die ganz große Kriegsmaschinerie wie Kampfjets, Hubschrauber, Schiffe, Panzer, Haubitzen oder Raketenwerfer lassen sich im Freigelände studieren. Insgesamt verfügt das Museum über mehr als 13 000 Objekte.

Auf der linken Seite des weitläufigen Vorplatzes vereint die **Statue der zwei Brüder** Süd- und Nordkorea in Form von zwei Soldaten, die sich auf dem Schlachtfeld begegnen – und versöhnen. Die Aussage ist glasklar: Der ältere, größere Bruder symbolisiert den Süden. **Anfahrt**: U1, Namyeong Station, Ausgang 1, oder U4 und U6, Samgakji Station, Ausgänge 11 und 12. Karte → S. 107, Plan O8.

Öffnungszeiten: Di–So 9–18 Uhr.

Festungen

Außer der alten Stadtmauer, die bei den Stadtrundgängen angesprochen wird, ragen – im wörtlichen Sinn – zwei Bergbefestigungen aus dem Umland der Hauptstadt hervor: die Festung nördlich des Han und die Festung südlich des Han.

Nordfestung

Die Nordfestung liegt mitten im Bukhansan-Nationalpark und ist nur per Wanderung zu erreichen; sie zieht sich viel weiter nördlich als die alte Stadtmauer die Hänge des 837 Meter hohen Bukhan-Bergs hinauf. Einen ersten Schutzwall soll bereits der Gründer des Baekje-Reichs, König Onjo (18 vor–28 nach Christus), in Auftrag gegeben haben. Nachdem die chinesischen Ming die Festung bedroht hatten, ließ König Sukjong die Anlage um 1710 ausbauen. In dieser Form, allerdings toll renoviert, hat man heute die etwa acht Kilometer lange Festungsmauer vor sich.

Die meisten der erhaltenen elf Tore verstecken sich in der Bergwelt. Wunderbar restauriert zeigt sich das **Große Westtor**.

Anfahrt: U3, Gyeongbokgung, Ausgang 1, dann am besten mit dem Taxi. Karte → vordere Umschlagklappe.

Südfestung

Etwa 30 Kilometer südlich der Stadt liegt in rund 480 Meter Höhe auf dem **Namhan-Berg** (›Berg südlich des Han‹) die Südfestung (Namhansan-seong). Auch hier hat der Legende zufolge der Begründer des Baekje-Reichs erste Verteidigungsanlagen bauen lassen. 1626 wurden die Mauern gegen die einfallenden Mandschu (die chinesische Qing-Dynastie) verstärkt. 1636 floh König Injo mit seinem Hofstaat hierher. Er hielt der chinesischen Belagerung 45 Tage stand, bevor er sich ergab. Ein Nachfolger ließ die Festung als königliche Fluchtburg inklusive Palast, Altären und Tempeln ausbauen und verstärken.

Die etwa acht Kilometer lange und sieben Meter hohe, im Südteil begehbare Mauer ist von 17 Toren unterbrochen. Das **Ost-** und das **Westtor** sowie der frühere Gefechtsstand **Seojang-dae** und der **Changyeong-Tempel** sind tadellos restauriert, weshalb die Südfestung im Jahr 2014 von der UNESCO zum Weltkulturerbe erhoben wurde.

Anfahrt: U8, Namhansanseong, dann kleine Wanderung. Karte → vordere Umschlagklappe.

Stadtmauer auf dem Namhan-Berg

Tempel

Außer dem erst 1910 in die Stadt verlegten Jogye-Tempel (→ S. 116) befinden sich alle anderen buddhistischen Anlagen außerhalb des Zentrums. Der Grund dafür: Die Yi-Könige bevorzugten den Konfuzianismus als staatstragende Ideologie, weshalb die ummauerte Stadt unter manchen Herrschern für Buddhisten sogar ›off limits‹ war. Hier einige Vorschläge für Tempelbesuche im Großraum Seoul, in dem es mehr als 50 gibt.

Bongwon-Tempel

Der Bongwon-Tempel breitet sich nordöstlich der Yonsei-Universität im Westen Seouls am Hang des An-Bergs aus und ist der Hauptsitz der Taego-Sekte, jenes buddhistischen Ordens, der die Priesterehe erlaubt. Die Anlage wurde im 9. Jahrhundert durch den Zen-Meister Doseon gegründet, brannte immer wieder mal ab und wurde jedesmal neu erbaut, die Haupthalle zuletzt 1994. Zweimal wöchentlich findet eine von Trommeln und Schellen begleitete Zeremonie (Bompae) statt. Oft kann man hier Hochzeits- oder Beerdigungsriten miterleben.
Anfahrt: S-Bahn Gyeongui-Linie, Sinchon. Karte → S. 141.

Doseon-Tempel

Der Doseon-Tempel, erstmals geweiht im Jahr 862, ist die größte aller Anlagen im und am Bukhansan-Nationalpark. Er schmiegt sich an den Hang des Baegundae-Berges im Bezirk Gangbuk und soll mehr Pilger anlocken als jeder andere Tempel nahe der Hauptstadt. Mehr Touristen zieht er allemal an Buddhas Geburtstag an, da er dann von Millionen von Lampions erleuchtet ist. Ein Abbild des Mireuk, des künftigen Buddha Maitreya, hinter den Tempelgebäuden verfügt angeblich über heilende Kräfte, also mal anfassen! **Anreise**: U4, Suyu, Ausgang 3, dann Bus 120 bis Endstation, danach Shuttlebus oder zu Fuß (30 Min.). Karte → vordere Umschlagklappe.

Im Bongwon-Tempel

Gyeongguk-Tempel

Der Gyeongguk-Tempel, 1325 gegründet und im Norden der Stadt im Viertel Jeongneung gelegen, zählt, was sein Ambiente betrifft, zum schönsten Koreas. Im Frühling versinkt er in einem Meer von Azaleen. Das nahe dem Tempel liegende Grab von Königin Sindeok, der zweiten Frau des Gründers der Yi-Dynastie, die 1396 starb, gab dem Viertel den Namen. **Anfahrt**: U4, Sungshin Women's University, Ausgang 6, dann Busse Nr. 162 oder 1212 bis Jeongneung.

Hwagye-Tempel

Der Hwagye-Tempel befindet sich an der Ostflanke des Bukhansan-Nationalparks im Bezirk Gangbuk. Durch das sogenannte **Einsäulen-Tor** (Ilju-mun) betritt man die 1523 erstmals geweihte Anlage und ›lässt alle Bindungen an die irdische Welt‹ hinter sich; so sagt es der Name. Sehenswert sind die **Haupthalle** (Daeung-jeon) mit der Shakyamuni-Statue, die **Vairocana-Halle** (Daejeokgwang-jeon), die **Meditationshall**e mit ihren zahlreichen buddhistischen Figuren und der charmante achteckige **Glockenpavillon**. Der Hwagye-Tempel bietet Tempelstay-Programme an.
Anfahrt: U4, Suyu, Ausgang 3, dann Bus Nr. 2 bis Hwagye-sa. Karte → vordere Umschlagklappe.

Jingwan-Tempel

Der Jingwan-Tempel, mitten im Bukhansan-Nationalpark gelegen, wurde im Jahre 1011 gegründet. Die heutigen Gebäude gehen aber auf eine Renovierung von 1963 zurück. In der Gegend um den Tempel haben sich viele Schamaninnen (Mudang) niedergelassen, die in der Yi-Dynastie genauso verfolgt wurden wie die Buddhisten. Der Jingwan-sa bietet ein Templestay-Programm an, für alle, die den buddhistischen Alltag aus erster

Statue des heiligen Seungga

Hand kennenlernen möchten. **Anfahrt**: U3, Gupabal, Ausgang 3, dann Bus 7724 bis Jingwan-sa.

Seungga-Tempel

Der Seungga-Tempel, ebenfalls im Bukhansan-Nationalpark (im Viertel Gugidong) zu finden, bezieht seinen Reiz aus seiner einsamen Lage. In diesem Nonnentempel aus dem Jahr 756 fühlt man etwas von der buddhistischen Ruhe, vorausgesetzt, es sind keine Touristen da. Die meisten scheuen den langen Anstieg und die vielen Treppen. Man wird aber belohnt mit einer schlank aufragenden elfstöckigen **Pagode**, einer **Figur des heiligen Seungga**, eines buddhistischen Gelehrten des 7. Jahrhunderts, schönen Hallen und einem **Felsrelief-Buddh**a.
Anfahrt: Bus 0212 vom Gwanghwa-mun, dann ca. 20 Min. Wandern.

Grabanlagen der Yi-Dynastie

Die meisten Könige der Yi-Dynastie haben sich weit außerhalb ihrer Residenzstadt in von Geomanten als günstig bewerteten Gegenden bestatten lassen. Der bedeutendste Herrscher, Sejong (Regierungszeit 1418–1450), suchte sich gar das etwa 70 Kilometer südöstlich von Seoul gelegene Yeoju zum Bau seiner letzten Ruhestätte aus. Insgesamt gibt es 40 Grabanlagen, alle wunderschön renoviert und alle 2009 zum UNESCO-Weltkulturerbe gekürt. Ein paar davon kann man in oder nahe der Hauptstadt besuchen. **Öffnungszeiten**: Di–So 9–18.30, im Winter 9–17.30 Uhr.

Dongguneung-Gräber

Der Name bedeutet ›Die neun östlichen Gräber‹ – und damit sind auch schon Ausmaß und Wichtigkeit dieses weitläufigen Anwesens benannt. Neben sieben Königen ruhen hier zehn Königinnen.

Vom Ticketschalter führt ein langer geschwungener Waldweg in die Anlage. Den Beginn des heiligen Bezirks markiert das Rote Tor. Nach etwa zehn Minuten Fußweg entlang anderer wohlgepflegter Königsgräber kommt man zum **Geonwolleung**. Das ist das Grab des Gründers der Yi-Dynastie, König Taejo, gestorben 1408. Da er der erste dieser neuen Epoche war, hat er seine Anlage noch im Geschmack der vorangegangenen Goryeo-Zeit gestalten lassen. Dennoch galt sie seinen Nachfolgern als stilbildend. Modische Veränderungen der Grabkultur lassen sich in Dongguneung sehr gut studieren, schließlich ruhen hier Herrscher aus mehr als vier Jahrhunderten. Das jüngste Grab stammt von 1849. In ihm ist König Heonjong bestattet. **Anfahrt**: U1 bis Cheongnyangni, Ausgang 1, dann Bus Nr. 202 vom Bussteig 2 oder U7, Sangbong, Ausgang 5, rund 200 Meter geradeaus hält Bus Nr. 202. Karte → vordere Umschlagklappe.

Doppelgräber Hongyuneung

Die Doppelgräber befinden sich östlich der Stadt im Bezirk Namyangju. Hinter dem Eingangstor führt der rechte Weg zum **Yuneung**, links geht es zum **Hongneung**. Dieses Grab hatte Gojong noch als König für seine ermordete Frau, Königin Myeongseong, nahe Cheongnyangni in Seoul in Auftrag gegeben. Als er selber, inzwischen zum Kaiser proklamiert, starb, wurde das Grab an seine heutige Stelle verlegt und er neben ihr bestattet. Die Anlage weist einen deutlichen Unterschied zu allen früheren Yi-Gräbern auf: Die **Wächterfiguren** (Beamte, Militärs und jede Menge Tiere, sogar Giraffen, Elefanten und Löwen) stehen nicht auf dem hohen Tumulus, sondern säumen bereits den extra breiten Andachtsweg hinter dem Roten Tor: ein Novum, das Gojong von den chinesischen Kaisern abgeschaut hat. Wenigstens im Tode wollte er mit ihnen auf einer Stufe stehen.

Im benachbarten **Yuneung**, das die gleiche Struktur aufweist, ruhen Gojongs Sohn, Kaiser Sunjong, der letzte Herrscher der Yi-Dynastie, und dessen zwei Königinnen. **Anfahrt**: U1, Bahnhof Cheongnyangni, Ausgang 1, umsteigen in Bus Nr. 65, 165-3 oder 2227; 40 Minuten Fahrzeit, die sich lohnen. Karte → vordere Umschlagklappe.

Grab Jeongneung

Das Grab liegt im Norden Seouls im Viertel Jeongneung. In ihm ist Königin Sindeok bestattet, die zweite Frau des Gründers der Yi-Dynastie, die 1396 starb. Ihr Grab, das ebenfalls alle Attribute vom Roten Tor über den T-förmigen Riten-Pavillon bis zum von steinernen Wächtern geschützten Tumulus aufweist, gab dem Viertel den Namen. **Anfahrt**: U4, Sungshin Women's University, Ausgang

6, dann Bus 1012 oder 1212 bis Jeongneung. Karte → S. 107.

Doppelgräber Taegangneung

Die Gräber befinden sich im äußersten Nordosten von Groß-Seoul. Im Taeneung sind König Jungjong und Königin Munjeong bestattet. Auch dieses Anwesen entspricht der Yi-dynastischen Grabkultur: Rotes Tor, Andachtsweg, Wächterfiguren, Tumulus. Das Gangneung ist für Besucher geschlossen.**Anfahrt**: U6, Hwarangdae, dann Bus Nr. 108 oder 1224. Karte → vordere Umschlagklappe.

Zeremonie bei den Dongguneung-Gräbern

Vergnügungsparks

Seoul Grand Park

Über rund 300 000 Quadratmeter erstreckt sich Koreas erster, 1988 eröffneter Themenpark im Süden vor der Stadt am Hang des Chyeonggye-Bergs. Zwei Drittel der Fläche belegen Amüsierbetriebe, alle möglichen Variationen von Fahrgeschäften, vor allem Achterbahnen.

Aber es gibt auch einen **Zoo** (den zehntgrößten der Welt). Über das gesamte Gelände spannt sich der Sky Lift, der einen im großen Bogen über 1,7 Kilometer vom Zooeingang wieder dorthin zurück bringt.

Der **Botanische Garten** enthält neben großen Freiflächen ein Treibhaus, in dem man sich wie im Dschungel vorkommt, sowie einen Rosengarten mit mehr als 20 000 Pflanzen und über 200 Sorten. Auch das **Nationalmuseum für Zeitgenössische Kunst** ist hierher gezogen (→ S. 162).

Anfahrt: U4, Seoul Grand Park, Ausgänge 1–3.

Öffnungszeiten: Tägl. 9.30–21, im Winter 9.30–19 und Juli/August 9.30–22 Uhr. Karte → vordere Umschlagklappe.

Everland

Etwa 30 Kilometer südlich der Hauptstadt gelegen, ist das zum Samsung-Konzern gehörende Everland eine Mischung aus Oktoberfest und Bundesgartenschau. Üppige Blumenflächen teilen sich das Areal mit mehr als 40 Achterbahnen, Riesenrädern und anderen Fahrgeschäften. Für Amüsement sorgen ›American Adventure‹, ›European Adventure‹, ›Magic Land‹, ›Carribean Bay‹, der große Basar ›Global Fair‹ und ›Zoo-Topia‹. Dort begegnet man in der ›Safari World‹ Löwen, Tigern und Bären, im ›Lost Valley‹ bei einer Bus-Safari Giraffen, Elefanten und weißen Löwen. Auch hier kommen Kunstliebhaber auf ihre Kosten, denn das **Hoam-Museum** (→ S. 164) ist nicht weit.

Anfahrt: Bundang Line, Giheung Station, dann Yongin Ever Line bis Endstation Jeondae Everland, Shuttle-Bus. U1 oder U2, Station City Hall, Ausgang 5, dann Shuttle-Bus um 9.30 Uhr; U2, Gangnam, Ausgang 6, dann Shuttle-Bus um 10 Uhr.

Öffnungszeiten: Mo–Sa 9.30–22 Uhr, sonn- und feiertags 9–22 Uhr. Karte → vordere Umschlagklappe.

Lotte World → S. 150.

In allen Dingen hängt der Erfolg von den Vorbereitungen ab.
Zen-Weisheit

SEOUL - INFORMATIONEN

Auf dem Dongdaemun-Markt

Allgemeine Informationen

Vorwahl: +82/2 (0082/2).
Website: www.visitseoul.net.

Touristeninformationen

Koreanische Zentrale für Tourismus (Korean Tourism Organization, kurz KTO), 40, Cheonggyecheon-ro, Jung-gu, Tel. +82/2/729-9497, 729-9498, 729-9499, http://german.visitkorea.or.kr; Touristeninformationszentrum im 1. Untergeschoss; tägl. 9–20 Uhr. Die wichtigste Anlaufstelle bei touristischen Fragen, Reservierungen, Kauf von Travel Pässen und für sämtliches Karten- und Prospektmaterial. Auch über das tägliche, umfangreiche Angebot abendlicher Veranstaltungen kann man sich hier aufklären lassen. Das Touristeninformationszentrum bietet ferner ein ausgewähltes Sortiment von auf Qualität geprüften Souvenirs sowie einen lustigen Hallyu-Bereich, in dem man sich über die jüngste Popszene schlau machen und neben Pappkameraden der berühmtesten Stars fotografieren kann. Darüberhinaus lassen sich Informationen zum neuesten Trend, dem Medizintourismus, einholen. *U1, Jonggak, Ausgang 5.*

Straßenstand

Gangnam-Touristeninformationszentrum, 161, Apgujeong-ro, Gangnam-gu, Tel. 3445-0111; tägl. 10–20 Uhr. Seit der Eröffnung im Juni 2013 die zweitwichtigste Anlaufstelle für alle Informationen, nicht nur für Seoul, sondern für ganz Südkorea; ausgerüstet wie das oben genannte und ebenfalls über einen großen Hallyu-Bereich, einen Stand zum Medizintourismus, Geldautomaten, Erfrischungsbar und Internet-Lounge verfügend. *U3, Apgujeong, Ausgang 6.*

■ Weitere Touristen-Informationen

Am Gwanghwamun, 141 Sejong-daero, Jongno-gu, Tel. 735-8688; tägl. 9–22 Uhr. *U5, Gwanghwamun, Ausgang 6.*

In der Antiquitäten- und Galerien-Straße Insa-dong, 19, Insa-dong, Tel. 737-7890; tägl. 9.30–18.30 Uhr. *U3, Anguk, Ausgang 6.*

A**m Namdaemun-Markt**, 29, Namdaemunsijang 4-gil, Jung-gu, Tel. 752-1913; tägl. 9.30–18.30 Uhr. *U4, Hoehyeon, Ausgang 5.*

Im Viertel Itaewon, in der U-Bahn-Station, Yongsan-gu, Tel. 3785-0942; tägl. 9–22 Uhr. *U6, Itaewon.*

Am Flughafen in Incheon, 1. Stock, Tel. +82/32/743-2600; tägl. 7–22 Uhr.

Hotlines

Für alle touristischen Fragen kann man auch die **Hotline 02/1330** wählen, dann bekommt man zwar keine deutschsprachigen Informationen, aber auf Englisch.

Before Babel Brigade: Tel. 1588-5644 wählen, dann die gewünschte Sprache per Tastatur eingeben, für Deutsch die 7, für Englisch die 1 und für Französisch die 4 (www.bbbkorea.org). Hilfe bei Verständigungsschwierigkeiten in ganz Südkorea.

Websites und Zeitungen

Über das aktuelle Geschehen in Seoul informieren – ebenfalls auf Englisch – das Monatsmagazin **Seoul** (http://magazine.seoulselection.com) sowie die Website **www.visitseoul.net** und die englischsprachigen Ausgaben von **Korea Herald** (www.korea

herald.com), **Korea Times** (http://www.koreatimes.co.kr) und **Korea Joong Ang Daily** (http://koreajoongangdaily.joins.com). **Ausländische Zeitungen** sind rar. Am besten bekommt man sie an Kiosken am Hauptbahnhof oder am Flughafen Incheon.

Korea Pass

Die Korea Tourism Organization (KTO) hat sich etwas sehr Praktisches einfallen lassen: den Korea Pass. Das ist eine Geldkarte, mit der man Fahrten mit dem öffentlichen Nahverkehr sowie die Eintritte zu Sehenswürdigkeiten, Museen und vielem mehr begleichen kann – und darauf auch noch Prozente zwischen 10 und 30 Prozent bekommt. Für einen Tag grenzenlosen Fahrens zahlt man 66900 Won (53600 für Jugendliche unter 25 Jahren), für drei Tage 93 100 Won (74 500) und für fünf Tage 139 700 Won (111 800). Ab zwei Personen gibt es einen Rabatt von etwa 10 Prozent.

Den Korea Pass kann man schon am heimischen Computer bestellen und als Gutschein ausdrucken. Den Gutschein tauscht man dann am Flughafen Incheon oder am Bahnhof Seoul in den KR Pass um.

Man kann den Korea Pass auch gleich nach der Ankunft in den **Wechselstuben der Hana Bank am Flughafen Incheon** kaufen oder am **Schalter des Airport Express AREX**. Wenn man bereits in Seoul ist, gibt es ihn auch bei der **KTO-Zentrale** (40 Cheonggyecheon-no, Jung-gu, Tel. +82/2/729-9600).

T-Money Card

Diese Geldkarte macht die Benutzung des öffentlichen Nahverkehrs in Seoul und der Metropolregion besonders leicht und praktisch. Und billiger, denn auf jede Fahrt gibt es zehn Prozent Rabatt. Und nicht nur das: Man kann mit der Geldkarte auch den Eintritt in einige Sehenswürdigkeiten sowie Taxifahrten begleichen – ebenfalls mit Rabatt. Die Karte kauft man für 2500 Won aus den ›T-Money Vending Devices‹ in den Metro-Stationen oder bei Geschäften mit dem T-Money-Symbol. Dann muss man es aufladen. Das macht man gleich im Laden oder an den Ticket-Automaten, aus denen man auch sein Single Journey Ticket ziehen würde: Erst Sprache wählen, dann die blau-weiße Fläche ganz rechts auf dem Touchscreen antippen, die Geldkarte auf die dafür vorgesehene Unterlage drücken, den gewünschten Betrag auf dem Screen auswählen, Geldscheine einschieben und kurz warten, während der Computer die Karte beschreibt. Fertig! Von nun an kann man bis zum nächsten Aufladen sorgenfrei immer und überall die öffentlichen Nahverkehrssysteme nutzen.

Banken/Geldwechsel

Bargeld aus dem **Automaten** zu ziehen, ist in Seoul ein Kinderspiel: Bei den ›Global ATM‹-Maschinen (gibt es nahe oder in fast jedem C-U-Markt) Kredit- oder EC-Karte einstecken, PIN eingeben, Summe auswählen und Geld entnehmen.

Nicht alle Banken haben eine Lizenz zum Wechseln. Deshalb sollte man für diesen Zweck eine der über ganz Seoul verbreiteten Filialen der **Hana Bank** aufsuchen (Pass muss vorgezeigt werden). Auch die **Wechselstuben** geben einen fairen Kurs, zumindest ist er besser als in den großen Hotels oder am Flughafen, wo man natürlich ebenso Geld wechseln kann.

Wechselkurs: 1 Euro = 1205 Won oder 1000 Won = 0,8 Euro (April 2015).

Kreditkarten

Internationale Kreditkarten wie American Express, Diners Club, Eurocard, Master Charge oder Visa werden in allen größeren Hotels, vielen Motels, Restaurants, Tankstellen und besseren Geschäften akzeptiert.

Post

Hauptpostamt, im Viertel Myeong-dong, 21-1 Chungmuro 1-ga, 70 Sogongno, Jung-gu, Tel. 6450-1114.

Postamt Gwanghwamun, 6 Jongno, Jongno-gu, Tel. +82/2/3703-9011. Leicht zu erreichen, direkt am Hauptplatz.

Am Cheonggyecheon-Bach

Internet

Die Koreaner sind echt auf Draht, was drahtlose Kommunikation angeht: Beim Internet-Zugang verweisen sie alle mitteleuropäischen Länder auf die Plätze. Fast ganz Seoul ist ein einziger Hot-Spot, sogar in vielen Metros gibt es W-Lan, 100 Prozent gratis. Schlechter sieht es in den Hotels aus. Während Motels und Hostels freien W-Lan-Zugang gewähren, kassieren die Sternehäuser hier nochmal richtig ab.

Notrufnummern

Polizei: 112
Feuerwehr: 119

Botschaften

Botschaft der Bundesrepublik Deutschland
Seoul Square, 8. Etage, 416, Hangangdaero
Jung-gu, Seoul
Tel. +82/2/100-714
Botschaft der Republik Österreich:
21st Floor, Kyobo Bldg., Jongno 1-ga
Jongno-gu, Seoul
Tel. +82/2/732-9071
Botschaft der Schweiz:
20-16, Daesagwan-ro 11-gil
Yongsan-gu, Seoul
Tel. +82/2/739-9511

Öffnungszeiten

Banken: Mo–Fr 9–16 Uhr
Behörden: Mo–Fr 9–18 Uhr
Postämter: 9–18 Uhr (Post Banking 9–16.30 Uhr
Botschaften: Mo–Fr 9–17 Uhr
Kaufhäuser und Shopping Malls: Tägl. 10.30–20 Uhr.
Auf den großen **Märkten** wie auf denen beim Dongdaemun oder beim Namdaemun samt den ihnen angeschlossenen Malls herrscht rund um die Uhr Hochbetrieb, an sieben Tagen die Woche.
Museen: Fast alle Museen sind montags, am 1. Januar sowie an hohen Feiertagen (das sind der Neujahrstag Seollal und der Erntedanktag Chuseok) geschlossen.

An-, Ab- und Weiterreise

Flug

Internationaler Flughafen Incheon (ICN), 272 Gonghang-ro, Jung-gu, Incheon, Info-Tel. 1577-2600, www.airport.kr. Der Flughafen nimmt den größten Teil einer dem Watt abgerungenen künstlichen Insel 50 Kilometer westlich von Seoul ein. Alle großen europäischen Fluggesellschaften steuern ihn an. Auch **Korean Air** und **Aseana** bieten Flüge von Frankfurt nach Incheon. **Lufthansa** fliegt zusätzlich zu Frankfurt ab München nach Korea.

Gimpo Airport (GMP), 112 Haneul-Gil, Gangseo-Gu, Seoul, Info-Tel. +82/2/1661-2626, www.airport.co.kr. Der Gimpo Airport wird mehrheitlich für innerkoreanische Flüge benutzt, er befindet sich 18 Kilometer westlich des Zentrums und ist durch den AREX sowie die U-Bahn-Linien 5 und 9 gut angebunden.

Korea City Air Terminal, im Viertel Samseong, Info-Tel. +82/2/551-0077; tägl. 5.15–18.30 Uhr. In Gangnam, praktisch gelegen für Geschäftsleute. Man kann hier für viele nationale und internationale Flüge einchecken und sich mit einem Limousinen-Express-Bus zum Gimpo- oder Incheon International Airport fahren lassen. *U2, Samseong, Ausgänge 5 und 6.*

■ Flughafentransfer

Am schnellsten kommt man mit dem **Airport Express** (AREX) in die oder aus der Hauptstadt. Es gibt zwei Varianten: Der ›Express Train‹ kostet 8000 Won und zischt ohne Stopp in 43 Minuten durch. Der ›All Stop Train‹ kann mit der T-Money Card bezahlt werden (rund 1500 Won), hält überall, was gut ist für Umsteigemöglichkeiten – Domestic Airport Gimpo (U5), Hongik University (U2), Gongdeok (U5 und U6) –, und benötigt rund 1,5 Stunden bis zur Seoul Station (KTX, U1 und U4). Die Wege zum AREX sind sowohl am Flughafen wie auch an der Seoul Station gut ausgeschildert.

Wer fast direkt vor sein Hotel chauffiert werden will, nimmt am besten einen der **Limousinen-Express-Busse** (rund 16000 Won), weil sie verschiedene Unterkünfte in Seoul ansteuern. Über die Busverbindungen informieren viele Hotels bereits auf ihren Homepages. Tipps gibt es an den ›Transportation Information Counters‹ nahe den Ausgängen 2, 4, 9 und 13.

Taxis kommen teuer: Bis ins Zentrum Seouls muss man mit 75 000 Won rechnen, plus Mautgebühr in Höhe von rund 8000 Won, für die schwarz lackierten Luxusklasse-Taxis sogar 100 000 Won plus Mautgebühr.

Bahn

Seoul Station, 378 Cheongpa-ro, Yongsan-gu, Hotline Tel. 1330, Tel. +82/2/1544-7788, http://info.korail.com. Mit dem KTX und den langsameren Zügen Saemaeul und Mugunghwa in den Süden, sowohl nach Busan als auch nach Gwangju und Mokpo. *U1 und U4, Seoul Station.* Plan I6.

Bahnhof Yongsan, 55, Hangang-daero 23-gil, Yongsan-gu, Hotline Tel. +82/2/1330, Tel. 15447788, http://info.korail.com. Züge in den Südwesten (Gwangju, Mokpo) kann man auch hier besteigen. *U1, Yongsan.* Karte → S.113.

Bahnhof Cheongnyangni, 214, Wangsan-ro, Dongdaemun-gu. Züge Richtung Osten. *U1, Cheongnyangni.*

Brürohaus Tangente von Libeskind in Gangnam

Lightshow im Samsung D'Light

Bus

■ Express-Bus Terminals

In Seoul gibt es drei Bus Terminals für die Express-Variante:

Seoul Express-Bus Terminal, 19-4 Banpo-dong, Seocho-gu, +82/2/535-4151. Von dem in Gangnam südlich des Han-Flusses stehenden Terminal rauschen die Busse Richtung Ostküste, Gyeongju und Busan. *U3, U7 und U9, Seoul Express-Bus Terminal*. Karte → S. 107.

Central City Terminal, 19-4 Banpo-dong, Seocho-gu, Tel. +82/2/6282-0114. Gleich neben dem Seoul Express-Bus Terminal, von hier geht es in den Südwesten und an die Südküste. *U3, U7 und U9, Seoul Express-Bus Terminal*. Karte → S. 107.

Dong Seoul Bus Terminal: Er bedient die Mitte des Landes. *U2, Gangbyeon, Ausgang 4*. Karte → S. 107, 150.

■ Intercity-Bus Terminals

Intercity-Bus Terminals gibt es fünf:

Nambu Bus Terminal. Hier kann man zwischen 70 Buslinien wählen, die in alle Regionen des Landes starten. *U3, Nambu Bus Terminal, Ausgang 5*. Karte → S. 107.

Seobu Bus Terminal: Busse in verschiedene Städte der umliegenden Provinz Gyeonggi. *U3 und U6, Bulgwang, Ausgang 5*.

Sangbong Bus Terminal: Verbindet mit dem Osten und dem Südosten. *U7, Sangbong, Ausgang 2*. Karte → S. 107.

Central City Bus Terminal: Hier starten die Busse in den Süden und Südwesten; nahe dem Express-Bus Terminal. *U3 und U7, Seoul Express-Bus Terminal, Ausgänge sind beschildert*. Karte → S. 107.

Sinchon Bus Terminal: Verbindet Seoul mit Zielen auf der Insel Ganghwa. *U2, Sinchon, Ausgang 4, dann der Hauptstraße nach links folgen, wo nach rund 250 Metern vor dem CGV Kino die Busse halten*. Karte → S. 107, 158.

Schiff

Von Europa aus wäre die Anreise etwas zeitaufwändig. Wer aber von **China** nach Seoul - oder umgekehrt - möchte, kann Fährverbindungen von und nach Incheon aus und nach Dalian, Qingdao, Qinhuangdao, Tianjin oder Weihai nutzen.

Aus **Japan** laufen keine Fähren Incheon an, sie schippern nur bis Busan.

Unterwegs in Seoul

U-Bahn

Die U-Bahn ist das ideale Fortbewegungsmittel. Ganz einfach Weltklasseniveau, was Fahrfrequenz, Effizienz, Pünktlichkeit, Streckenführung und Sicherheit betrifft. Von keiner Station muss man länger als zehn Minuten zu einer der Sehenswürdigkeiten laufen. Preiswert ist sie auch: 1150 Won – das sind etwa 80 Cent – kostet die einfache Fahrt bis zu 10 Kilometern Weite, bis 40 Kilometer kommen pro 5 Kilometer 100 Won hinzu, ab dann 100 Won für jede weiteren 10 Kilometer. Preisgünstiger wird es mit der T-Money Card oder dem Korea Pass (→ S. 173). **Englischsprachige U-Bahn-Pläne** gibt es gratis in jedem Hotel und an jeder Metrostation.

In Seoul, durch die Metropolregion Sudogwan und in die Provinz Gyeonggi gibt es neun farblich deutlich unterschiedene **Metrolinien** sowie vier **S-Bahn-Strecken**. Die Ausschilderung versteht jeder, der des Lesens mächtig ist, denn sie ist neben Koreanisch immer auch auf Englisch, die Stationsansagen – und die Informationen auf den Video-Schirmen – in den Bahnen erfolgen in Koreanisch, verständlichem Englisch und Chinesisch, manchmal auch noch in Japanisch.

Die Benutzung der U-Bahn ist kinderleicht. Wenn man keine T-Money Card oder keinen Korea Pass (→ S. 173) besitzt, geht man an einen Ticketautomaten, wählt auf einem Touchscreen erst die Sprache Englisch, dann über die orangene Fläche mit der großen ›1‹ das **Single Journey Ticket**, gibt sein Fahrtziel als Name oder Nummer ein, steckt mindestens 1650 Won (bei größeren Scheinen Geldrückgabe) in den Schlitz und bekommt die Einmal-Fahrkarte ausgeworfen. Die zieht man über einen Scanner an den Eingangsschleusen und fertig!

Im Untergrund kann man beliebig oft umsteigen. Der Grundpreis des Single Journey Tickets beträgt 1150 Won für zehn Kilometer, bei einer Strecke bis 40 Kilometer muss man pro 5 Kilometer 100 Won drauflegen, über 40 Kilometer 100 Won pro zehn Kilometer. Umweltbewusst wie die Koreaner zumindest in diesem Bereich sind, ist die Plastikkarte mit Pfand (500 Won) belegt. Das bekommt man am Zielbahnhof sofort zurück, wenn man sich der Karte im Deposit-Refund-Automaten entledigt.

Natürlich gibt es auch Mehrtageskarten, den so genannten **M-Pass**, für ein, zwei, drei, fünf und sieben Tage. Damit sich der Kauf lohnt, muss man aber mindestens zehn Fahrten pro Tag zurücklegen, denn der Ein-Tages-M-Pass kostet 10 000 Won. Dazu kommen 500 Won Bearbeitungsgebühr und 4500 Won Pfand. Letzteres bekommt man bei der Rückgabe natürlich erstattet. Erhältlich (und zurückzugeben) ist der M-Pass bei den Seoul Travel Information Centers am Incheon International Airport, 1st Floor, nahe den Ausgängen 5 und 10. Praktischer als der M-Pass ist die T-Money Card (S. 173), die man in beliebiger Höhe aufladen und so ebenfalls als Mehrtageskarte nutzen kann.

U-Bahnzugang am Nationalmuseum

Stadtbus in Seoul

Stadtbusse

Stadtbusse zu benutzen, ist etwas komplizierter, aber mit der T-Money Card ebenfalls kein Problem. In Seoul unterscheiden sich die Stadtbusse durch die Farben: Die blauen Hauptstreckenbusse verbinden die äußeren Stadtviertel mit dem Zentrum, die grünen Nebenstreckenbusse durchkreuzen die einzelnen Stadtviertel, die roten Stadt-Expressbusse verkehren zwischen dem Zentrum und den äußeren Vierteln oder Satellitenstädten, die gelben Rundstreckenbusse verbinden die Hauptgeschäftsviertel miteinander. Man steigt vorne beim Fahrer ein und wirft den abgezählten Obulus in einen Geldschlitz. Wer nur Scheine hat, bekommt sein Wechselgeld. Oder man legt seine Geldkarte (Korea-Pass, T-Money Card, → S. 173) auf den Scanner. Das muss man in jedem Fall auch wieder beim Aussteigen tun!

Da die Fahrer kein Englisch, schon gar nicht Deutsch sprechen, sollte man sich im Hotel oder von koreanischen Freunden das Ziel in Hangeul aufschreiben lassen. Wer sich auf dieses Abenteuer nicht einlassen möchte, ist mit den preiswerten Taxis bestens bedient.

Taxis

Die sicherste und keinesfalls teure Methode für Minigruppen, um in der Metropolregion vorwärts zu kommen! Der Grundpreis beträgt 3000 Won für die ersten zwei Kilometer, jede weiteren 168 Meter kosten 100 Won. Zwischen Mitternacht und 4 Uhr morgens werden 20 Prozent Aufschlag zum Preis erhoben. Das Taxi winkt man mit der angewinkelten Hand, Handfläche nach unten, heran.

Wer etwas mehr Geld ausgeben möchte, kann in Seoul mit seiner Minigruppe (bis zu neun Personen) ein so genanntes **Internationales Taxi** bestellen, dessen Fahrer Englisch spricht. Das geht nur mit Reservierung unter Tel. +82/2/16442255 oder online (www.intltaxi.co.kr), kann aber mit Kreditkarte bezahlt werden. Für Halb- oder Ganztagestouren gibt es Spezialpreise.

Natürlich kann man sich auch noch exklusiver chauffieren lassen, mit schwarz lackierten **Luxustaxis**. Da kosten die ersten drei Kilometer 4500 Won und alle weiteren 205 Meter 200 Won. Selbstverständlich wird dann auch ein Autotelefon geboten (Tel. +82/2/558-8000).

Fahrrad

Auch ökologisch Bewusste sollten auf's Fahrrad verzichten, denn die haben Seltenheitswert und eignen sich nicht zur Besichtigung im Seouler Großstadtverkehr. Allerdings gibt es ausgezeichnete Radwege – z.B. entlang des Han-Flusses – für den sportlichen Ausgleich.

Stadtrundfahrten

Natürlich kann man Seoul auch mit einer **City Tour** (http://en.seoulcitybus.com) besichtigen, wenigstens die wichtigsten Sehenswürdigkeiten. Mit nur einem Ticket (Erwachsene 12000, Kinder 10000 Won) kann man zwischen 9 und 21 Uhr ab- und aufspringen, wo man möchte. Die Busse fahren im Stunden-Takt. Startpunkt ist der Gwanghwamun-Platz, U5, Ausgang 6.

Goodwill Guide

Wer nah an Land und Leute herankommen will, kann einen von der KTO ausgewählten, ehrenamtlichen Reiseleiter oder Dolmetscher engagieren (www.visitkorea.or.kr, www.german.vititkorea.or.kr), → S. 230.

Unterkunft

Die Auswahl ist riesig, wie es sich für einen asiatischen ›Big Apple‹ gehört.

Super-Deluxe-Hotels

Von den rund 20 Super-Deluxe-Hotels seien hier erwähnt:

Lotte Hotel Seoul, 30, Eulji-ro, Jung-gu, Tel. +82/2/771-1000, www.lottehotel.com. Absolut zentrale Lage im Geschäfts- und Bankenviertel. Plan F9.

The Shilla Seoul, 249, Dongho-ro, Jung-gu, Tel. +82/2/2233-3131, www.shilla.net. Seit Jahrzehnten eines der besten Hotels der Stadt, liegt wunderbar ruhig am Südberg. Karte → S. 107.

Seoul Plaza, 119, Sogong-ro, Jung-gu, Tel. +82/2/77-12200, www.hoteltheplaza.com. Günstige Lage an der namensgebenden Seoul Plaza. Plan F9.

The Westin Chosun, 106, Sogong-ro, Jung-gu, Tel. +82/2/771-0500, www.westinchosun.co.kr. Günstige Lage an der Seoul Plaza. Plan F9.

COEX Intercontinental, 524 Bongeunsa-ro, Gangnam-gu, Tel. +82/2/3452-2500, www.iccoex.com. Für Geschäftsleute ideal, denn das Hotel steht direkt neben dem COEX und dem World Trade Center, was den Zugang zum neuen Geschäftsviertel erleichtert. Karte → S. 146.

Luxushotels

Auch Luxushotels gibt es massenhaft. Davon befinden sich im Zentrum nahe der Sejong-Avenue:

Koreana Hotel, 135, Sejong-daero, Jung-gu, Tel. +82/2/2171-7000, www.koreanahotel.com. Das Hotel hat schon bessere Tage gesehen, ist aber einfach ideal gelegen. Plan E8.

President Hotel, 100-191, Euljiro 1-ga, Jung-gu, Tel. +82/2/753-3131, www.hotelpresident.co.kr. Mitten im alten Geschäftsviertel nahe der Gwanghwamun Plaza. Plan F9.

Seoul Royal Hotel, 61, Myeongdong-gil, Jung-gu, Tel. +82/2/756-1112. www.seoulroyal.co.kr. Im Geschäfts- und Bankenviertel Myeong-dong. Plan F11.

Rakkojae, 218 Gahoe-dong, Jongno-gu, Tel. mobil +82/10/8555-1407, woody@rkj.co.kr, www.rkj.co.kr. Luxus in traditioneller Atmosphäre findet man in diesem Hanok im Szeneviertel Bukchon östlich vom Nordpalast. Plan A11.

Blick vom Deoksu-Palast auf das Plaza-Hotel

Design- oder Boutique-Hotels

Wer Design- oder Boutique-Hotels bevorzugt, ist bei folgenden Adressen gut aufgehoben:

Hotel Acacia, 360, Dongho-ro, Jung-gu, Tel. +82/2/2277-4771, www.hotelacacia.co.kr. Günstig zum Zentrum gelegen, die Zimmer sind im mediterranen Stil ausgestattet. Karte → S. 135.

IP Boutique Hotel, 737-32 Hannam-dong, Yongsan-gu, Tel. +82/2/3702-8000, www.ipboutiquehotel.com. Das lustig bunt aufragende Hotel im Stadtviertel Itaewon ist von der U-Bahn-Station binnen drei Minuten erreichbar. Transparent wirkende Räume durch viel Spiegelglas, sehr empfehlenswert. Karte → S. 158.

Dong Seoul Hotel, 595 Gueui-dong, Gwangjin-gu, Tel. +82/2/455-1100, www.idshotel.co.kr. Nach koreanischer Einstufung firstclass wohnt man in diesem Hotel, das gut und gerne auch den Design-Hotels zugerechnet werden könnte und nahe beim Dong Seoul Bus Terminal liegt. Karte → S. 107.

New Kukje Hotel, 29-2 Taepyeongno 1-ga, Jung-gu, Tel. +82/2/732-0161, www.newkukjehotel.com. Sehr zentral. Plan E9.

Metro Hotel, 14, Myeongdong 9ga-gil, Jung-gu, Tel. +82/2/752-1112, www.metrohotel.co.kr. Ebenfalls in der Stadtmitte gelegen. Plan F10.

Seokyo Hotel, 130 Yanghwa-ro, Mapo-gu, Tel. +82/2/330-7777, www.hotelseokyo.co.kr. Im Szene- und Universitätsviertel Hongdae. Karte → S. 158.

Biwon Tourist Hotel, 36 Wonnam-dong, Jongno-gu, Tel. +82/2/763-5555, www.biwonhotel.com. Günstiger als die vorgenannten Hotels; südöstlich vom Ostpalast gelegen, also recht zentral. Plan B14.

California Tourist Hotel, 98-6 Garak-dong, Songpa-gu, Tel. +82/2/401-4763, www.california-hotel.co.kr. Gut, wenn man im neuen Business District zu tun hat. Karte → S. 150.

Budget-Unterkünfte und Hostels

Budget-Reisende müssen auf Atmosphäre und zentrale Lage nicht verzichten, wenn sie rechtzeitig reservieren, denn es gibt auch für sie Hanok-Unterkünfte. Zwei liegen mitten im traditionsbewussten Bukchon-Viertel:

Anguk Guesthouse, 72-3, Anguk-dong, Jongno-gu, Tel. +82/2/736-8304, www.anguk-house.com. Verfügt nur über vier Zimmer. Plan B10.

Bukchon Guesthouse, 72 Ke-dong, Jongno-gu, Tel. +82/10/6711-6717, www.bukchon72.com. Das Guesthouse ist auf drei traditionelle Anwesen verteilt. Plan → A11.

G-Guesthouse Itaewon, 131-11 Itaewon-dong, Yongsan-gu, Tel. +82/2/795-0015, www.gguest.com. Supergünstig zur U-Bahn mitten im Szeneviertel gelegen, tolle Gastgeber, ›coole‹ Zimmer im minimalistischen Knast-Look. Karte → S. 158.

Beewon Guesthouse, 28-2 Woonni-dong, Jongno-gu, Tel. +82/2/765-0670, www.beewonguesthouse.com. In der Stadtmitte, nahe dem Ahnenschrein und nur ein paar Schritte südlich vom Ostpalast. Schlicht, aber blitzsauber. Plan B12.

Seoul Youth Hostel, 4-5, Yejang-dong, Jung-gu, Tel. +82/2/319-1318, www.hihostels.com. Jugendherberge direkt am Fuß des Südbergs und in fußläufiger Entfernung zum Viertel Myeong-dong. Plan H12.

Olympic Parktel, 88-8, Bangi-dong, Songpa-gu, Tel. +82/2/410-2114, www.parktel.co.kr. Das hypermoderne Hostel ragt direkt am gleichnamigen Park im Südosten der Stadt auf. Karte → S. 150.

YMCA, 9 Jongno 2-ga, Jongno-gu, Tel. +82/2/734-6884, www.ymca.or.kr/en. Äußerst zentral zu Füßen des Jongno-Towers gelegen. Plan D11.

Jjimjilbangs

Viele Jjimjilbangs liegen sehr zentral in der Nähe der Seoul Station und in Myeongdong, zum Beispiel:

Silloam Fire Pot Sauna, 128-104, Jungrim-ro, Jungrim-dong, Jung-gu, Tel. +82/2/364-7067. Sehr zentral. *U1 und U4, Seoul Station, Ausgang 1.* Plan H6.

Dragon Hill Spa, 40-712, Hangangno 3-ga, Yongsan-gu, Tel. +82/2/792-0001, www.dragonhillspa.co.kr. Beim Yongsan-Bahnhof.

U1 Yongsan Station, Ausgang zur Station Plaza. Karte → S. 158.
In anderen Stadtteilen sind zu empfehlen: **Happy Day**, 371-10 Seogyo-dong. Im Szeneviertel Hongdae (*U2, Hongik University, Ausgang 9, geradeaus bis zum Benikea Marigold Hotel*) oder nahe dem Dong Seoul Bus Terminal in 685 Jayang-dong, Gwangjin-gu, Tel. +82/2/452-5656 (*U2, Station Guuin, Ausgang 4, dann Richtung Jamsil-Brücke*). Karte → S. 158.
Dongmyo Sparex, 328-4 Changsin 1-dong, Tel. +82/2/763-8888. Im Viertel östlich des Dongdaemun, gleich neben der Metrostation (*U1 und U6, Dongmyo, Ausgang 6*). Karte → S. 135.
Templestay → S. 234.

Gastronomie

So vielfältig die koreanische Küche ist, so zahlreich sind auch die Stätten, sie zu probieren. Da Seoul für 600 Jahre die Geschicke des Landes bestimmte, nimmt es nicht Wunder, dass hier auch alle Küchen des Landes vertreten sind. Also hat man die Qual der Wahl.
Um überhaupt mal auf den Geschmack zu kommen, startet man am besten mit kleinen Snacks auf großen **Märkten**. Dort kann man sich frische Ware heraussuchen und bei der Zubereitung zuschauen. Fast alle Märkte in Seoul besitzen Food Stalls, die bei Koreanern sehr beliebt sind, weil sie wissen, hier wird authentisch, marktfrisch und preiswert gebrutzelt. Ganz nach dem Motto ›When in Rome do as the Romans do‹ entginge dem Besucher ein nicht nur geschmacklich unvergessliches Abenteuer, wenn er sich diesen einfachen Gerichten entzöge. Das Dinner kann man dann ja in einem der besseren Restaurants einnehmen. Aber auch da gibt es eine fast unüberschaubare Auswahl an **Restaurants** mit und ohne Dinnershows, spezialisiert auf koreanische Komplettmenüs, auf vegetarische Küche,

Menü-Empfehlungen in einem Restaurant

Pfannkuchen

auf die Nationalspeisen Bulgogi oder Galbi, auf Nudelgerichte, auf Maultaschen, Suppen oder Tofu-Teller.

Den bequemsten vergleichenden Überblick über die verschiedenen Restaurants bekommt man, wenn man durch folgende kulinarisch bestens aufgestellte Stadtteile bummelt: Bukchon, Insa-dong, Itaewon, Myeongdong oder das Univiertel Hongdae.

Tipps für typische Restaurants mit ›Mehrwert‹

Korea House, 10, Togye-ro 36-gil, Jung-gu, Tel. +82/2/2266-9101. Begleitet von klassischen Musik- und Tanzvorführungen (19 und 20.50 Uhr) werden in dem traditionellen Hanok königliche Gerichte serviert. Man kann sich aber auch am Büffet bedienen. *U3 und 4, Chungmuro, Ausgang 3*. Plan G13.

Samcheong-gak, 330-115, Seongbuk 2-dong, Seongbuk-gu, Tel. +82/2/765-3700. Eine der feinsten Adressen für gute Küche, tolle Shows und einen herrlichen Blick auf Seoul. *U5, Gwanghwamun, Ausgang 3, zwischen 10 und 22 Uhr stündlich Shuttle-Bus-Verkehr vom Kyobo Book Shop*.

Top Cloud, 1-1 Jongno 2-ga, Jongno-gu, Tel. +82/2//2198-3300. Ob man sich bei dieser Panorama-Aussicht auf sein koreanisches oder internationales Menü konzentrieren kann, ist die Frage. Denn dieses Restaurant befindet sich im 33. Stock des Jongno Towers. *U1, Jonggak, Ausgang 3*. Plan D10.

HanCook, N Seoul Tower, Yongsan-dong 2-ga, Yongsan-gu, Tel. +82/2/3455-9292. Auch hier lenkt der fantastische Blick aus den Höhen des N Seoul Towers vom Essen ab. Serviert werden traditionelle Menüs. Ein Büffet offeriert mehr als 30 verschiedene klassische Gerichte. *U3 oder U4, Chungmuro, Ausgang 2, dann Ring-Busse Nr. 02 und 05, oder U4, Myeongdong, Ausgang 3, dann Ring-Bus Nr. 05, oder U6, Itaewon, Ausgang 4, dann Ring-Bus Nr. 03*. Plan J11.

Sanchon, 30-13, Insa-dong-gil, Jongno-gu, Tel. +82/2/735-0312. Beste Tempelküche von einem ehemaligen Mönch in einem Hanok-Haus zum Gourmet-Event erhoben, abends untermalt von traditionellen Vorführungen. *U3, Anguk, Ausgang 6*. Plan C11.

Restaurants für speziell Interessierte

Jihwaja, 89-4 Gyeongun-dong, Jongno-gu, Tel. +82/2/2269-5834. Bietet sich an, um in die königliche Küche reinzuschmecken. *U3, Anguk, Ausgang 5, in der ›Fressgasse‹ gegenüber dem Unhyeong-Palast*. Plan B11.

Buddhists' Traditional Food Processing Research Institute, Tel. +82/2/355-5961. Die vegetarische buddhistische Küche bekommt man natürlich total beim Templestay-Programm. Wer sie aber nur mal schnell kosten möchte, kann das hier tun. *U3, Yeonsinnae, Ausgang 6, 10 Min. Fußweg*.

Spezialitäten

Für Spezialitäten wie Tteokbokki (Reismehlwürstchen) gibt es eine eigene Straße: **Tteokbokki Alley**, Sindang-dong, Jung-gu. Das älteste Gasthaus hier, eigentlich eher eine Garküche, ist **Ma Bok Lim's Restaurant**, eröffnet 1953 und heute von den Schwiegertöchtern von Frau Ma geführt. *U2 oder 6, Sindang, Ausgang 7, geradeaus bis zur Feuerwache und dann links; oder U6, Cheonggu, Ausgang 1, nach rechts zum Spielplatz, dann 200 Meter geradeaus*. Karte → S. 135.

Sundae Town, Sillim-dong. Auch für Sundae (Würstchen gefüllt mit einer Farce aus Gemüse, Nudeln und Tofu) hat man eine eigene ›Stadt‹ eingerichtet. *U2, Sillim, Ausgang 3, 100 Meter nach Süden, rechts abbiegen, weitere 60 Meter.*

Nagwon-dong Rice Cake Market, beim Pagodenpark. Die verschiedensten Arten von Reiskuchen probiert man am besten auf diesem speziellen Markt. *U1, 3 oder 5, Jongno 3-ga, Ausgang 1.* Plan D12.

Cafés

Was die Vielfalt an Cafés betrifft, herrschen in Korea für den Kaffeeliebhaber paradiesische Zustände. Die zahlreichen Coffeeshops sind in den Straßen Seouls unübersehbar, denn Koreaner lieben Kaffee. Der günstigste Standard-Kaffee ist der **Americano**, ein einfacher schwarzer Kaffee, der allerdings nicht mit Milch serviert wird. Daneben sind auch Cappuccino und Café Latte immer erhältlich. Ein in Korea beliebtes und besonderes Getränk ist der **Dutch Coffee**, der über einen längeren Zeitraum kalt gefiltert wird und dadurch ein besonderes Aroma erhält. Insbesondere in den heißen Sommermonaten ist der **Iced Dutch Latte** zu empfehlen.

Zu den ausgefalleneren Lokalen gehören Katzen-, Hunde- oder sogar Schafcafés, in denen Besucher die zahmen Tiere streicheln dürfen. Daneben gibt es eine Vielzahl an Themen-Cafés, die zum Beispiel eigens aufs Lernen und Lesen, Stricken, Camping oder auf ›Hello Kitty‹ ausgerichtet sind. Besonders zu empfehlen sind natürlich die Cafés, in denen der Kaffee selbst im Mittelpunkt steht. So bieten hauseigene Röstereien besonders gute Kaffeekreationen an. Ein Lokal, in dem man den gesamten Vorgang von der Auslese der Kaffeebohne bis zum Rösten beobachten kann, ist **EP3 Black Essense**. (*41-1, Jahamun-ro, Jongno-gu; U3, Gyeongbokgung, Ausgang 2*). Besonders einladend sind auch die vielen kleinen Cafés im Viertel **Samcheong-Dong**. In dieser Gegend gibt es zahlreiche Cafés in Hanok-Häusern, die eine besondere Atmosphäre bieten (*U3, Anguk, Ausgang 1*). Stimmungsvoll sind die sehr angesagten **Cafés auf den Brücken über den Han-Fluss**. Hier genießt man einen herrlichen Blick auf Stadt, Land, Fluss und kann beim Sundowner gemütlich den Abend und die hell illuminierte Nacht herankommen lassen.

Auswahl in einer Konditorei

Nachtleben

Seoul pulsiert rund um die Uhr. Wenn in den Wohnvierteln die Bürgersteige hochgeklappt werden, wachen einige Stadtviertel erst auf. Informationen dazu, was wann wo aufwacht, liefern – auf Englisch – das Monatsmagazin **Seoul** (http://magazine.seoulselection.com) sowie die Website **www.visitseoul.net** und die englischsprachigen Ausgaben von **Korea Herald** (www.koreaherald.com), **Korea Times** (http://www.koreatimes.co.kr) und **Korea Joong Ang Daily** (http://koreajoongangdaily.joins.com).

Abendveranstaltungen

Konzerte, Oper, Theater (in Koreanisch) und Ballett werden zum abendlichen Zeitvertreib natürlich auch angeboten. Dafür gibt es reichlich Säle und Kulturzentren wie das moderne **Nationaltheater** zu Füßen des Namsan oder das im Stil der 30er Jahre erhaltene **Myeongdong-Theater** im gleichnamigen Viertel, das klobige **Sejong Center** aus den 70er Jahren an der Gwanghwamun Plaza oder das futuristische **Seoul Arts Center** im südlichen Seocho-Bezirk sowie etliche Kleinbühnen und ›Off-Off‹-Theater rund um den ›Broadway Seouls‹, die Daehak-ro. Über all deren Programme gibt das Touristeninformationszentrum der KTO Auskunft.

Abends in Insa-dong

Nationaltheater, 59 Jangchungdong-ro, Jung-gu, Tel. +82/2/2280-4114, www.ntok.go.kr. Plan J14.

Myeongdong-Theater, 35 Myeongdong-gil, Jung-gu, Tel. +82/2/727-0951, www.mdtheater.or.kr. *U2, Euljiro 1-ga, Ausgang 6 oder U4, Myeongdong, Ausgang 6*. Plan F10.

Sejong Center, 175 Sejong-daero (Sejong-no) Jongno-gu, www.sejongpac.or.kr. *U1 City Hall, Ausgang 3*. Plan C8.

National Gugak Center, 2364, Nambusunhwan-ro, Seocho-dong, Seochu-gu, Tel. +82/2/58-0333. Wer gerne klassische koreanische Musik hören möchte, ist hier richtig. *U3, Nambu Bus Terminal, Ausgang 5*.

Chongdong-Theater, 43 Jeongdong-gil, Jung-gu, Tel. +82/2/751-1500. Traditionelle Bühnenkunst, vermischt mit westlichen Elementen. *U1 und 2, City Hall, Ausgang 12*. Plan E7.

Nanta-Theater

Viel typischer und zeitgemäßer wäre ein Abend in einem Nanta-Theater, einer einzigartigen koreanischen ›Erfindung‹, die traditionelle Trommelmusik mit westlichem Beat zu einer illustren Show mixt. Auf der Bühne, einer großen Küche, in der sie eigentlich Gerichte für einen Hochzeitsempfang zubereiten sollen, nutzen die Protagonisten alle möglichen Utensilien, um damit Musik zu machen. Die spritzigen Percussionshows genießen inzwischen internationalen Ruf. Je nachdem, wo man sich gerade aufhält, bieten sich an:

Gangbuk Nanta-Theater, Kyunghyang Shinmun Building, 22 Jeong-dong, Jung-gu, Tel. +82/2/739-8288. Die Mutter aller Shows. *U5, Seodaemun Station, Ausgang 5*. Plan E7.

Nanta-Theater Myeongdong, im UNESCO Building, 50-14 Myeong-dong 2-ga, Jung-gu, Tel. +82/2/739-8288. *U2, Euljiro 1-ga, Ausgänge 5 und 6*. Plan F10.

Nanta-Theater im Viertel Hongdae, Yellowstone Building, 357-5 Seokyo-dong, Mapo-gu, Tel. +82/2/739-8288. *U2, Hongik, Ausgang 5*. Karte → S. 158.

Kinos

Seouliten sind Kino-Freaks. Sie bevorzugen aber – wie alle Koreaner – heimische Produktionen, weshalb in mehr als 60 Prozent der Filmtheater koreanische Streifen gezeigt werden. Deshalb muss man als Gast aber nicht aufs Kino verzichten. Alle ausländischen Produktionen laufen im Original mit koreanischen Untertiteln. Mehrmals im Jahr finden internationale Filmfestspiele statt. Die bedienen aber nicht den Mainstream, sondern betreffen das Independent-Kino, Familien-, Jugend- oder Animationsfilme sowie spezielle Themen wie Menschenrechte, Frauen oder Christentum. Über das Kino-Programm informieren das Magazin ›Seoul‹, die Website www.visitseoul.net sowie jeder Hotelrezeptionist.

Clubs

Zu den angesagten Vierteln gehören nördlich des Han-Flusses das dynamische **Hongdae** rund um die Hongik-Kunsthochschule (U2, Hongik University, Ausgänge 4 und 5 oder U6, Sangsu, Ausgänge 1 und 2), das schicke **Sinchon** rund um die Ewha-Frauen- und die Yonsei-Universität (U2, Sinchon) und das bodenständige **Itaewon** (U6, Itaewon). Alle drei Szeneviertel bieten eine Fülle von trendigen Bars, Jazzcafés, Rockclubs und modischen als auch heimeligen Restaurants.

Für Clubbing ist vor allem Hongdae beliebt. Die Clubs dort haben sich einen guten Marketing-Gag einfallen lassen: den Hongdae Club Day. Jeden letzten Freitag des Monats kann man mit einem Ticket für rund 20 000 Won 21 Clubs besuchen und bekommt in jedem einen Drink auf Kosten des Hauses. Bei der Aktion macht auch der großflächige **M2 Club** mit, einer der besten der Stadt, Ohoo Building, 367-11 Seokyo-dong, Mapo-gu, *U2, Hongik University, Ausgang 2*. Im selben Gebäude befindet sich der ebenfalls sehr beliebte Hip-Hop-Club **Q-Vo**.

Vor allem die Jeunesse dorée verabredet sich südlich des Han-Flusses, wo es in den **Gangnam-Vierteln** Samseong, Apgujeong und Cheongdam jede Menge teure Fusion-Restaurants, Szenecafés, Bars und Clubs gibt (*U3, Station Apgujeong, Ausgänge 2 und 3, oder Bundang Line, Apgujeong Rodeo, Ausgänge 5-7 nach Apgujeong, Ausgänge 1-4 nach Cheongdam*).

Schwul-lesbisch

Die **schwul-lesbische Szene** outet sich – aufgrund der immer noch geltenden strengen konfuzianischen Gesellschaftsregeln – nicht sehr deutlich. Immerhin gibt es aber ein paar Treffpunkte. Die **Gay-Szene** konzentriert sich auf die nicht leicht, aber manchmal an den Regenbogenfarben zu erkennenden Bars rund um die U5-Station Jongno 3-ga, Ausgänge 3 und 6, und in der Nagwon Shopping Mall, sowie südlich der U6-Station Itaewon, Ausgang 3, rund um den irgendwie kläglichen **Homo Hill**. Die **lesbische Community** versammelt sich rund um die Ewha Womens University und die Hongik University. Nahe der letzteren residiert im Uniqlo Building das **Labris**, das sich rühmt, das älteste lesbisch orientierte Lokal der Stadt zu sein, *U2, Hongik University, Ausgang 9, oder U6, Sangsu, Ausgang 1*.

Rotlicht

Rotlichtmilieus befinden sich nahe dem Bahnhof Yonsan (U1), im Viertel rund um die U1-Station Cheongnyangni und in der ›Hooker Street‹ in Itaewon, südlich der Metrostation.

Paläste, Tempel und Museen

→ auch Seoul mit Kindern, S. 99.

Paläste

Gyeongbok-Palast, 161 Sajik-ro, Jongno-gu, Tel. 02/3700-3900, www.royalpalace.go.kr; Mi–Mo 9–18.30, im Winter 9–17 Uhr (Einlass bis eine Stunde vor Schließung), 3000 Won. *U3, Gyeongbokgung, Ausgang 5*. Karte → S. 110, Plan A/B 8/9.

Königliche Villa Unhyeong, 464 Samil-daero, Jongno-gu, Tel. 02/766-9090, www.unhyeongung.or.kr; Di–So 9–19, im Winter 9–18 Uhr, Eintritt kostenlos. *U3, Anguk, Ausgang 4 oder U5, Jongno 5-ga, Ausgang 5*. Karte → S. 108, Plan B11.

Changdeok-Palast, 99 Yulgok-ro, Jongno-gu, Tel. 02/762-8261, www.cdg.go.kr; Di–So 9–18, im Winter 9–17 Uhr, 3000 Won. *U3, Anguk, Ausgang 3*. Karte → S. 119, Plan A12.

Changgyeong-Palast, 185 Changgyeong-gung-ro, Jongno-gu, Tel. 02/762-4868, http://cgg.cha.go.kr (kor.); Mi–Mo von 9–18, im Winter 9–17.30 Uhr, 1000 Won. *U4, Hyewha, Ausgang 4*. Karte → S. 119, Plan A13.

Deoksu-Palast, 99 Sejong-daero, Jung-gu, Tel. 02/771-9955, www.deoksugung.go.kr; Di–So 9–21 Uhr, 1000 Won. *U1/U2, City Hall, Ausgang 2*. Karte → S. 126, Plan E8.

Gyeonghui-Palast, 45 Saemunan-ro, Jongno-gu, Tel. 02/724-0274; Di–So 9–18 Uhr. Karte → S. 141, Plan D6.

Tempel und Schreine

Jogye-Tempel, 55 Ujeongguk-ro, Jongno-gu, Tel. 02/768-8523 (engl.), www.jogyesa.kr; durchgehend geöffnet, Eintritt kostenlos. *U1, Jonghak, Ausgang 2 oder U3, Anguk, Ausgang 6*. Karte → S. 108, Plan C10.

Jongmyo-Schrein, 157 Jong-ro, Jongno-gu, Tel. 02/765-0195, http://jikimi.cha.go.kr; Mi–Mo 9–18, im Winter 9–17.30 Uhr, 1000 Won. Nur mit geführter Tour zu besichtigen. *U1, Jongno 3-ga, Ausgang 11*. Karte → S. 119, B13.

Dongmyo-Schrein, 238-2, Sungin-dong, Jongno-gu, Tel. 02/731-0535; nur an hohen Feiertagen geschlossen. *U1, Dongmyo, Ausgang 3*. Karte → S. 135.

Konfuzianische Akademie (Munmyo), 53, Myeongnyundong 3-ga, Jongno-gu, Tel.

Touristen am Nordpalast

02/760-1472; tägl. 9.30–17 Uhr. U4, *Hyehwa, Ausgang 4, 10 Min. zu Fuß Richtung Sungkyunggwan-Universität*. Karte → S. 107.

Bongeun-Tempel, 531 Bongeunsa-ro, Gangnam-gu, Tel. 02/3218-4800, www.bongeunsa.org (kor.); *U2, Samseong, Ausgang 6, kleiner Fußmarsch*. Karte → S. 146.

Bongwon-Tempel, 120, Bongwonsa-gil, Seodaemun-Gu, Tel. 02/392-3007, http://bongwonsa.or.kr. Karte → S. 141, Plan C1.

Doseon-Tempel, 504, Samyang-ro 173-gil, Gangbuk-gu. *U4, Suyu, Ausgang 3, dann Bus 120 bis Endstation, danach Shuttlebus oder zu Fuß (30 Min.)*. Karte → S. 141.

Gyeongguk-Tempel, 753, Jeongneung-dong. *U4, Sungshin Women's University, Ausgang 6, dann Busse Nr. 162 oder 1212 bis Jeongneung*.

Hwagye-Tempel, Gangbuk-gu, www.hwagyesa.org, Tel. 02/902-2663. *U4, Suyu, Ausgang 3, dann Bus Nr. 2 bis Hwagye-sa*. Karte → vordere Umschlagklappe.

Jingwan-Tempel, 73, Jingwan-gil, Eunpyeong-gu, Bukhansan-Nationalpark, Tel. 02/389-8465, www.jinkwansa.org (kor.). *U3, Gupabal, Ausgang 3, dann Bus 7724 bis Jingwan-sa*.

Seungga-Tempel, Bukhansan-Nationalpark, Gugidong. Bus 0212 vom Gwanghwa-mun, dann ca. 20 Min Wandern.

Historische Museen

Nationalmuseum, 137, Seobinggo-ro, Yongsan-gu, www.museum.go.kr (dt.); Di, Do, Fr 9–18, Mi, Sa 9–21, So 9–19 Uhr. *U4 oder Jungang-Liniee, Station Ichon, Ausgang 2, der unterirdische Weg ist bestens ausgeschildert*. Karte → S. 158.

Dependance des Nationalmuseums im Deoksu-Palast, 99 Sejong-daero, Jung-gu, Tel. +82/2/2188-6000; Di, Do, Fr, So 10–19, Mi, Sa 10–21 Uhr, Dauerausstellung kostenlos. Karte → S. 126, Plan E8.

War Memorial, 29, Itaewon-ro, Yongsan-gu, Tel. +82/2/709-3139, www.warmemo.or.kr; Di–So 9–18 Uhr, Eintritt frei. *U1, Namyeong Station, Ausgang 1, oder U4 und U6, Samgakji Station*, Ausgänge 11 und 12. Karte → S. 107, Plan O8/9.

Aufgang zum Bongeun-Tempel

Korea-Universitäts-Museum, Centennial Memorial Samsung Hall, Korea-Universität, 145, Anam-ro, Seongbuk-gu; Mo–Sa 10–16 Uhr, an Feiertagen geschlossen. U6, Korea University. Karte → S. 107.

Cheongwadae-Museum, 45, Hyoja-ro 13-gil, Jongno-gu, Seoul, Tel. +82/2/723-0300, http://cwdsarangchae.kr/eng; Di–So 9–18 Uhr, Eintritt frei. *U3, Gyeongbokgung, Ausgang 4*. Karte → S. 108.

Nationales Palastmuseum, im Nordpalast, Hyojaro 12, Jongno-gu, Tel. +82/2/3701-7500, www.gogung.go.kr; Di–So 9–18 Uhr, Eintritt frei. *U3, Gyeongbokgung, Ausgang 5*. Karte → S. 110, Plan B8.

Ahn-Jung-Geun-Museum, 91, Sowol-ro, Jung-gu, Tel. +82/2/3789-1016, www.patriot.or.kr (kor.); Di–Fr 10–17 Uhr. *U1, Seoul Station, Bus 402 bis Namsan Public Library*. Karte → S. 126, Plan I9.

Seoul City Wall Museum, 283, Yulgok-ro, http://seoulcitywall.seoul.go.kr; Di–So 10–17 Uhr. *U1 und U4, Dongdaemun, Ausgang 1*. Karte → S. 135.

Ehwajang (ehemalige Residenz von Syngman Rhee), 32, Ihwajang 1-gil, Jongno-gu, Voranmeldung erforderlich unter Tel. +82/2/762-3171, http://syngmanrhee.or.kr (kor.); tägl. 10–16 Uhr. Karte → S. 135.

Kuppel im Botta-Bau des Leeum-Samsung-Museums

Konfuzianisches Museum, in der Sungkyungwan-Universität; während des Semesters tägl. außer sonn- und feiertags 10–16 Uhr. *U4, Hyehwa, Ausgang 4*. Karte → vordere Umschlagklappe.

Gefängnismuseum Seodaemun, 101, Hyeongeo-dong, Seodaemun-ku, Tel. +82/2/360-8590; Di–So 9.30–18, Winter bis 17 Uhr, 1500 Won. *U3, Dongnimmun, Ausgang 5*. Karte → S. 158, Plan 2C.

Kunstmuseen

Nationalmuseum für zeitgenössische Kunst (MOCA), Seoul Grand Park, 30, Samcheong-ro, Jongno-gu, www.moca.go.kr, Tel. +82/2/3701-9500; Di, Do, Fr, So 10–18, Mi, Sa 10–21 Uhr, 4000 Won. Karte → vordere Umschlagklappe.

Seoul Museum of Art (SEMA), 61, Deoksugung-gil, Jung-gu, Tel. +82/2/2124-8800, sema.seoul.go.kr; Di–So 10–20, Sa/So 10–19 Uhr (Winter bis 18 Uhr). *U1 und U2, City Hall, Ausgänge 1 und 10–12*. Karte → S. 126, Plan F7/8.

Seoul Arts Center (SAC), 2406, Nambusunhwan-ro, Seocho-gu, Tel. +82/2/580-1300, www.sac.or.kr; D--So 11–20, Winter 11–19 Uhr. *U2, Seocho, Ausgang 3 oder U3, Nambu Bus Terminal, Ausgang 5, 5 Min. Fußweg*. Karte → S. 107.

Leeum Samsung Museum of Art, 60-16, Itaewon-ro 55-gil, Younsan-gu, http://leeum.samsungfoundation.org; Di–So 10–18 Uhr, mit Ausnahme hoher koreanischer Feiertage, Dauerausstellung 10000 Won. *U6, Hangangjin, Ausgang 1, 5 Min. ausgeschilderter Fußweg*. Karte → S. 158.

Hoam Art Museum, 38, Everland-ro 562 beon-gil, Pogok-eup, Cheoin-gu, Yongin-si, Gyeonggi-do, Tel. +82/31/320-1801, http://hoam.samsungfoundation.org; Di–So 10–18 Uhr, an bestimmten Feiertagen geschlossen, 4000 Won. *U2, Gangnam, Ausgang 10, dann Bus Nr. 5002 oder U2, Gangbyeon, Ausgang 1, dann Bus Nr. 5800, Fahrzeit je rund 50 Min*. → vordere Umschlagkarte.

Museum koreanischer buddhistischer Kunst, 73, Changdeokgung-gil, Jongno-gu; Di–Sa 10–18, im Winter 10–17 Uhr, 5000 Won. *U3, Anguk, Ausgänge 2 und 3*. Karte → S. 108, Plan A11.

Ilmin Museum of Art, 152 Sejongdaero, Jongno-gu, Tel. +82/2/2020-2050, http://ilmin.org; Di–So 11–19 Uhr. *U5, Gwanghwamun, Ausgang 5*. Karte → S. 119, Plan D9.

Sungkok-Kunstmuseum, 42 Kyoung Hee Goong-gil, Jongno-gu, Tel. +82/2/737-7650, www.sungkokmuseum.com; Di–So 10–18 Uhr, 5000 Won. Karte → S. 141, Plan C6.

Gansong Art Museum, 102-11, Seongbuk-ro, Seongbuk-gu; Tel. +82/2/762-0442; 10–18 Uhr, Eintritt frei. *U4, Hansung University, Ausgang 6, Bus 1111 bis Seonbuk Elementary School.*

Volkskunde/Kultur

Nationales Volkskundemuseum, im Nordpalast, 37 Samcheong-ro, Jogno-gu, Tel. +82/2/3704-3114, www.nfm.go.kr; Mi–Mo 9–18, im Winter 9–17 Uhr, Eintritt frei. *U3, Gyeongbokgung, Ausgang 5.* Karte → S. 110.

Museum of Straw and Plants Handicraft, 45, Sungkyunkwan-ro 4-gil, Jongno-gu, Tel. +82/2/743-8787, www.zipul.com; Di–So 10–17 Uhr, 4000 Won. *U4, Hyehwa, Ausgang 4.*

Kimchi-Museum, im COEX, 159, Samseong-dong, Gangnam-gu, Tel. +82/2/6002-6456, www.kimchimuseum.co.kr; Di–So 10–18 Uhr, 3000 Won. Karte → S. 146.

Simone Handbag Museum, 536-17, Sinsa-dong, Gangnam-gu, Tel. +82/2/3444-0912, http://simonehandbagmuseum.co.kr; Di–Sa 10–19, So 11–19 Uhr, 5000 Won. *U3 Sinsa-dong, Ausgang 8.*

Volkskundemuseum in der Lotte World, 240, Olympic-ro, Songpa-gu; Mo–Fr 9.30–20, Sa/So 9.30–21 Uhr, 5000 Won. *U2 oder U8, Jamsil, Ausgänge 1–4.* Karte → S. 150.

Museen im Olympiapark

Olympiamuseum, 424 Olympic-ro, Songpa-gu, Tel. +82/2/410-1354, www.88olympic.or.kr; Di–So 10–18 Uhr, Eintritt frei. *U8, Mongchontoseong, Ausgang 1.*

Seoul Olympic Museum of Art (SOMA), 88-2 Bangi-dong, Songpa-gu, Tel. +82/2/425-1077, www.somamuseum.org; Di–So 10–18 Uhr, Eintritt 3000 Won. *U8, Mongchontoseong, Ausgang 1.* Karte → S. 150.

Hanseong-Baekje-Museum, 71, Wiryeseong-daero, Songpa-gu, Tel. 02/2152-5800, http://baekjemuseum.sceoul.go.kr; Di–Fr 9–21, Sa/So 9–19 Uhr, Dauerausstellung kostenlos. *U8, Mongchontoseong, Ausgang 1.*

Mongchon-Geschichtsmuseum, 424 Olympic-ro, Songpa-gu, Tel. +82/2/424-5138; Di–So 10–17, im Winter 10–16 Uhr, Eintritt frei.

Informationen zu allen Museen im Olympiapark: www.olympicpark.co.kr. Karte → S. 150.

Galerie im Bukchon-Viertel

Blumen und Achterbahnen: Everland

Vergnügungsparks

Lotte World, 240 Olympic-ro,Songpa-gu, Tel. +82/2/1661-2000, www.lotteworld.com; tägl. *9.30–23 Uhr. U2 oder U8, Jamsil, Ausgänge 1–4.* Karte → S. 156.
Seoul Grand Park, 02, Daegongwongwang-jang-ro, Gwacheon-si, Gyeonggi-do, Tel. +82/2/500-7335, http://grandpark.seoul.go.kr; tägl. 9.30–21, im Winter 9.30–19 und Juli/August 9.30–22 Uhr. *U4, Seoul Grand Park, Ausgänge 1–3.* → vordere Umschlagkarte.

Everland, 199 Everland-ro, Pogop-eup, Cheoin-gu, Yongin-si, Gyeonggi-do, Tel. +82/320/5000, www.everland.com; Mo–Sa 9.30–22 Uhr, sonn- und feiertags 9–22 Uhr. *Bundang Line, Giheung Station, dann Yongin Ever Line bis Endstation Jeondae Everland, Shuttle-Bus. U1 oder U2, Station City Hall, Ausgang 5, dann Shuttle-Bus um 9.30 Uhr; U2, Gangnam, Ausgang 6, dann Shuttle-Bus um 10 Uhr.* → vordere Umschlagkarte.

Einkaufen

Als typische Souvenirs gelten Antiquitäten oder Reproduktionen klassischer Objekte, traditionelles Kunsthandwerk wie Keramiken, Porzellane, Lackarbeiten oder Bambusartikel, Puppen oder Masken, koreanische Spirituosen, Ginsengprodukte, Schmuck, vor allem Amethyst, weiße Jade und Topas. Und natürlich auch Lederwaren und Markenkleidung, weil viele Labels in Korea arbeiten lassen und ihre Artikel vor Ort günstiger verkaufen.
Das Angebot ist fast unüberschaubar, jedenfalls auf den großen Märkten wie jenen am Namdaemun (*U4, Hoehyeon, Ausgänge 5–10*) und Dongdaemun (*U1 und U4, Dongdaemun, oder U2, Dongdaemun Cul-*

ture Park, Ausgang 1) oder in den weitläufigen Shopping Malls wie der Central City im Seoul Express Bus Terminal (*U3, Express Bus Terminal, Ausgang 2*) oder der COEX Mall im Untergrund neben dem World Trade Center (*U2, Samseong, Ausgänge 5 oder 6*). Ein Bummel durch diese Einkaufsparadiese ist auf jeden Fall höchst kurzweilig, und man findet überall kleine Restaurants und Cafés zum Ausruhen.

Mode

Auf günstige Mode haben sich Läden in der **Fashion Street** spezialisiert (*U2, Sinchon, Ausgang 3 oder Station Ewha Women's University*), auf Marken- und Designerklamotten **Koreas Rodeo Drive** und andere Straßenzüge im Bezirk Gangnam (*U3, Apgujeong, Ausgänge 2 und 3 oder Bundang Line, Apgujeong Rodeo, Ausgänge 5-7 nach Apgujeong, Ausgänge 1-4 nach Cheongdam*).

Antiquitäten

Wer nach Antiquitäten, Töpferware, traditionellem Hanji-Papier und Kunst Ausschau hält, wird bestimmt in den zahlreichen Läden in Insa-dong fündig (*U3, Anguk, Ausgang 5 und 6 sowie U1, Jongno 3-ga, Ausgang 1*).

Auf Qualität geprüftes und darum nicht ganz billiges Kunsthandwerk gibt es in den staatlichen Geschäften im Untergeschoss der KTO-Zentrale (40, Cheonggyecheon-ro, Jung-gu, *U1, Jonggak, Ausgang 5*) und im Korea House (*U3 und 4, Chungmuro, Ausgang 3*). Aber es bieten sich auch ganz spezielle Adressen an:

Janganpyeong-Antiquitätenmarkt, 530-961, Dapsimni-dong, Dongdaemun-gu; tägl. 9–19 Uhr, ausgenommen am 1. und 3. Sonntag des Monats. In etwa 100 Geschäften kann man nach Antiquitäten, die für die Ausfuhr nicht älter als 100 Jahre alt sein dürfen, suchen oder sich gleich für Reproduktionen entscheiden. Buddhastatuen gefällig? Jadeschmuck oder Lackarbeiten? Alles vorhanden. *U5, Dapsimni, Ausgänge 1 und 3*. Karte → S. 107.

Heilkräuter

Yangnyeonsi-Markt; tägl. außer So 9–19 Uhr. Auf diesem größten Heilkräuterbazar Koreas bieten die über 1000 Geschäfte

Das Coex-Center

und Läden nicht nur Kräuter und Medikamente an, sondern man findet auch Ärzte und Experten für die Traditionelle Koreanische Medizin. *U1, Jegi-dong, Ausgang 2.* Karte → S. 107.

Elektronik

I'Park Mall, in Yongsan; tägl. 10.30–20 Uhr. Etwas übertrieben formuliert ist der riesige Yongsan-Bahnhof Teil der megalomanen I'Park Mall. Zumindest geht es von ihm direkt hinein. Außer dem umfangreichen Digital Shopping Center und dem E-Sports Stadion bietet dieses Einkaufs- und Amüsierzentrum auch einen Department Store mit allen großen Marken, ein Kulturzentrum, ein Cinemaxx-Kino, Restaurants und einen Event Park für Modeschauen und Festivitäten. *U1, Yongsan.* Karte → S. 158.

Elektronik-Markt in Yongsan; tägl. 10–19.30 Uhr, jeden 1. und 3. Dienstag im Monat geschlossen. Der Markt besteht aus vielen Gebäuden, Malls und kleinen Läden, so dass man sich in dem wohl größten Elektrohandel-Areal Asiens erst mal zurechtfinden muss. Aber die Suche nach Smartphones, Tablets und Highend-Rechnern, nach Software, TV-Geräten oder Stereoanlagen wird sich lohnen, wenn man vorher zu Hause die Preise gecheckt hat. Feilschen ist angesagt, dann kann man bis zu 30 Prozent beim Kauf sparen. *U1, Yongsan, Ausgang 2, dann über die Fußgängerbrücke.* Karte → S. 158.

Gangbyeon Techno Mart; tägl. 10–20 Uhr, außer am 2. und 4. Dienstag des Monats. In diesem Hochhaus dreht sich fast alles um Elektronik und Computer. Hunderte Geschäfte sind auf Elektronik spezialisiert; wer also ein Schnäppchen machen möchte, sollte es ansteuern. Ferner gibt es ein Multiplex-Kino, Modeläden, Spielhallen und Restaurants. *U2, Gangbyeon, Ausgang 1.* Karte → S. 150.

Gasse auf dem Namdaemun-Markt

Sport

Wer zu Hause regelmäßig sein Fitness-Programm absolviert, braucht auch in Seoul nicht darauf zu verzichten, schließlich sind die Koreaner ein sportbegeistertes Volk. Studios gibt es fast an jeder Straßenecke, und in größeren Hotels sind sie eine Selbstverständlichkeit.

Joggen und Radeln

Da die Hauptstadt gleichsam eine grüne Stadt mit unzähligen Parks ist, kann jeder auch seine Jogging- oder Walking-Strecken leicht zurücklegen und dabei von den kostenlosen Fitnessgeräten, die in allen Grünanlagen stehen, profitieren. Radler wird es auf das fast 200 Kilometer lange Streckennetz entlang dem Han-Fluss ziehen.

Golf

Golfer finden in der aktivsten Golf-Nation der Welt auch nahe Seoul schnell ihren Platz. Ein – allerdings privater – Golfclub liegt sogar mitten in der Stadt am Fuß des Südbergs.

Taekwondo

Aber warum nicht auch mal die traditionellen Sportarten ausprobieren? Taekwondo-Schnupperkurse bietet z.B. das Taekwondo Experience Program for Foreigners. Sie finden von Anfang Mai bis Anfang November (ausgenommen August) täglich außer dienstags um 11, 13 und 16 Uhr im schönen Rahmen des Namsangol Hanok-Dorfs statt und kosten für Erwachsene 20 000 Won. Anmeldung unbedingt erforderlich unter www.taekwonseoul.org.

Bogenschießen

Für das traditionelle Bogenschießen muss man in die U-Bahn steigen und nach Suwon (Teil der Metropolregion) fahren, es sei denn, man meldet sich als Profi beim Seouler YoungHakJeong Archery Club an. Als Laie darf man diese Kunst in der Hwaseong-Feste beim Yeonmu-Pavillon üben, täglich von 9.30 bis 18.30 Uhr, gegen einen Obulus von 2000 Won für zehn Schüsse.

Ärztliche Versorgung

Die medizinische Versorgung hat europäischen Standard, ist allerdings viel preiswerter. Nicht von ungefähr hat sich im Lauf der Jahre sogar ein Medizintourismus nach Korea entwickelt. Alle größeren Hotels haben eigene Hausärzte, von denen einige auch Englisch sprechen.

Krankenhäuser

Falls man tatsächlich ins Hospital muss, bieten sich folgende internationale Krankenhäuser an.

Asan Medical Center, International Clinic, 388-1, Pungnap-dong, Songpa-gu, Tel. +82/2/3010-5001. Karte → S. 150.

Samsung Medical Center, 50, Irwon-dong, Gangnam-gu, Tel. +82/2/3410-0200. Karte → S. 152.

Seoul National University, International Health Care Center, 101 Daehak-ro, Jongno-gu, Tel. +82/2/2072-0505. Plan B14.

Severance Medical Center, 134 Shinchon-dong, Sodaemun-gu, Tel. +82/2/361-6540. Karte → S. 125.

Apotheken

Wie in der Medizin herrscht auch bei den Medikamenten europäischer Standard. Alle wichtigen Arzneimittel, die man in Europa kennt, gibt es auch in Seoul – und dazu preisgünstiger als bei uns.

Man sollte sich nicht durch die koreanische Beschriftung abschrecken lassen: Irgendwo auf der Packung gibt es das Logo und den Namen der internationalen Pharmafirma zumindest im Kleingedruckten.

Ob Du eilst oder langsam gehst,
der Weg vor Dir bleibt derselbe.
Buddhistische Weisheit

Kampfkunstvorführung vor dem Palast in Suwon

DIE UMGEBUNG VON SEOUL

Incheon

Fast lückenlos mit Seoul zusammengewachsen ist die rund 30 Kilometer westlich der Hauptstadt liegende, etwas mehr als 1000 Quadratkilometer umfassende Hafenstadt Incheon. Mit fast 2,9 Millionen Einwohnern – und der Zuzug geht unaufhörlich weiter – hat sie sich zur drittgrößten Stadt Koreas gemausert und wurde mit Seoul, dem südlich gelegenen Suwon und der Provinz Gyeonggi, in der alle drei liegen, zur Metropolregion Sudogwon zusammengefasst.

Die ›Metropolitan City‹ (das heißt, sie darf sich autonom verwalten und genießt Provinzstatus) ist neben der Hafenstadt Busan im Süden das wichtigste Eingangstor zum ›Land der Morgenstille‹. Von der ist jedoch gerade hier nichts mehr zu spüren, statt dessen aber von dem unbedingten Willen der Koreaner nach Aufbau und Modernität. Incheon, das U- und S-Bahnen sowie Busse im Zehn-Minuten-Takt an die Hauptstadt koppeln, ist für Seoul der wesentlichste, für das Land aber ›nur‹ der zweitwichtigste Hafen – nach Busan. An Industrien gibt es Eisen- und Stahlwerke, Furnierfabriken, Glas- und Porzellanmanufakturen.

Klassische Sehenswürdigkeiten sind relativ rar: Immerhin schützte die **Munhak-**

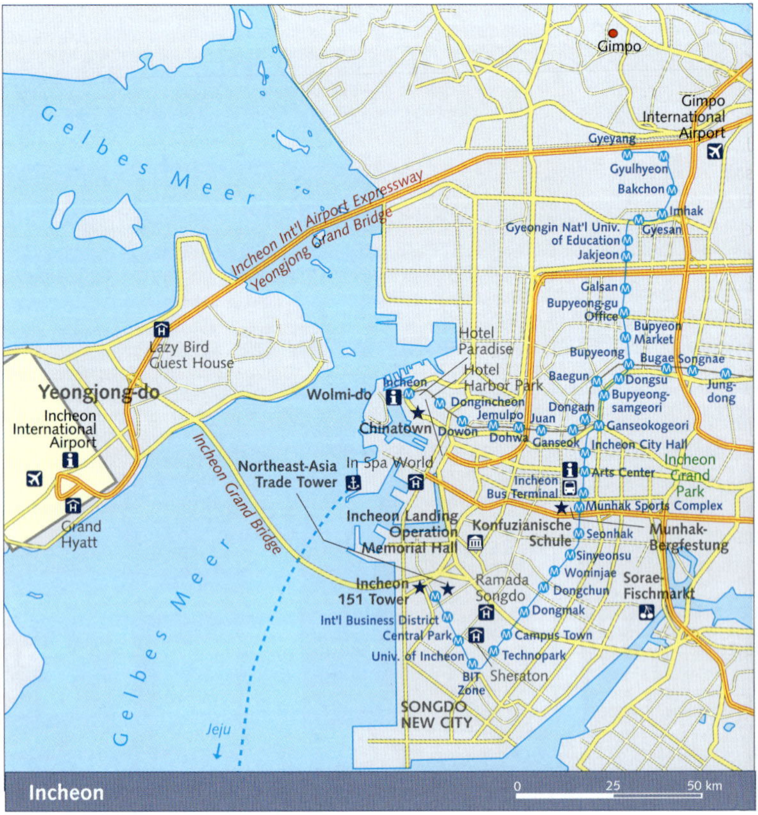

Bergfestung, zu deren Füßen sich das 2001 errichtete Munhak World Cup Stadium rundet, das Hinterland vor unbefugten Besuchern, in der **Konfuzianischen Schule** nördlich vom Stadion wurden die Adelskinder unterrichtet, und die Buddhisten konnten und können noch im **Jeondeung-Tempel** ihren Ritus feiern.

Als der Hafen 1883 eröffnet wurde, war Incheon nur ein kleines unbedeutendes Fischerdorf mit gerade mal 4700 Einwohnern, wenn auch dort die Entwicklung Koreas stark beeinflussende Begebenheiten stattgefunden haben. Im Jahre 1871 zeigten die Amerikaner vor Incheon Flagge und beschossen die Stadt, weil sie Rache nehmen wollten für ein angebliches Massaker bei Pjöngjang, im Grunde wollten sie aber nur das damalige ›Einsiedel-Königreich‹ zur Öffnung für ihren Handel zwingen. Dasselbe hatten die Japaner vor, die 1875 mit einem Kriegsschiff vor der Han-Mündung auftauchten. Die derart provozierten Koreaner hatten das Feuer und damit eine lange Leidensgeschichte eröffnet. Ein Jahr später sahen sie sich gezwungen, den von Japan angebotenen ›Freundschaftsvertrag‹ zu unterzeichnen. Neben Incheon mussten sie auch die Häfen Busan und Wonsan dem japanischen Handel öffnen. In der jüngeren Geschichte kam Incheon in die Schlagzeilen, als der US-General Douglas MacArthur nach Ausbruch des Koreakriegs 1950 hier die UNO-Truppen landen ließ, obwohl diese Operation wegen des extremen Tidenhubs (bis zu neun Meter) als sehr ungünstig kritisiert wurde. Ein Denkmal für den General steht im Jayu-Park.

Spaziergang durch Alt-Incheon

Da die Anreise mit der U1 aus Seoul die günstigste Verbindung ist, soll der Rundgang beim U-Bahnhof Incheon beginnen.

Auf der Halbinsel Wolmi erinnert ein Denkmal an die Landung der UNO-Truppen

Chinatown

Gleich neben der Station weist ein elf Meter hohes und 17 Meter breites steinernes **Ehrentor**, das ›Tor der chinesischen Kultur‹ (Junghwamun), den Weg nach Chinatown hinein, der einzigen ›Chinesenstadt‹ auf koreanischem Territorium. Ihre Gründung geht auf das Jahr 1884 zurück, in dem China – nach der zwangsweisen internationalen Öffnung der Stadt durch die Japaner – hier ein Konsulat eröffnete. Allerdings weckt Chinatown, im Gegensatz zum benachbarten ›japanischen Viertel‹ keine schlechten Erinnerungen. Der Handel und der Kulturaustausch über das Gelbe Meer verliefen Jahrtausende lang meist friedlich, weil Korea in China den ›großen Bruder‹ verehrte, ganz im konfuzianischen Sinne. Wohl deshalb steht nahe der sehenswerten Cheongil-Brücke (Cheongil-jogye), die Chinatown vom japanischen Viertel trennt, eine Statue des chinesischen Weisen.

Vom **Ehrentor**, das wie die zwei anderen ›Pai-lou‹ ein Geschenk der chinesischen Partnerstadt Weihai ist, läuft man am besten die leicht ansteigende Straße immer geradeaus. An deren Ende gilt es sich zu entscheiden: Nach rechts geht es in die von Restaurants übersäte ›Nudelsuppenstraße‹ (Jajangmyeon-Street) hinein und zum **Jajangmyeon-Museum**. Vielleicht mal eine der ›schwarzen‹ Suppen verkosten? Ihre Nudeln werden aus dem Mehl schwarzer Bohnen fabriziert. Sie sind Chinas Beitrag zur koreanischen Küche und der Legende nach hier erfunden worden. Rund um die Nudel findet alljährlich im Oktober ein turbulentes Kulturfest statt – mit Nudel-Events wie Koch- und Ess-Wettbewerben, aber auch mit spektakulären Paraden, Drachen- wie Löwentänzen und chinesischer Kampfkunst.

Nach links gehend sieht man nach ein paar Schritten rechter Hand schon eine mit Bildern und Steinmetzarbeiten verzierte, lange Treppe, die zu dem zweiten, prächtigen **Ehrentor** (Seollinmun) hinaufführt. Dort oben, geschützt von überlebensgroßen **Steinfiguren der asiatischen Tierkreiszeichen**, erahnt man schon den Jayu-Park, den man über eine weitere Treppe erreicht.

Im Jayu-Park

▲ Karte S. 196

Jayu-Park

Der auf dem Eungbong-Berg gelegene Jayu-Park wurde 1888 als ›Freiheitspark‹ angelegt, der erste Koreas im westlichen Stil. Ursprünglich allen Nationen gewidmet, ist er heute ausschließlich ein Zeugnis der koreanisch-amerikanischen Freundschaft – rund um das Standbild des Generals Mac Arthur, der im Koreakrieg die UNO-Truppen erfolgreich gegen Nordkorea befehligt hatte. Immerhin hat man von oben eine schöne Aussicht auf die Altstadt und die vorgelagerten Inseln. Im Nordteil der Anlage könnte man sich noch das **Denkmal Hundert Jahre Korea–USA** anschauen.

Ansonsten läuft man vom Bronze-General ein paar Schritte zurück ins Grün des Parks, wendet sich nach links und verlässt den Eungbong-Berg in Richtung Süden. Dabei passiert man im Parkausläufer ein letztes typisches Wahrzeichen, das Achteck des **Palgak-Pavillons**, der wiederum eine wunderbare Aussicht auf den Hafen sowie die Incheon Grand Bridge bietet, und verabschiedet sich von China bei der Konfuzius-Statue. Die steht am Kopfende der wunderbar restaurierten **Cheongil-Treppe**, deren Stufen auf beiden Seiten von schlanken Laternen-›Pagoden‹ gesäumt werden (bergab betrachtet: rechts in chinesischem, links in japanischem Stil).

Japanisches Viertel

Wenn man die Cheongil-Treppe hinabsteigt, die früher die Grenze zwischen dem chinesischen und dem japanischen Viertel markierte, gelangt man in letz-

Geschäfte im Japanischen Viertel

teres. Hier hatten die Söhne Nippons, nachdem sie König Gojong im Jahr 1876 Handelsverträge aufgezwungen hatten, Geschäfte, Banken und ein Konsulat errichtet. Etliche Kolonialbauten, aber auch schlichte Wohnhäuser im Kolonialstil aus dieser für die Koreaner unschönen Zeit sind noch zu sehen. Dazu biegt man am Ende der Treppe nach links in die **Street of History and Culture** ein, die von Geschäftshäusern in japanischem Stil flankiert wird, und bummelt einfach nach Lust und Laune durch die schachbrettartig angelegten Straßen. Dabei passiert man viele Bankhäuser, unter anderem die ehemalige ›18. Bank of Japan‹, in die heute das **Incheon Open Port Modern Architecture Museum** eingezogen ist, das über die Geschichte des Viertels informiert. Oder die frühere ›1. Bank of Japan‹ sowie das klassizistische Gebäude des **einstigen Jemulpo-Clubs**, des Versammlungshauses der japanischen Geschäftsleute. Jemulpo war der damalige Name Incheons. Danach läuft man die Hauptstraße weiter bergab, wobei schon die roten Ziegelwände der früheren Lagerhallen den Blick auf sich ziehen. Sie bieten jetzt der **Incheon Art Platform** Raum. Durch die mit moderner Kunst bestückte Fußgängerzone bummelnd, hat man schon wieder charakteristische Bauwerke von Chinatown vor Augen, vor allem das auffallende **Koreanisch-Chinesische Kulturzentrum** und das dritte, von zwei goldenen Drachen bewachte **Ehrentor** (Inhwamun). Ein paar hundert Meter weiter steht man wieder am Startpunkt, dem Platz vor der Incheon Station.

Wolmi-do

Die Halbinsel Wolmi-do ist der Chinatown und dem Bahnhof im Westen vorgelagert. Deren Zentrum erreicht man mit dem Bus Nr. 2 von der Incheon Station. Auf Wolmi-do fand im Koreakrieg (1950–1953) die berühmte Landungsoperation der UNO-Truppen unter General MacArthur statt. Heute erstreckt sich dort eine breite, autofreie Meerespromenade, die **Culture Street**, an der frischestes Seafood und Sushi serviert werden. Häufig treten Straßenkünstler auf, die mit Trommelmusik oder Gesang unterhalten. In den Monaten April, Mai und Oktober wird es hier voll: Beim Wolmi-Festival gibt es Paraden, Jazz- und Rock-Musik, Schamanenrituale für

Die Cheongil-Treppe

Uferpromenade auf der Halbinsel Wolmi-do

eine reiche Fischernte, Drachen- und Löwentänze. Eine schlanke **Denkmalsäule** an der Wasserfront erinnert an die erfolgreiche Landung der UNO-Truppen. Ob allerdings die Menschen im Vergnügungspark an der Südspitze der Insel daran denken, ist mehr als zweifelhaft. Nachdem endlich alle Kriegsschäden beseitigt waren, eröffnete die Stadt im Jahr 2008 den **Wolmido-Park** rund um den 108 Meter hohen Wolmido-Hügel. Darin kann man durch die Nachahmung eines traditionellen koreanischen Gartens flanieren, sich im **Emigration History Museum** am Fuße des Hügels über die koreanische Auswanderungswelle informieren, einen herrlichen Sonnenuntergang genießen oder von dem gläsernen Kelch des **Observatoriums** einen Panoramablick werfen, auf die Altstadt, die 4,5 Kilometer überspannende Yeongjong Grand Bridge im Norden, die 12,3 Kilometer lange Incheon Grand Bridge im Süden, die neuen Geschäftsviertel in Songdo sowie den Flughafen. Und natürlich auch auf die beiden großen **Schleusen**, die zwischen Wolmi-do und Sowolmi-do die Flut vom Hafen abhalten. Die mit 363 Metern Länge und 36 Metern Breite größere von beiden ist für Schiffe bis zu 50000 Bruttoregistertonnen ausgelegt. Rund 20 Ozeanriesen können täglich ein- oder auslaufen. Besichtigungen der Schleusen sind werktags von 9-17 Uhr möglich über das Floodgate Management Office, direkt bei den Schleusen gelegen.

Um Wolmi-do, Incheon und die großen Brücken mal aus einer anderen Perspektive zu erleben, werden im Hafen natürlich auch **Bootstouren** angeboten, in stündlichem Rhythmus. Leider wurde die Einschienenbahn, die ganz Wolmido umrundet, wegen Sicherheitsmängeln stillgelegt.

New Songdo City

Wer an Städteplanung und moderner Architektur Interesse hat, ist in Songdo New City gut aufgehoben. Das etwa sechs Quadratkilometer große Areal erstreckt sich im Süden Incheons auf meist dem Watt abgerungenen Neuland. Die Richtung dorthin findet man leicht, gibt es doch zwei eindrucksvolle Wegmarken.

▲ Karte S. 196

Erstens: Die **Incheon Grand Bridge**. Koreas längste Brücke spannt sich seit 2009 in einem weitgeschwungenen Bogen zur Flughafeninsel, ein Meisterwerk der Ingenieurskunst, das in nur vier Jahren Bauzeit fertiggestellt wurde. Das Hauptstück, eine Schrägseilbrücke mit 800 Metern Stützweite und 238,5 Meter hohen Pylonen, ist die weltweit fünftgrößte Brücke, auf die man vom Incheon Grand Bridge Observatory einen wunderbaren Blick hat.

Zweitens: Die schlanke Säule des spitzkonisch zulaufenden **Northeast Asia Trade Tower**. Diesen 305 Meter hohen Wolkenkratzer hat das New Yorker Architekturbüro Kohn Pedersen Fox geplant, das auch für den Lotte World Tower in Seoul verantwortlich zeichnet. Die 68 Stockwerke werden von einem Hotel, Wohnungen und Büros genutzt. Einen fantastischen Blick über das neue Stadtviertel genießt man vom Aussichtsdeck des Northeast Asia Trade Tower in 276 Metern Höhe. Dann sieht man auch, dass das neue Songdo nicht nur weitere architektonische Highlights im Internationalen Business Distrikt aufweist, sondern auch angenehme, von Seen aufgelockerte und von Kanälen durchzogene Wohnviertel und weitläufige Grünanlagen. Die Stadtregierung will hier beispielhaft zeigen, dass Ökonomie und Ökologie durchaus zusammenpassen.

Von den später als Wahrzeichen der Stadt gedachten Zwillings-Wolkenkratzern des **Incheon 151 Tower** ist realiter noch nicht viel zu sehen. Sie sind erst im Bau. Aber die Stadt macht schon einen Riesenwirbel um sie. Entworfen wurden die Zwillinge vom US-amerikanischen Architekturbüro John Portman & Associates. Die superschlanken, silbern glänzenden und durch drei ›Sky Bridges‹ verbundenen Nadeln sollten ursprünglich 600 Meter in die Luft ragen und somit Koreas höchstes und der Welt zweithöchstes Bauwerk werden. Die Finanzkrise im Jahre 2008 zwang aber zu einer Reduzierung des auf 151-Stockwerke angelegten Projekts auf ›nur‹ 102 Etagen und 487 Metern Höhe. Damit wird der **Incheon 102 Tower** – wenn er denn mal fertig ist – aber immer noch die bisher welthöchsten Zwillingstürme, die Petrona Towers in Kuala Lumpur, um 35 Meter überragen. Ein Hotel, Wohneinheiten, Büros, ein Restaurant und ein Aussichtsdeck sollen die Türme künftig mit Leben füllen.

Songdo hat auch ein Ziel für historisch Interessierte: die **Incheon Landing Operation Memorial Hall** (138, Cheongnyangro, Yeonsu-gu), geschmückt mit den Flaggen der 16 UNO-Mitgliedsstaaten, die Südkorea damals militärisch unterstützt hatten. Außer Fotos des Kriegs sind auch Bilder über das tägliche Leben jener Zeit

Der Northeast Asia Trade Tower in Songdo

ausgestellt. Die geschichtliche Entwicklung von Incheon erklärt das benachbarte **Incheon Metropolitan City Museum**. Öffnungszeiten: Di–So 9–18 Uhr.

Anfahrt nach Songdo: U-Bahn Incheon Line von der Station Bupyeong bis University of Incheon (zum Northeast Asia Trade Tower) oder bis Central Park (zur sehenswerten Grünanlage vor dem Tower); zur Memorial Hall Busse Nr. 6, 16 oder 908 von der Dong Incheon Station (U1) bis Songdo Resort.

Bupyeong

Im Osten fern der Altstadt gelegen ist dies die turbulente Geschäfts- und Amüsiermeile. Hier geht rund um die Uhr die Post ab. Berühmt ist das Viertel wegen seiner weitläufigen **Untergrund-Shopping Mall** direkt an der Bupyeong Station – sie ist Koreas größte. Aber auch oberirdisch gibt es jede Menge Geschäfte. Zahlreiche Restaurants und Bars runden das Unterhaltungsangebot ab und locken abends tausende junge Leute an. Wer ins einheimische Leben eintauchen möchte, findet hier den besten Einstieg. Im Mai lockt das **Bupyeong Pungmul Festival** mit farbenfrohen traditionellen Veranstaltungen, Tänzen, Konzerten, für die sich die berühmtesten Stars der Szene nicht zu schade sind. Der Trubel findet in der Bupyeong Street und im Sintri Park statt.

Anfahrt: U1 von Incheon Station nach Bupyeong Station.

Zu Füßen des Munhak-Bergs

Mittelalter und Moderne liegen hier dicht beieinander. Seit 2002 beherrscht das **Munhak-Stadion** (früher: World Cup Stadion), dem das Baseball-Stadion benachbart ist, das Viertel. Es wurde eigens für die damalige Fußball-WM gebaut. Die an Segel erinnernde Dachmembran stammt aus dem deutschen Ingenieurbüro ›Schlaich Bergermann und Partner‹, deren Gründer 1972 beim großen Segeldach des Münchner Olympiastadions erste Erfahrungen gesammelt hatten. Rund 51000 Zuschauer konnten im Munhak-Stadion einst die drei Gruppenspiele, auch den 1:0-Sieg der Koreaner über Portugal, verfolgen.

Park in Songdo mit der markanten Kulisse des G-Tower

▲ Karte S. 196

Auf eine sehr viel längere Geschichte blicken der **Konfuzius-Schrein** und der **Dohobucheongsa**, der frühere Sitz der lokalen Regierung, zurück, nämlich auf das 16. Jahrhundert. Die beiden benachbarten, im klassischen koreanischen Stil errichteten, herrlich stillen Anlagen liegen dem Stadion genau gegenüber und wurden jüngst komplett restauriert.
Anfahrt: Von Bupyeong mit der U-Bahn Incheon Line bis Munhak World Cup Stadium.

Incheon Grand Park

Vor allem im Frühjahr ist diese größte Grünfläche der Stadt reizvoll, dann bummelt man nämlich durch ein herrliches Kirschblütenmeer. Der Park hat ferner einen **Zoo** und einen **Rosengarten** zu bieten.
Anfahrt: Busse Nr. 8, 14-1, 15, 30 oder 103.

Yeongjong-do

Zwar ist die Insel ganz besonders für den Flughafen, seinen Business District und die entsprechenden Hotels bekannt, aber sie hat auch landschaftlich schöne Stellen. Wer's nicht glaubt, kann sich am **Eurwangni-Strand**, einer weißsandigen, 700 Meter langen Ufersichel im Westen der Insel, persönlich davon überzeugen.
Anfahrt: Bus 306 von der Dong Incheon Station oder 302 vom Internationalen Flughafen (Gate 2A).

Sorae-Fischmarkt

Sorae, etwas südlich von Incheon-Stadt gelegen, war früher ein kleines Fischerdorf. Baulich wurde in der Umgebung zwar einiges verändert, nicht verändert haben sich aber die lokale Fischindustrie und der Fischmarkt, die somit das traditionelle Korea widerspiegeln. Die Farbigkeit und das geschäftige Treiben des Markts sind so herausragend wie die Qualität des Angebots. Hauptsaison für die beste Ware sind die Monate Juni, August und November. Glücklicherweise gibt es sowohl im Markt als auch in den Straßen drum herum zahlreiche Stände und Lokale, die auf die Zubereitung von rohem Fisch spezialisiert sind. Selbst schuld, wer nichts probiert.
Besonders attraktiv ist Sorae im Oktober, denn dann findet im **Marine Eco Park** das Sorae Inlet Festival statt – mit Angelwettbewerben, Strandkonzerten und dem Pungeo-je, einem schamanistischen Ritus für reichen Fischfang im kommenden Jahr.
Anfahrt: Von der Incheon-Line U-Bahn-Station Woninjae mit der Suin-Line bis Soraepogu-Station, Ausgang 2.
Öffnungszeiten: Rund ums Jahr 9–21 Uhr.

Incheon

Vorwahl: +82/32.
Tourist-Information: am Flughafen, tägl. 7–20 Uhr; im Bus Terminal und an der U1-Haltestelle Incheon Station, tägl. 9–18 Uhr, in den Sommermonaten 10–20 Uhr; im Internationalen Passagier Terminal, tägl. 9–18 Uhr, auf Wolmi-do (36, Wolmimunhwa-ro), tägl. 9–19 Uhr, in Songdo (234, Incheon Tower Daero, Yeonsu-gu), tägl. 9–18 Uhr.
Website: www.incheon.go.kr.

Von Seoul Station oder Yongsan mit der U1 bis **Incheon Station**. Busfahren dorthin lohnt nicht, die U-Bahn ist schneller. Incheon hat nur eine einzige eigene **U-Bahnlinie**, die die Stadt von Nord nach Süd unterquert. Die wichtigen Sehenswürdigkeiten – mit Ausnahme von Bupyeong und der Region um das World Cup Stadion – liegen nicht an der Strecke. Aber Songdo und der International Business District sind damit zu erreichen.

Durch die Nähe zum Flughafen und als nagelneues Business Center bietet Incheon jede Menge Luxus-Hotels wie z.B. das **Grand Hyatt**, 208, Yeongjonghaeannam-ro, 321 Beon-gil, Unseo-dong, Jung-gu, Tel. +82/32/745-1234, www.incheon.grand.hyatt.com. Direkt am Flughafen.

Ramada Songdo, 812 Dongchun 1-dong, Yeonsu-gu, Tel. +82/32/83-22000, www.ramada-songdo.co.kr. Im neuen Business District.

Sheraton, 6-9 Songdo-dong, Yeonsu-gu, Tel. +82/32/835-1000, www.sheratonincheon.com. Ebenfalls im neuen Business District.

Harbor Park, 217, Jemullyang-ro, Jung-gu, Tel. +82/322/770-9500, www.harborparkhotel.com. Designhotel mit schönem Blick auf den Hafen, nahe der Chinatown.

Paradise Hotel, 257, Jemullyang-ro, Jung-gu, Tel. +82/32/762-5181. Etwas in die Jahre gekommenes, aber eine gute Aussicht gewährendes Hotel nahe der Chinatown.

Lazy Bird Guest House, 2665-2 Unseo-dong, Jung-gu, www.lazybirdguesthouse.com. Sehr günstig wohnt man in diesem hervorragend beleumundeten Guest House, das allerdings auf der Flughafeninsel liegt.

Hongkong Motel, Tel. +82/32/777-9001. Günstiges Motel zu Füßen des Paradise Hotels.

In Spa World, 279 Chukhang-daero, Jung-gu, Tel. +82/32/885-6776. Außer einer großen Wasserlandschaft gibt es auch ein sehr günstiges Jjimjilbang mit weitläufigen Ruhezonen (*U1, Dongincheon, Ausgang 3, dann Shuttle-Bus*).

Unschlagbar, was das Ambiente, den Blick und die Frische der Zutaten angeht, ist die Restaurantzeile an der **Uferstraße der Halbinsel Wolmi-do**. Während die Sonne über dem Meer versinkt, lässt man sich frisch zubereitetes Seafood servieren – vielleicht mal Incheons Spezialität, Krebssuppe (Kkotgetang)? Es gibt so viele Lokale, dass man sich am besten selbst das ansprechendste aussucht.

Chinatown ist ebenfalls eine gute Adresse – für alle, die statt Kimchi mal Süß-Saures schmecken möchten.

Das **Bupyeong-Viertel** wird gern von Ausländern und Ex-Pats angesteuert. Wohl weil es neben ein paar guten koreanischen viele internationale Restaurants gibt. Als koreanisches Enten-Restaurant empfiehlt sich hier das **Hwangjae**, 191-20, Chuncheong-dong, Tel. +82/32/511-2595.

Auf Fugu, den berühmt-berüchtigten japanischen Kugelfisch, hat sich das **Shinsung Bok Jip** spezialisiert, 26-66, Shinheung-dong, Jung-gu (also in der Altstadt), Tel. +82/32/883-1788.

Songdo, der neue Business District, bietet ebenfalls gute Küche, vor allem koreanische und japanische, z.B. im **Gyeongbokgung**, **Nagoya** oder **Sapporo**.

Ginsengplantage auf Ganghwa

▲ Karte S. 196

Ganghwa-Insel

Die vor der Mündung des Han-Flusses ins Gelbe Meer liegende Insel Ganghwa, mit 302,5 Quadratkilometern das viertgrößte Eiland Koreas, ist ein Prisma der koreanischen Geschichte und Kultur. Schon der mythische Gründervater Dangun soll hier seinen himmlischen Ahnen geopfert haben. Es gibt im Jahre 2000 zum UNESCO-Weltkulturerbe gekürte **neolithische Steingräber** (Dolmen). Hier standen einige der besten Werkstätten für das Seladon der Goryeo-Dynastie. Zweimal in der Geschichte diente die Insel dem Königshaus als Fluchtpunkt und Regierungssitz, einmal während der Mongolenstürme 1232 bis 1270, ein andermal Anfang des 17. Jahrhunderts, als die Mandschu vor der Tür standen, die Insel einnahmen und den König als Geisel nach China schleppten. Er kam erst wieder frei, als Korea die Oberhoheit Chinas anerkannte. Das tat es 1627 durch die Vertragsunterzeichnung in dem **Pavillon Yeonmijeong,** einsam in der Nordostecke der Insel gelegen und von einem stolzen Tor geschützt. Von hier hat man einen exzellenten Blick auf das gleich jenseits der Flussmündung liegende Nordkorea

Die Ganghwa-Insel

Tor des Pavillons Yeonmijeong

– weshalb die Gegend auch schwer mit Stacheldraht bewehrt ist. Als Vorposten des Reichs sollten mächtige Festungsmauern im 19. Jahrhundert auch wilde Piraten sowie neugierige Europäer und Japaner abhalten – mit sehr geringem Erfolg. Der vom Tenno 1876 erzwungene ›Friedensvertrag von Ganghwa‹ wurde im **Gapgot-Fort** unterzeichnet.

Ganghwa hat aber auch weniger Kriegerisches, Beschaulicheres zu bieten: Hier genießt man die Ruhe buddhistischer Tempel und koreanische Landschaft vom Feinsten. Ganghwa ist schön, und die Hochhaustürme der Metropolregion sind weit weg. Wer zum seelischen Ausgleich mal Reiher in seichtem Wasser, das Grün endloser Reisfelder, ausgedehnte Kiefernwälder oder an Berghängen versteckte Tempel sehen möchte, ist hier richtig.

Sollte jemand genügend Zeit mitbringen, seien ihm Wanderungen über die Insel empfohlen. Es gibt 15 ausgeschilderte Wege. Einer der im Frühjahr (Azaleenblüte) und im Herbst (Laubfärbung) schönsten führt vom Westtor der Stadt über das **Gukhwa-Reservoir,** vorbei am **Grab** des für Ganghwa wohl wichtigsten **Königs Gojong** (regierte 1213–1259, er hatte die berühmten Druckstöcke der Tripitaka Koreana in Auftrag gegeben), zur Dolmenstätte **Osang-ri** und weiter über den schamanistischen Zeremonieplatz **Gotchanggut-dang** zum Hafen **Oepo-ri** (22,2 Kilometer, ca. 6 Stunden).

Stadt Ganghwa

Sich vom Festland über die Ganghwa Grand Bridge, die die Yeomha-Wasserstraße, den ›salzigen Fluss‹, überspannt, dem Ort nähernd, stößt man gleich auf Reste der ehemals 18 Kilometer langen **Stadtbefestigung**. Zwar waren die Mauern und Tore als auch der an einen Hügel gelehnte Palast mehrmals geschleift worden, zuletzt 1866 von den Franzosen, die sich – wie die Amerikaner und die Japaner ein paar Jahre später – auf echte Imperialistenart das Einsiedel-Königreich gefügig machen wollten. Viele Mauerabschnitte hat man wieder restauriert, so auch die stolzen Tore in die vier Haupthimmelsrichtungen. Vom **Südtor** erzählt eine Legende, dass sich ein pensionierter Premierminister der Yi-Dynastie während der Invasion der

▲ Karte S. 205

Mandschu im 17. Jahrhundert mitsamt dem als Pulverlager dienenden Tor in die Luft sprengte, als die Feinde es gerade passierten. Wer Zeit hat, sollte eine Wanderung entlang der teilweise in Parks oder Wald eingebetteten Mauer zum Beispiel beim **Nordtor** unternehmen, denn dann bekommt man einen guten Eindruck von der Historie und hat eine schöne Aussicht über Stadt, Land und Wasser – an manchen Stellen bis nach Nordkorea. Und man kann leicht absteigen in das stille Anwesen des am Fuße des Nordbergs (Buksan) gelegenen Palastes der Goryeo-Könige.

Paläste

39 Jahre lang haben die koreanischen Herrscher im **Goryeo-Palast** (Goryeogung) residiert. Im Jahr 1232 zog König Gojong mit seinem Hofstaat aus der gleich nördlich des Han-Flusses gelegenen Hauptstadt Kaesong hierher, weil er dachte, die Insel sei beim Mongolensturm sicherer, strategisch vorteilhafter positioniert und wegen der heftigen Strömung und der Strudel in der Yeomha-Straße nicht so einfach einzunehmen. In diesem Palast gab er den kulturell bedeutenden Auftrag, die beim ersten Mongolenangriff zerstörten Holzdruckstöcke der Tripitaka Koreana ein zweites Mal schneiden zu lassen.

Nach dem Friedensvertrag mit den Mongolen 1270 kehrte das Königshaus nach Kaesong zurück – und der Palast verfiel – bis er im 17. Jahrhundert von den Yi-Königen erneut als Fluchtstätte (diesmal vor den anrückenden Chinesen) genutzt wurde. Danach residierten hier viele der von den Yi-Herrschern als missliebig ins Exil geschickten Prinzen sowie die vom König bestallten Gouverneure von Ganghwa.

Das wunderbar stille, eher ländliche als prächtige Anwesen betritt man durch ein rotes Tor. Dahinter liegt gleich das Haus der Gouverneure. Linker Hand schützt ein Pavillon eine **Kopie der großen Glocke** (das Original ist im Museum zu finden), auf der rechten Parkseite steht das **ehemalige königliche Büro** (Dongheon). Aller Augen auf sich zieht aber sofort das fotogene ehemalige **Königliche Archiv** (Oegyujang-gak), das 1866 von den Franzosen geplündert worden war. Zumindest die wertvollen 297 Bände kunstvoll illustrierter Hofdokumente der Yi-Dynastie (Uigwe) wurden im Juni 2011 zurückgegeben und befinden sich nun im Koreanischen Nationalmuseum in Seoul. Aus diplomatischen Gründen wurde die Rückgabe als Dauerleihgabe deklariert, und die Leihfrist wird alle fünf Jahre automatisch verlängert.

Anfahrt: Taxi oder Fußmarsch (2,5 km) vom Bus Terminal (auf dem Weg kann man die beiden nächsten Punkte gleich ›mitnehmen‹).

Öffnungszeiten: Tägl. 9–18, im Winter 9–17 Uhr.

Im **Palast des sich erhebenden Drachen** (Yongheung-gong) lebte der spätere yidynastische König Cheoljong (reg. 1849–1864), bevor er den Thron bestieg. Die Anlage ist sehr viel bescheidener als die Paläste in Seoul, eher rustikal, gibt aber

Das Königliche Archiv

dadurch einen guten Eindruck von der damaligen Lebensweise des Landadels.
Anfahrt: Taxi oder Fußmarsch (2 km) vom Bus Terminal.
Öffnungszeiten: Rund ums Jahr.

Anglikanische Kirche

Kein Mensch würde ahnen, dass es sich bei diesem Gebäude um eine Kirche handelt. Von außen sieht es nämlich haargenau wie ein traditionelles Hanok-Haus aus. Doch zwei Dinge machen es zu etwas Besonderem: Das Doppeldach kommt nur bei ›wichtigen‹ Bauwerken wie Palästen vor, und der Eingang ist an der Giebelseite (traditionelle koreanische Häuser betritt man immer an der Längsseite, da sie ja auch quer zur ›Laufrichtung‹ stehen). Im Inneren aber ahmt die Kirche eine westliche Basilika nach, mit Mittel- und Seitenschiffen. Für den Bau wurden 100 Jahre alte Kiefern vom 2744 Meter hohen, an der mandschurischen Grenze aufragenden Baekdu-Berg (heute in Nordkorea) herangeschafft, deren Transport allein ein halbes Jahr in Anspruch nahm. Benannt nach den Heiligen Petrus und Paulus wurde diese erste Anglikanische Kirche Koreas im Jahr 1900 von Charies Jone Corfe, dem ersten Bischof in Ganghwa geweiht, hat allerdings mehrere Restaurierungen erlebt.
Anfahrt: Die Kirche liegt gleich neben dem Yongheung-Palast.

Die alten Forts

Wehrhaft zeigt sich Ganghwa in den alten Forts. Vier sind wunderbar restauriert. So zum Beispiel der **Gapgot-Posten** (Gapgot Dondae), der sich nahe dem Kopf der alten Brücke über den Yeomha befindet. Von hier aus kontrollierte man früher die Fahrrinne vom Gelben Meer Richtung Hauptstadt. Mauern und Kanonen zeugen vom einstigen Wehrwillen. Das von einem tollen Tor bewachte fotogene Fort **Gwangseongbo**, rund zwölf Kilometer südlich der Stadt im Osten der Insel zu finden, geht zwar auch auf die Zeit der Goryeo-Könige (13. Jahrhundert) zurück, wurde aber erst im 17. Jahrhundert zu einem Militärstützpunkt ausgebaut. Jedoch hielt auch der nicht den Angriffen der Franzosen (1866) und der US-Amerikaner (1871) stand. Gerade die Amerikaner hatten ihren Vorstoß auf diese Festung konzentriert und siegten, weil die koreanischen Kanonenkugeln nicht

Das Pfarrhaus der anglikanischen Kirche

▲ Karte S. 205

Das Fort Gwangseongbo

trafen – ›wegen der schlechten Ausrüstung, denn das 15 Minuten lange Feuer war irregeleitet und konsequenterweise ohne Effekt‹, wie es in einem US-Bericht heißt. Zehn Tage lang wartete die US-Marine auf eine Entschuldigung für den Beschuss. Vergeblich. Dann stürmten sie die Küstenbastion, bevor sie in die Stadt Ganghwa einmarschierten und ihre Flagge auf dem Nordberg hissten. Durch diese Niederlage konnten die Amerikaner den Koreanern einen Vertrag oktroyieren, der die Öffnung einiger Häfen für den Handel mit den USA erzwang. Der Festung schließt sich ein ausgedehnter **Park** mit zwei weiteren runden Forts an, in dem zwei Denkmale an die damaligen koreanischen Helden erinnern.

Das südliche Ende der sichelförmigen Bucht beschützte das **Deokjin-Fort**. Es war eines der größten seiner Zeit (17. Jahrhundert) und besaß sogar einen Hafen für zwei Kriegsschiffe. Heute bietet es sich in einer zauberhaften Parkanlage dar.

Wie das Idealbild einer Festungsanlage wacht das **Chojijin-Fort** nahe dem Kopf der südlichen Choji-Brücke über das Wasser. Es stammt aus derselben Zeit, der Mitte des 17. Jahrhunderts, und war vor allem beim Ansturm der Japaner schwer umkämpft. Die Koreaner unterlagen, was 1876 zum ›Vertrag von Ganghwa‹ führte, der den Hof in Seoul zwang, auch dem Handel mit Japan verschiedene Häfen zu öffnen.

Die tadellose Rekonstruktion all dieser alten Forts soll die Koreaner von heute neben der eigenen Geschichte auch Patriotismus und Verteidigungswillen lehren.

Frühgeschichtliche Steingräber

Mehr als 100 frühgeschichtliche Steingräber (Goin-dol) gibt es auf der Insel. In **Bugeun-ri**, ein wenig nordwestlich von Ganghwa-Stadt, steht Koreas größter Dolmen (Ganghwa Jiseong-myo). Mit einer Länge von sieben, einer Breite von fünf und einer Höhe von 2,60 Metern ist er besonders bei Fotografen beliebt. Diese Steingräber, in denen sich bronzezeitliche Herrscher hatten bestatten lassen, bezeugen die Besiedlung der Insel vor rund 4000 Jahren. Zusammen mit den Dolmen in Hwasun und Gochang (beide im Süden Koreas) wurden sie im Jahr 2000 in die UNESCO-Liste der Weltkulturerbe-Stätten aufgenommen.

Anfahrt: Busse Nr. 1, 2, 23-27, 30 oder 32 vom Ganghwa Bus Terminal.

Öffnungszeiten: Rund ums Jahr.

Historisches Museum

Im Ganghwa Dolmen Park steht auch das Ganghwa History Museum. Darin befindet sich neben vielem anderen eine **Glocke**, die Geschichte gemacht hat. Das im 17. Jahrhundert gegossene, vier Tonnen schwere Bronzegerät war den Franzosen zu schwer, als sie 1866 die Stadt niederbrannten und die Glocke fortschleppen wollten. Sie mussten sie stehen lassen. Die Glocke kündigte jeden Morgen und

Dolmen auf Ganghwa

jeden Abend das Öffnen beziehungsweise Schließen der Stadttore an.
Anfahrt: Busse Nr. 2, 23, 24, 26, 30 oder 32 vom Ganghwa Bus Terminal.
Öffnungszeiten: Di–So 9–18 Uhr, außer an hohen koreanischen Feiertagen

Peace Observatory

Ganz im Norden der Insel, direkt gegenüber dem feindlichen Bruderstaat, kann man dem seit 2008 vom Peace Observatory zuwinken. Davor war diese Region der Öffentlichkeit nicht zugänglich. Heute gilt das nur für den vom Militär genutzten 4. Stock, aber vom 3. aus sieht man genauso gut. Im Observatorium gibt es auch eine Ausstellung zum Koreakrieg.
Anfahrt: Busse Nr. 01 oder 26 vom Ganghwa Bus Terminal, Haltestelle Observatory, dann bis zur Straßengabelung, dort links halten.
Öffnungszeiten: Tägl. 9–18, im Winter 9–17 Uhr. Personalausweis wird benötigt.

▲ Karte S. 205

Altar von Dangun

Der Altar von Dangun (Chamseong-dan) krönt den 470 Meter hohen Berg **Mani** an der Südwestspitze der Insel. Die von einer Ringmauer umgürtete Stätte ist nicht als Reverenz an den vergöttlichten Gründer des ersten koreanischen Staats Asadal gedacht, im Gegenteil: Er selbst soll sie kurz nach seiner Thronbesteigung (2333 vor Christus) für den Ahnenritus errichtet haben. Deshalb gilt der Mani als Koreas heiligster Berg.
Für den Aufstieg sollte man rund eine Stunde einplanen. Alljährlich am 3. Oktober, dem Gründungstag der Nation, wird hier zu Danguns Gedenken der ›Tag des offenen Himmelstores‹ gefeiert.
Anfahrt: Busse (Hwado bound city bus) vom Ganghwa Bus Terminal.

Tempel der ererbten Lampe

Militärisches und Mönchisches kommen beim Tempel der ererbten Lampe (Jeondeung-sa) zusammen. Er steht nämlich im 1,5 Kilometer langen Mauerring der ehemaligen Südburg. Die ›Burg der drei Knospen‹ (Samnang) wurde – so will es die Legende – von den drei Söhnen Danguns, Buso, Buu und Buyeo, in nur einem Tag erbaut. Der Name des Tempels rührt von einer kostbaren Jadelampe her, die die Goryeo-Königin Jeonghwa 1282 dem Tempel vermacht haben soll. Der bereits im Jahr 381 vom chinesischen Missionar Ado gegründete Jeongdeung-sa ist nicht nur der älteste buddhistische Tempel Koreas, sondern er spielte auch in der koreanischen Kulturgeschichte eine bedeutende Rolle – und war vielleicht gerade deshalb von der Königin mit der ›Dharma-Lampe‹ bedacht worden, die die Wahrheit der Lehre Buddhas symbolisiert. Hier geschah es nämlich, dass rund 200 Mönche 16 Jahre lang die Gesamtausgabe des buddhistischen Kanons in Holz schnitten, die Tripitaka Koreana. 1251 waren sie damit fertig und hatten 81 258 Druckplatten geschaffen. Die wurden hier verwahrt, bis man sie – aus Gründen der Sicherheit – ins weit entlegene Haein-Kloster verfrachtete, wo sie noch heute zu sehen sind. In der japanischen Invasion 1592 ging auch dieser Tempel in Flammen auf, wurde jedoch schon um 1620 wieder restauriert.

Der Jeondeung-sa, der Interessierten ein Templestay-Programm anbietet, besitzt drei ›Nationalschätze‹: eine 900-jährige **Bronzeglocke**, die aus China stammt, sowie die beiden die Architektur der Joseon-Zeit aufs Feinste repräsentierenden Hallen **Daeung-jeon** und **Yaksa-jeon**. Die erstere ist dem historischen Buddha Shakyamuni geweiht, der hier von Amitabha und dem Medizin-Buddha flankiert wird, die zweite dem Buddha der Medizin selbst. In und an der Daeung-jeon sind die kunstvollen Holzschnitzereien sehenswert: Drachen, Phönixe und Wolken sowie vier Frauenfiguren, die geduckt unter den Dachvorsprüngen der Ecken das schwere Gebälk zu stemmen scheinen. Nackte Frauen an einem buddhistischen Tempel? Einer Mär zufolge soll der damalige Zimmermann seine treulose Geliebte hier für die Ewigkeit konserviert und ›bestraft‹ haben.

Anfahrt: Busse vom Ganghwa Bus Terminal.

Bomun-Tempel

Auf der Nachbarinsel Seongmo gelegen ist der Bomun-Tempel die zehn Minuten Fähr- und eine weitere Busfahrt allemal wert. Er wurde 636 zu Ehren der

Blick nach Nordkorea von der Nordspitze der Insel

Der Tempel der ererbten Lampe

Göttin der Barmherzigkeit (Gwaneum) gegründet, mehrmals zerstört und im 17. Jahrhundert wieder aufgebaut.

Die **Haupthalle** ist eine umbaute Felsengrotte. Mit ihr ist folgende Legende verbunden: Ein Fischer soll eines Tages statt der gewünschten Meerestiere kleine Steinfiguren im Netz gefunden haben. Ein Traum deutete ihm die Statuetten als Heilige aus Indien. Die konnte er wahrlich nicht wieder ins Wasser zurückwerfen, sondern verwahrte sie in dieser Felsenhöhle, um die herum der Mönch Hyegong dann das Kloster anlegen ließ.

In der langgestreckten **Avalokiteshvara-Halle** (Wontong-jeon) wird die Göttin der Barmherzigkeit verehrt, zu der vor allem Frauen beten, die sich einen Sohn wünschen.

Oberhalb der Anlage, über eine einen Kilometer lange Serpentinen-Treppe zu erklimmen, steht schützend ein zehn Meter hohes **Buddharelief**, das das Gelbe Meer im Blick hat.

Anfahrt: Vom Ganghwa Bus Terminal Bus Nr. 31 nach Oepo-ri (im Westen der Insel), dann mit der Fähre übersetzen, und weiter mit dem Bus zum Tempel.

▲ Karte S. 205

Armiae World

Wer Interesse an traditioneller asiatischer Medizin hat, sollte hier vorbeischauen. Armiae bedeutet so viel wie ›Schönheit durch Beifuß‹. Und Beifuß ist aus der fernöstlichen Heilkunde nicht wegzudenken. Die Moxibustion (von lateinisch moxa = Beifuß und bustum = Brandstatt) ist jene Methode, bei der die Akupunkturpunkte nicht durch Stechen, sondern durch Wärme dazu angeregt werden, auf die Organe zu wirken. Das kann auf zwei Arten geschehen: Einmal wickelt man die pulverisierten Heilkräuter in ein Papier (wie eine Zigarette) und hält dieses glühende Stäbchen nahe an den zu erwärmenden Punkt; andererseits presst man das Kräuterpulver zu einem kleinen Kegel, zündet es an und legt es mit einer je nach Krankheit verschiedenen Unterlage (Stoff, Ingwerblätter, Knoblauch oder Salz) auf den Körperpunkt. Die Länge der Erwärmung reguliert die Wirkung, die der Arzt erzielen will. Die Armiae-Welt gibt einen umfassenden Überblick über die Anwendung von Beifuß und lässt Besucher eigene praktische Erfahrungen damit sammeln.

Anfahrt: Busse Nr. 3, 4, 31, 37, 40, 41, 45, 46 oder 47 vom Ganghwa Bus Terminal, Haltestelle Agricultural Technology Service Center.

Öffnungszeiten: Tägl. außer an hohen Feiertagen wie 1. Januar, Seollal und Chuseok.

Watt-Zentrum

Ganz im Südwesten der Insel bei der Ortschaft **Yeocha-ri** kann man sich im Ganghwa Tidal Flat Center einen Überblick über die Gezeiten und das riesige Watt verschaffen. Im Vergleich zum norddeutschen Wattenmeer-Nationalpark mit einer Ausdehnung von 10 000 Quadratkilometern ist das Watt rund um Gang-

hwa und die vorgelagerten Inseln zwar nur Kleinkram (105 Quadratkilometer), aber der hat es in sich. Das Museum informiert über alle möglichen Lebewesen im Watt und ihre Abhängigkeit von den Gezeiten. Auch Flora und Geologie kommen nicht zu kurz. Vor allem Vogelbeobachter sollten sich Zeit für diese Südostecke nehmen, denn sie ist ein stark besuchter Migrations-Stop. Vielleicht entdeckt man einen Löffelreiher?
Anfahrt: Gegenüber vom Ganghwa Bus Terminal Busse Nr. 1 oder 4 nehmen bis Yeocha-ri.
Öffnungszeiten: Di–So 9–18, im Winter 9–17 Uhr.

Ganghwa

Vorwahl: +82/32.
Tourist-Informationen: im Bus Terminal, in den Forts Gapgot und Chojijin, am Dolmen Center, am Oepo-ri-Hafen; alle tägl. 9–18 Uhr.
http://english.ganghwa.incheon.kr.

Bus Nr. 3000 ab Seoul Sinchon (U2, Sinchon, Ausgang 4, dann der Kurve der Hauptstraße nach links folgen und etwa 250 Meter laufen, der Bus hält vor dem CGV-Kino), alle 10 Min. Zum Mani-Berg ebenfalls ab dort, aber mit Bus Nr. 3100 Richtung Hwado.

Die meisten Besucher kommen von Seoul für einen Tag auf die Insel. Wer aber übernachten möchte, findet genügend Angebote an preiswerten Motels, Homestays (also in koreanischen Familien) und Pensionen. Hostels befinden sich nur an der Westküste, wie z.B. **Ganghwa Youth Hostel**, Haeanseo-ro, Naega-myeon, Tel. +82/32/933-8891; oder **Yellow Sea Youth Hostel**, 288, Changhu-ro, Hajeom-myeon, Tel. +82/32/932-7602.

Ginseng, Ginseng und nochmals Ginseng! Ganghwa-do ist ein berühmtes Anbaugebiet, und es gibt die sagenumwobene Wurzel in allen Verarbeitungsarten auf dem sehenswerten Pungmul-Markt in Ganghwa-Stadt (geöffnet alle fünf Tage, also am 2, 7, 12, 17, 22 und 27. eines Monats) und in zahlreichen Shops rund um den Marktplatz.
Auch für **Hwamunseok**, bunt geflochtene Bastmatten mit verschiedensten Mustern, für die es auch ein eigenes Museum nördlich der Stadt gibt (413, Jangjeongyangogil, Songhae-myeon; Di–So 9–18 Uhr), ist die Insel bekannt.

Heldendenkmal im Fort Gwangseongbo

Suwon

Bequem in einem Tagesausflug lässt sich Suwon, die Hauptstadt der Provinz Gyeonggi, mit der U1 besuchen. Sie liegt 48 Kilometer südlich von Seoul und wird der Metropolregion Sudogwon zugerechnet. Das gut 1,1 Millionen Einwohner zählende Suwon wuchs durch Industrieansiedlungen und Wohnsilo-Viertel uferlos über ihre einstigen, von Festungsmauern gekennzeichneten Grenzen hinaus.
Wie Funde von Steinwerkzeugen und primitiver Töpferei bezeugen, lebten schon im Neolithikum Menschen um den Hwa-Berg herum. Auch die Bronzezeit ist durch Ausgrabungen belegt. Die fruchtbare Landschaft südlich des Han-Flusses gehörte ab dem 3. Jahrhundert vor Christus zum Reich Baekje, das rund 500 Jahre später von den Silla-Armeen unterworfen wurde. In den nächsten Jahrhunderten wechselte Suwon oft seinen Rang und Namen. Festgeschrieben wurde er erst 1271 in der Goryeo-Epoche.
Richtig spannend wird die Geschichte der Siedlung in der Yi-Dynastie. Bis 1789 war sie nichts weiter als ein Provinzkaff, aber unversehens geriet sie ins Rampenlicht, als König Jeongjo (Regierungszeit 1776–1800) seine Hauptstadt von Seoul hierher zu verlegen gedachte. Er war der Intrigen am Hofe überdrüssig geworden war und erhoffte sich mit dem Umzug einen politischen Neubeginn. Eine der Intrigen betraf seinen eigenen Vater: Sein Großvater König Yeongjo (Regierungszeit 1724–1776) hatte den rechtmäßigen Thronfolger, Kronprinz Sado, in eine Reiskiste stecken und verhungern lassen. Das schien ihm im Interesse des Landes offensichtlich notwendig zu sein, denn Aufzeichnungen der Witwe des Ermordeten zufolge soll sich der Prinz höchst psychopathisch gebärdet haben. Irgendwann wurde es Yeongjo zu viel, und er ordnete die Tötung seines Sohns offiziell an. Der Enkel Jeongjo, achtjährig und nächster Thronerbe, musste dabei zusehen. Und Jeongjo war wohl überhaupt nicht von einer ›Krankheit‹ seines Vaters überzeugt, sondern sah in dem ganzen Vorgang nur ein Komplott seiner Tante, die ebenfalls nach der Macht lechzte.

Kampfkunstdarbietung vor dem Palast

▲ Karte S. 215

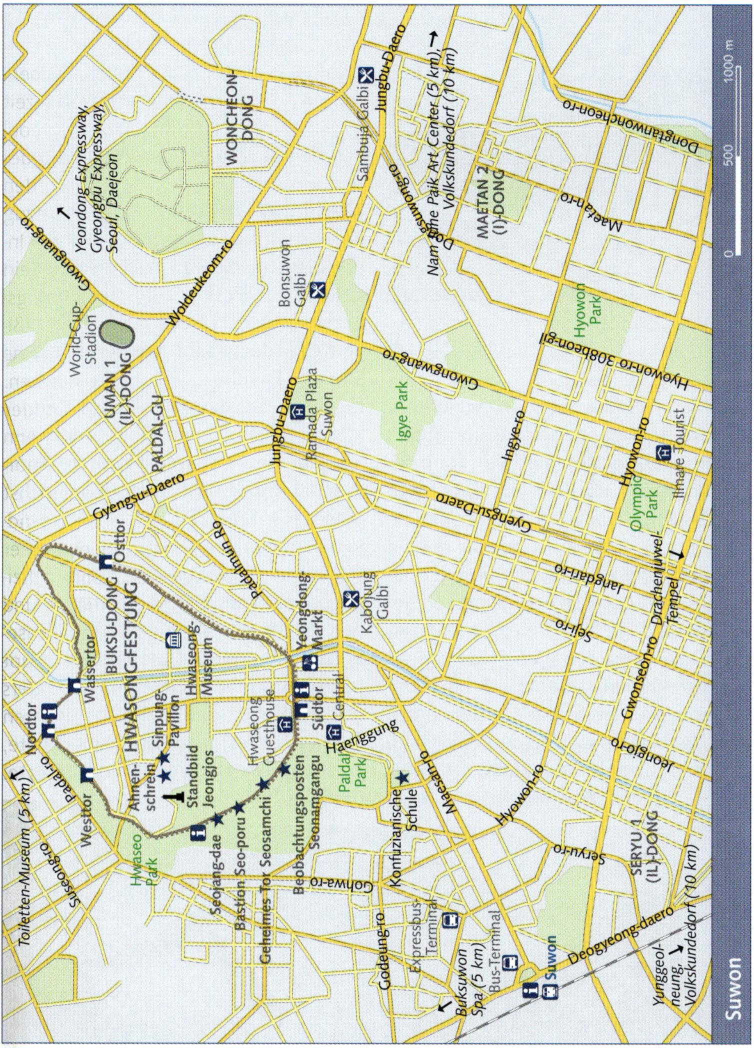

Wie auch immer: Um dem mörderischen Klima zu entweichen, ordnete der junge König Jeongjo den Ausbau und die Bewehrung von Suwon zu seiner Residenz an. Nach seinem Tod im Jahr 1800 verlor Suwon sofort wieder das Stadtrecht, das es erst 1949 wieder erlangte. Seit 1967 ist es Provinzhauptstadt. In der Gegenwart hat Suwon von sich reden gemacht, weil im extra dafür im Osten der Stadt gebauten World Cup Stadion vier Spiele der Fußball-Weltmeisterschaft 2002, darunter das Achtelfinale, ausgetragen wurden.

Kurz, warum sich ein Besuch lohnt: **Hwaseong** gilt als Koreas bedeutendste Wehr-

Der Ahnenschrein

anlage. Nirgendwo sonst gibt es eine derartige, 5,5 Kilometer lange und rund neun Meter hohe, von fünf mächtigen Toren unterbrochene und von rund 50 Wachtürmen und Pavillons überhöhte Befestigung. Zwar wurde das in den Jahren 1794 bis 1796 erbaute ›koreanische Rothenburg ob der Tauber‹ von den Japanern während der Besatzungszeit geschleift und im Koreakrieg erneut zerstört, aber dank der alten Pläne konnte die Feste in den Jahren 1975 bis 1979 originalgetreu bis in die Feinheiten des alten Baumaterials wiederhergestellt werden, der Palast in den Jahren 1996 bis 2003. Dass der Wiederaufbau so originalgetreu erfolgte, würdigte die UNESCO 1997, indem sie die Feste zum Weltkulturerbe erhob. Das nahebei, jenseits des Suwon-Flusses stehende **Hwaseong-Museum** informiert über die Geschichte und den Bauprozess der Wehranlage.

Die Palastanlage

Bevor man sich auf den Rundweg über den Befestigungswall macht, sollte man sich die alte Residenz anschauen. Vielleicht so gegen 11 Uhr oder 15 Uhr beginnend, denn dann werden vor dem **Sinpung-Pavillon**, dem Haupteingang, täglich außer montags die 24 Kampfkünste gezeigt. Jeden Sonntag um 14 Uhr erfreut ferner die farbenfrohe Wachablösung in historischen Kostümen der Joseon-Zeit.

Mit dem Bau des weitläufigen Palastes (Hwaseong Haenggong) wurde 1789 begonnen, denn der König brauchte einen Zweitwohnsitz für die Zeit, in der er das nahegelegene Grab seines Vaters für die Ahnenriten besuchte. Die zahlreichen Hallen und Freiplätze der von Ost nach West ausgerichteten Anlage geben einen hervorragenden Überblick über das höfische Leben der damaligen

Halle im Palast

▲ Karte S. 215

Zeit. Im Norden davon entstand im Jahr 1801 der **Ahnenschrein** (Hwaryeong-jeon), ebenfalls symmetrisch auf der Ost-West-Achse. Auf einem Hügel hinter dem Ahnenschrein wacht ein großes **Standbild Jeongjos** über dessen ehemalige Residenz – beschützt durch eine vergoldete, von einer herrlichen Mandorla gerahmte Buddhastatue. Schon von hier aus kann man die Besichtigung des Mauerrings starten.

Spaziergang auf dem Mauerring

Rundgang über die Stadtbefestigung

Die Besichtigung der Ringmauer (Hwaseong) beginnt man jedoch am besten beim prachtvollen, durch eine halbkreisförmige Vormauer doppelt bewehrten, heute vom Verkehr umbrausten **Südtor** (Paldal-mun). Ein paar Meter westlich ist der Steinwurm schon zu sehen. Eine vollständige Umrundung der Innenstadt auf der streckenweise zu einem idyllischen Park umfunktionierten Befestigung dauert gut zwei Stunden, man kann sie aber an vielen Stellen unterbrechen und wieder in die Stadt absteigen. Nach Westen spazierend, gelangt man als erstes zu dem Beobachtungsposten **Seonamgangu**, einem wehrhaften Pavillon, dem, wenn man die Mauer weiter nach Norden abschreitet, das **Geheime Tor Seosamchi** folgt. Von diesen früher fast nicht sichtbaren Eingängen, die als Versorgungspassagen dienten, gibt es insgesamt 13. Ferner gibt es jede Menge Bastionen, mit Kanonen bewehrte Terrassen, wie zum Beispiel das **Seoporu**, das als nächstes auf dem Rundweg folgt, und Kommandoposten wie den von einem doppelstöckigen Pavillon gekrönten **Seojang-dae**. Der **Glockenturm** (Yeomin-gak) signalisiert, dass Suwon als Regierungssitz gedacht war, denn nur Hauptstädte durften einen besitzen.

Über weitere Bastionen, Beobachtungspavillons und das **Westtor** (Hwaseo-mun) erreicht man das trutzige, ebenfalls halbkreisförmig ausladende **Nordtor** (Jangan-mun) sowie das im Nordosten gelegene einzigartige **Wassertor** (Hwahong-mun). In sieben Bögen überspannt es den Suwon-Fluss, so dass die Stadt auch vom Wasser her gegen Feinde geschützt war. Wer weiterflanieren möchte, hat noch das **Osttor** (Changnyong-mun), den östlichen Kommandoposten (Dongjang-dae) mit einem breit gelagerten Pavillon und viele, viele Bastionen als auch Geheime Tore vor sich, bevor er am Suwon-Bach östlich vom Südtor den Rundgang beendet.

Alljährlich im Oktober findet im Rahmen des Hwaseong-Kulturfestivals die ›königliche Prozession‹ statt, sehr aufwendig mit rund 3000 Darstellern in historischen Kostümen. Sie stellen jene Prozession nach, die König Jeongjo mit großem Tross jedes Jahr von seinem Palast zum Grab seines Vaters vollzog, um sich dort den Ahnenriten zu widmen.

Anfahrt: Vom Bahnhof Suwon (erreichbar mit U1 von Seoul), Ausgang 6, auf der gegenüberliegenden Straßenseite Busse Nr. 11, 13, 36 und 39.

Öffnungszeiten: Tägl. 9–18, im Winter 9–17 Uhr.

Fassade in der Haenggung-Straße

Haenggung-Straße

Vom Südtor sollte man die Haengung-Straße zurück zum Palast nehmen. Sie ist von etwa 20 Künstlerwerkstätten und Galerien als auch von zahlreichen Imbiss-Ständen und Restaurants gesäumt. Jeder Laden wetteifert mit dem anderen um die schönste, manchmal auch nur die auffallendste Fassade. An Wochenenden wird sie fast unpassierbar, weil das ›Beautiful Haenggung Street Festival‹ jede Menge Menschen anlockt.

Suwon Hyanggyo

Die Gründung der Konfuzianischen Schule – im Süden der Stadt am Fuß des Paldal-Bergs gelegen – geht zwar auf die Goryeo-Zeit (918–1392) zurück, die Gebäude stammen aber aus dem späten 18. Jahrhundert, aus der Zeit des Königs Jeongjo. In der **Haupthalle** (Daeseong-jeon) wird heute des Konfuzius und seines Schülers Menzius, in Seitenpavillons koreanischer Gelehrter gedacht.

▶ Karte S. 215

Anfahrt: Busse Nr. 8, 11, 13 oder 36 vom Bahnhof Suwon, an der Feuerwache aussteigen.
Öffnungszeiten: Mo–Sa 9–17 Uhr.

Toilettenmuseum

Wer Skurilitäten sammelt, kann hier einen weiteren Punkt auf seiner Liste abhaken. Das Toilettenmuseum (Haeujae) zeigt nicht nur die Geschichte der Klo-Kultur rund um die Welt, sondern ist auch in der Form einer Toilette gebaut. Im Park darum herum finden sich weitere Objekte, die mit der Bad- und Klo-Kultur in Zusammenhang stehen. Ganz gewiss geht der witzige Bau auf das Trauma des ehemaligen Besitzers, eines früheren Bürgermeisters der Stadt, zurück: Er hatte in der Latrine seiner Großmutter das Licht der Welt erblickt und wohl deshalb sein Leben der Verbesserung der koreanischen Toiletten-Kultur gewidmet. Er ließ sich das Gebäude als Wohnhaus errichten und schenkte es nach seinem Tod 2009 der Stadt, die daraus das Museum machte.
Anfahrt: Vom Suwon Bahnhof, Ausgang 2, Busse Nr. 92 oder 310 nehmen bis Dongwon High School, dann 500 Meter zu Fuß.
Öffnungszeiten: Di–So 10–18, im Winter 10–17 Uhr.

World-Cup-Stadion

Wie viele Stadien Südkoreas wurde auch dieses eigens für die Fußball-Weltmeisterschaft 2002 erbaut. Eines der Viertelfinale wurde hier ausgetragen. Allerdings diente es schon ein Jahr vor der WM als einer von drei Spielorten des Konföderations-Pokals. Seinen Spitznamen ›Großer Vogel‹ (›Big Bird Stadium‹) verdankt es der Dachkonstruktion, die mit ihren zwei Gegengeraden an die Flügel eines Vogels erinnert. Das nach fünf Jahren Bauzeit im Mai 2001 eröffnete Oval fasst bis

zu 44000 Zuschauer und ist heute die Heimat der Suwon Blue Wings, einem Mitglied der K-Liga, der höchsten Klasse im koreanischen Profifußball.
Anfahrt: Von Suwon Station Busse Nr. 86 oder 720.
Öffnungszeiten: Mo–Fr (außer Feiertage) 10–17 Uhr.

Grabanlage Yunggeol-neung

Zwei Herrschergräber, das von König Jangjo und Königin Heongyeong (Yungneung) sowie das von König Jeongjo und Königin Hyoui (Geol-leung), bilden die Anlage. Der ermordete unglückselige Kronprinz Sado war ursprünglich am Baebong-Berg im Kreis Yangju bestattet worden, doch sein Sohn Jeongjo ließ ihn erst an den Hwa-Berg in Hwaseong umbetten, später hierher und verlieh ihm posthum den Titel König Jangjo. Wie es sich für einen pietätvollen Sohn gehört, gab Jeongjo für seinen Vater eine imposantere Anlage in Auftrag als für sich selbst. Beide Gräber jedoch zeigen die Yi-dynastische Bestattungsweise in Vollendung: Vom Roten Tor, dem Beginn des heiligen Bezirks, über den gepflasterten Andachtsweg und den T-förmigen Ehrenschrein bis hin zu den steinernen Wächterfiguren vor den Tumuli ist alles vorhanden.
Anfahrt: Von Seoul mit U1 bis Byeongjeom, Ausgang 2, dann Busse Nr. 34, 35, 44, 46 und 50.
Öffnungszeiten: Di–So 9–18.30, im Winter 9–17.30 Uhr.

Drachenjuwel-Tempel

Anscheinend lassen sich die radikal unterschiedlichen Weltanschauungen Buddhismus und Konfuzianismus doch harmonisch vereinen. Der Drachenjuwel-Tempel (Yongju-sa) macht das vor. Ursprünglich stand an dieser Stelle ein altes Kloster aus der Silla-Zeit, das während der Verfolgungen der Buddhisten in der Yi-Dynastie dem Verfall preisgegeben war. Erst vor rund 200 Jahren wurde es seinem Dornröschenschlaf entrissen. Und das kam so: Weil König Jeongjo als wohlerzogener Konfuzianer die Riten für seinen ermordeten Vater, den ›Reiskisten-Prinzen‹ Sado, gewissenhaft vollziehen und

Im Konfuzius-Schrein

nahe dem Grab nächtigen wollte, ließ er den verfallenen Yongju-sa prächtig erneuern und ausbauen. In der Nacht vor der Tempelweihe erschien ihm im Traum ein Drache, der ein buddhistisches Wunschjuwel im Maul trug. Das sah Jeongjo als gutes Omen an und benannte die Anlage danach. Der buddhistische Tempel hat also durch konfuzianisches Gedankengut neues Leben eingehaucht bekommen, durch die geforderte Kindes-Pietät. Der Tempel des Drachenjuwels ist nicht ganz ohne Altertümer, wenn auch alle Gebäude aus dem 18. Jahrhundert stammen. Unter anderen müssen eine fünfstöckige **Pagode** aus der Silla-Zeit und eine **Bronzeglocke** erwähnt werden. Die Glocke datiert aus der Goryeo-Dynastie (918–1392) und zählt somit neben der Emille-Glocke in Gyeongju zu den ältesten in Korea. Einen Blick wert ist auch der inzwischen über 200 Jahre alte **Buchsbaum** vor der Haupthalle. Er soll von König Jeongjo persönlich gepflanzt worden sein.

Anfahrt: U1 von Seoul zum Bahnhof Suwon, dann Busse Nr. 24 und 46 (fahren auch vom Paldal-mun ab); oder zu Fuß von den Königsgräbern (1,5 Kilometer).
Öffnungszeiten: Tägl. 8–19 Uhr.

Nam June Paik Art Center

Im fernen Osten Suwons kann man sich auf dem Weg zum Volkskundedorf noch im Nam June Paik Art Center über die Visionen dieses weltberühmten Videokünstlers – Mitglied der Fluxus-Bewegung – und Musikers informieren. Der Glasriegel stammt von dem Berliner Architektenbüro KSMS (Kirsten Schemel, Marina Stankovic), wurde 2008 eröffnet und soll ein Haus sein, in dem ›sein Geist fortlebt‹.
Anfahrt von Suwon: Bahnhof Busse Nr. 10 und 66 bis Shingal Police Station, 3 Min. Fußweg: die Straße neben der Station geradeaus, dann über eine kleine Brücke, und schon sieht man das Art Center.
Anfahrt von Seoul: U-Bahn Bundang Line bis Giheung, Ausgang 5, 15 Min. Fuß-

Bauernhaus im Volkskundedorf

▲ Karte S. 215

weg am Bach Tancheon entlang, oder ab Gangnam Station (U2), Ausgang 6, Busse 5001 oder 5003 bis Shingal Police Station.
Öffnungszeiten: Tägl. 10–18, Sa10–19 Uhr, ausgenommen jeden 2. und 4. Montag des Monats.

Koreanisches Volkskundedorf

Das Volkskundedorf gewährt den besten Überblick über Kultur und Traditionen, den man nahe Seoul bei einem Tagesausflug bekommen kann. In reizvollem Ambiente wird hier wirklich alles gezeigt, was man von Sitten und Gebräuchen über die Architektur bis hin zur Küche schon immer mal wissen wollte. In der **Seladon-Werkstatt** wird heute noch genauso gearbeitet wie früher, auch in der Schmiede oder der Seidenweberei. Man lernt verschiedene Bautypen zu unterscheiden, das Herrenhaus eines Aristokraten der Yi-Dynastie, den Wohnsitz eines höheren Beamten, einen Konfuzius-Schrein und Bauernkaten aus diversen Provinzen. In einem **Amphitheater** führen junge Burschen täglich um 10 und um 14 Uhr Tänze auf, von denen der Bauerntanz zu den farbenprächtigsten und akrobatischsten zählt. In einem Herrenhaus kann man täglich um 12 und um 16 Uhr einer traditionellen Hochzeit beiwohnen. Zwischendurch lässt es sich köstlich im **Korean Food Court** und in Restaurants speisen. Warum hier nicht mal das berühmte Bulgogi probieren? Jede Menge Garküchen bieten einfaches, aber sehr typisches Fingerfood.
Anfahrt: Von Seoul mit Bundang Line bis Giheung Station, Ausgang 4, dann Shuttle-Bus um 11, 13 und 15 Uhr; vom Bahnhof Suwon (U1), Ausgang 5, Shuttle-Bus um 10.30, 12.30 und 14.30 Uhr.
Öffnungszeiten: Tägl. 9–18.30, im Winter 9–17.30 Uhr.

Suwon

Vorwahl: +82/31.
Tourist-Informationen: am Bahnhof, am Süd- und am Nordtor, am Palasteingang sowie bei der Aussichtsplattform Seojangdae; tägl. 9–18, im Winter 9–17 Uhr.
Websites: www.suwon.go.kr, http://ehs.suwon.ne.kr (Festung), www.koreanfolk.co.kr (Volkskundedorf).

U-Bahn: Linie 1 aus Seoul bis Bahnhof Suwon (ca. 1 Std.).
Der **KTX** (Korea Train Express) verbindet Seoul mit Suwon, von wo aus man nach Daejeon, Daegu, Busan oder Gwangju weiterreisen könnte.
Express-Busse von und nach Seoul, Incheon, Cheonan, Daejon und Gwangju.

Die meisten Besucher kommen für einen Tag von Seoul angereist. Wer aber nach einem Dach über dem Kopf sucht, wird in allen Hotelkategorien fündig.
Ramada Plaza Suwon, 940 Ingye-dong, Paldal-gu, Tel. +82/31/230-0001, www.ramadaplazasuwon.com. Highest Class, etwas außerhalb.
Ilmare Tourist, 1015-4 Gwonseon-dong, Tel. +82/31/233-1123, www.hotelilmare.co.kr. First Class, downtown gelegen.
Central, 1-2 Gyo-dong, Tel. +82/31/246-0011, www.suwoncentral.com. Näher an den Sehenswürdigkeiten, nämlich direkt beim Südtor, preiswert.
Hwaseong Guesthouse, 4, Paldal-ro 2-ga, Paldal-gu, Tel. +82/31/245-6226, www.hsguesthouse.com. Hostel mit sehr hilfsbereitem Personal, direkt beim Südtor, sehr preiswert.
Jjimjilbangs gibt es downtown jede Menge. Einfach die Augen offen halten. Empfehlenswert ist das Buksuwon Spa, weil es mit Thermalwasser gespeist wird. Es liegt allerdings im Norden Suwons (*U1, Sta-*

tion Sungkyungwan University, Ausgang 2, das Spa-Symbol ist dann schon zu sehen).

Das **Suwon Galbi** muss man probiert haben. Die Stadt hat eine lange Tradition als Rindermarkt und beansprucht deshalb, die landesweit besten Rippchen zu servieren. Auf den Teller kommen in jedem Fall die größten Koreas. Der spezielle Geschmack mag davon herrühren, dass man statt Soja Salz verwendet und das Fleisch mit geröstetem Sesamsamen würzt. Jede Menge Galbi-Lokale versammeln sich in der **Ssajeong-Straße** des Yeongdong-Markts. Aber auch im Bezirk **Paldal-gu** im Osten der Festung gibt es einige:

Bonsuwon Galbi, 51-20, Uman-dong, Paldal-gu, Tel. +82/31/211-8434, beim ›Castle Hotel‹.

Kabojung Galbi, 958-1, Inkae-dong, Paldal-gu, Tel. +82/31/232-3883.

Sambuja Galbi, Woncheon-dong, Paldal-gu, Tel. +82/31/211-8959, gegenüber der Nambu-Polizeistation.

Sehr typisch, wenn auch einfach, kann man in den vielen Lokalen des **Volkskundedorfs** regionale und authentische Produkte verkosten.

Hwaseong-Museum, 21 Poeun Boulevard, Padal-gu, Tel. +82/31/228-4205, http://hsmuseum.suwon.ne.kr; Di–So 9–18 Uhr.

Icheon

Interesse am weltberühmten koreanischen Seladon? Dann sollten Sie einen Tagesausflug ins 60 Kilometer südöstlich von Seoul gelegene Icheon in der Provinz Gyeonggi einplanen. Denn der Ort galt schon vor 500 Jahren in der Yi-Dynastie (1392–1910) als Keramikzentrum und als einer der besten Seladonproduzenten. Kein Wunder, denn die Materialien, die es zur Keramik braucht, gibt es hier in Hülle und Fülle. Rund um Icheon brennen heute rund 300 Öfen für die rund 80 Steingut- und Porzellanfabriken.

Keramikgeschäft in Icheon

▲ Karte: vordere Umschlagklappe

Wer in der mit ihren knapp 200 000 Einwohnern als klein angesehenen Stadt nicht vom Töpferhandwerk lebt, ist wahrscheinlich in der Landwirtschaft tätig, denn die hiesigen Pfirsiche und der Reis sind erstklassig und deshalb nicht nur von den Spitzenrestaurants in Seoul begehrt.

Alljährlich ist die Stadt Gastgeberin des international anerkannten Icheon Keramik-Festivals, das im Mai nahe dem Seolbong-See veranstaltet wird. Hier kann man auch dem Cerapia, dem **Icheon World Ceramic Center**, einen Besuch abstatten. In seinen drei Ausstellungshallen zeigt es rund 500 zeitgenössische Töpferarbeiten von koreanischen und internationalen Kunsthandwerkern. Im Keramikdorf, etwa vier Kilometer nördlich des Stadtzentrums, können Besucher nicht nur die Fabrikation en détail kennenlernen, sondern sich auch selbst handwerklich betätigen: den Ton vorbe-

Die Grabanlage Yeongneung

reiten, töpfern, bemalen, glasieren und brennen. Wer das nicht möchte, hat in der Hauptstraße, die von reichlich Keramik- und Porzellanläden gesäumt ist, genügend Gelegenheit zum Schauen und Shoppen. Einen Blick lohnt allemal das **Haegang Ceramics Museum**, die einzige nur auf Keramik spezialisierte Sammlung Koreas mit herrlichen Exponaten von Seladon, der Buncheong-Ware sowie weißem und schwarzem Porzellan.

Anfahrt: Bus Nr. 14 Richtung Sindun-myeon vom Icheon Intercity-Bus Terminal.

Öffnungszeiten: Tägl. 8–18 Uhr.

Yeoju

Nicht weit von Icheon entfernt gibt es noch zwei Orte, die für ihre Keramikproduktion bekannt sind: **Gwangju** (das ein wunderbares Royal Porcelain Museum besitzt und nicht zu verwechseln ist mit der Metropolitan City im Süden) sowie Yeoju. Letzteres, nur etwa 30 Kilometer östlich von Icheon gelegen, verfügt ebenso über die für die Porzellanherstellung nötigen Erden: Kaolin sowie Quarzerde gibt es reichlich und in guter Qualität. In Yeoju werden sogar schon länger als in Icheon Töpferwaren hergestellt, nämlich seit dem Beginn der Goryeo-Dynastie (918–1392). Das jährliche Töpferfestival in Yeoju war das erste seiner Art, weshalb es noch immer die bekanntesten Töpfer des Landes anzieht.

Wem nun die Füße von den vielen Besichtigungen weh tun, der kann in den **Icheon Hot Springs** entspannen.

Anfahrt: Vom Dong Seoul Terminal mit Intercity-Bus zum Yeoju Terminal.

König Sejongs Grabanlage Yeongneung

Wer von klassischen Sehenswürdigkeiten nicht genug kriegen kann, kommt nahe Yeoju voll auf seine Kosten, denn Koreas meist verehrter Herrscher, König Sejong der Große (Regierungszeit 1418–1450), hat die Region für sich und Königin Shim als letzte Ruhestätte ausgesucht.

Das Yeongneung befindet sich etwa zwei Kilometer nordwestlich von Yeoju. Die von dichtem Wald umhüllte Anlage ist nicht nur ein ideales Beispiel für die Grabarchitektur und die Bestattungsweise in der Yi-Dynastie, sie gewährt auch wundervolle Ausblicke. Vielleicht um wenigstens im Tode mit dem bedeutenden Herrscher gleichzuziehen, hat sich auch König Hyo-jong (Regierungszeit 1649–1659) mit Königin Inseon nahebei beerdigen lassen. Beide Grabanlagen ähneln sich im Aufbau, zeigen wunderbare Wächterfiguren (Militär- und Zivilbeamte, Pferde und Schafböcke) sowie Balustraden und den Riten-Altar.

Anfahrt: Vom Dong Seoul Terminal mit Intercity-Bus zum Yeoju Terminal, dann Lokal-Bus Nr. 52 oder Taxi.

Öffnungszeiten: Di–So 9–18, im Winter 9–17 Uhr, an bestimmten Feiertagen geschlossen.

Shilleuk-Tempel

Der Tempel verbirgt sich ausnahmsweise mal nicht in den Bergen, sondern thront über dem Südlichen Han-Fluss. Die etwa zwei Kilometer östlich von Yeoju jenseits des Stroms gelegene Anlage geht auf das Jahr 580 zurück. Sie diente nach König Sejongs Tod vor allem der buddhistischen Wissenschaft und als Ahnentempel, in dem die Riten für den Verstorbenen vollzogen wurden.

Im Klosterbereich befinden sich sieben Kulturschätze: Gebäude, Pagoden wie die siebenstöckige aus Marmor, Laternen und das Grab des Mönchs Naong, der im 14. Jahrhundert hier wirkte. Aber auch ein 600 Jahre alter **Gingko-Baum** sowie ein 500-jähriger Wacholder sind Zeugen der Joseon-Zeit.

Einen Blick sollte man auch der **Ziegelpagod**e gönnen, neben der man sowieso steht, wenn man das Panorama auf den Fluss genießt. Sie ist eine der ganz wenigen aus diesem Material in Korea.

Anfahrt: Vom Dong Seoul Terminal mit Intercity-Bus zum Yeoju Terminal, dann Lokal-Bus Richtung Shilleuk-sa.

Öffnungszeiten: Tägl. 9–18, im Winter 9–17 Uhr.

Godal-Tempel

Vom Tempel stehen leider nur noch die Grundmauern. Ein besonders wertvolles Objekt in der rund 14 Kilometer außerhalb der Stadt gelegenen Anlage ist ein sehr gut erhalten gebliebener **Stupa** aus der Silla-Zeit, also vor dem Jahre 935 geschaffen.

Anfahrt: Vom Yeoju Terminal Lokal-Bus oder Taxi.

Öffnungszeiten: Tägl. 9–18, im Winter 9–17 Uhr.

Icheon

Vorwahl: +82/31.

Tourist-Information: Icheon City Hall, tägl. 9–17 Uhr.

Von den Bus Terminals Dong-Seoul (U2, Gangbyeong Station) oder Gangnam mit Intercity-Bus nach Icheon (fährt alle halbe Stunde, 1 Std. Fahrt).

Zwar ist Icheon bequem in einem Tag von Seoul aus zu besuchen, wer sich aber beim Selber-Töpfern verspätet hat, findet auch ein paar Quartiere, außer preiswerten Jimjilbangs und Motels zum Beispiel:

Hotel Miranda, 408-1 Anheung-dong, Tel. +82/31/639-5000, www.mirandahotel.com. Großes Vier-Sterne-Hotel.

Doyegongbang Deulkkot Maeul, 59 Doam 1-ri, Sindun-myeon, Tel. +82/31/631-6832, www.2000ceramic.com (kor.). Modern-gemütliches Gästehaus, das nur über neun Zimmer verfügt und deshalb eine Reservierung ratsam macht.

Wegen der Qualität des hiesigen Reises steht natürlich ein **Reismenü** auf der To-

▶ Karte: vordere Umschlagklappe

Do-Liste. Für jeden Geschmack ist etwas dabei, denn es gibt rund 30 verschiedene Beilagen.
Lokale finden sich beim Seolbong-See und downtown.

Yeoju Premium Outlets, 360 Myeongpum-ro, Yeoju City, www.premiumoutlets.co.kr; tägl. 10–21 Uhr, außer an koreanischen Festtagen. Nahe Yeoju hat sich Koreas erster Outlet für Designer-Markenartikel niedergelassen. Klamotten namhafter Hersteller, Beauty-Artikel und Lifestyle-Accessoires sind hier noch billiger als in Dutyfree-Läden. *Gegenüber dem Yeoju Bus Terminal die Busse Nr. 51-11 oder 51-13 bis zu den Outlets nehmen.*

Panmunjeom

Den 55 Kilometer nördlich von Seoul unmittelbar auf der Demarkationslinie zwischen Nord- und Südkorea gelegenen Waffenstillstandsort Panmunjeom darf man nicht individuell besuchen. Das geht nur mit einer organisierten Tour, die sich aber in Seoul leicht managen lässt. Man muss nur aufpassen, dass die Tour auch die Sondergenehmigung für die Demilitarisierte Zone (DMZ) enthält.

Imjingak

Die letzte Station, die man ohne Sondergenehmigung ansteuern kann, heißt Imjingak und ist am Imjin-Fluss, sieben Kilometer südlich der DMZ, gelegen. Das dortige Museum informiert über die schmerzliche Trennung beider Staaten, und vom Observatorium aus kann man immerhin die Entmilitarisierte Zone und den Fluss überblicken – bis hin zur ›Freiheitsbrücke‹, über die 1953 rund 13 000 Kriegsgefangene zurück ins freie Südkorea marschierten.

Panmunjeom, diesem einzigartigen Relikt des Kalten Kriegs, nähert man sich über die breite zwölfspurige ›Freiheitsstraße‹. Sie wurde in den 60er Jahren so monumental gebaut, damit im Fall eines neuen Konflikts Flugzeuge starten und Panzerbataillone aufmarschieren könnten. Gut 60 Jahre nach dem Koreakrieg sieht man sich hier noch heute von dichtem Stacheldraht, bulligen Panzersperren und zahlreichen Wachtürmen umgeben. Dann ahnt man, dass man – noch – in der hochgerüsteten ›Militarisierten Zone‹ ist, in der auf beiden koreanischen Seiten rund eine Million Soldaten stationiert sind.

Demilitarisierte Zone

Im nur mit Sondergenehmigung zu erreichenden **Camp Bonifas**, am Rand der zwei Kilometer breiten ›Demilitarisierten Zone‹ (DMZ), die sich von West nach Ost über 240 Kilometer entlang der Demarkationslinie hinzieht, muss man den Tour-Bus verlassen, bekommt eine kurze Einweisung und wird dann auf UN-Fahrzeuge verladen. Die bringen

Auf der ›Freiheitsbrücke‹

die Besuchergruppe zum **Freiheitshaus** in der ›Gemeinsamen Sicherheitszone‹ (Joint Security Area, JSA). Dieser innerste Kern der Demilitarisierten Zone wird von nord- und südkoreanischen Soldaten gemeinsam bewacht.

Man kann dort der legendären **Brücke ohne Wiederkehr** einen Besuch abstatten. Die heißt so, weil nach dem Koreakrieg Gefangene die Wahl hatten, über sie in ihr jeweiliges Land zurückkehren oder zu bleiben. Viele Nordkoreaner und Chinesen entschieden sich fürs Bleiben im Süden.

Geschichte geschrieben wurde in den **Blauen Baracken**. Dort haben die Unterhändler nach 575 Verhandlungen, die sich zwei Jahre und 17 Tage hinzogen, am 27. Juli 1953 um 10 Uhr morgens das Waffenstillstandsabkommen unterzeichnet. Die Zeremonie war äußerst knapp; sie dauerte nur zehn Minuten. Dann hatten US-General William K. Harrison und Nordkoreas General Nam Il ohne einen Wortwechsel die 18 offiziellen Kopien unterschrieben – je sechs in Englisch, Chinesisch und Koreanisch. Da es bisher keinen Friedensvertrag, sondern nur ein Waffenstillstandsabkommen und einen Nichtangriffspakt gibt, befinden sich Süd- und Nordkorea offiziell noch im Kriegszustand.

In den Baracken darf man kurz nordkoreanischen Boden betreten, sollte aber besser wieder zum richtigen Ausgang hinausgehen. Einen Blick über die Gemeinsame Sicherheitszone und auf nordkoreanisches Territorium kann man von der **Friedenspagode** oder dem **Dorosan-Observatorium** werfen.

Denkmal am 3. Invasionstunnel

▲ Karte: vordere Umschlagklappe

Der 3. Invasionstunnel

Ein nordkoreanischer Überläufer verriet diesen Tunnel im Jahr 1978. Drei Jahre zuvor hatte schon ein anderer Deserteur den 2. Invasionstunnel bekannt gemacht, den ersten hatte man 1974 durch Zufall entdeckt, den vierten 1990 durch gezielte Probebohrungen. Durch diese vier Stollen gedachte Nordkorea Truppen und Artillerie in den Bruderstaat zu schleusen.

Der von der Regierung in Pjöngjang nach der Entdeckung als Kohlemine deklarierte 3. Invasionstunnel ist 1635 Meter lang, zwei Meter hoch und zwei Meter breit. Pro Stunde hätten rund 30000 schwer bewaffnete Soldaten Südkorea infiltrieren können, heißt es. Den inzwischen zu einer Attraktion des ›Grenztourismus‹ aufpolierten Stollen kann man auf mehreren hundert Metern besichtigen.

Heyri-Künstlerdorf

Das rund zehn Kilometer südlich der Entmilitarisierten Zone gelegene ›Dorf‹ ist 1994 der Fantasie des Verlegers Kim Eun Ho entsprungen. Kein Wunder, denn es befindet sich bei der Druckereistadt Paju. Im ›Worpswede Koreas‹ leben etwa 500 Künstler, vor allem Schriftsteller, aber ebenso Architekten, Filmemacher, Maler, Musiker und Bildhauer. Deshalb stolpert man in dem auch baulich interessanten – einige der besten Architekten Koreas hatten ihre Hand im Spiel – und umweltfreundlich gestalteten Ort auf Schritt und Tritt über Skulpturen.

Auffallend ist **Kim Eun Hos Bibliothek**, die 30 000 Bücher, ein Restaurant und eine Ausstellungshalle beherbergt, alles verkleidet in malaiischem Hartholz. Galerien, Museen für buddhistische Kunst oder für Schmetterlinge, Boutiquen und Cafés machen einen Besuch kurzweilig. Wer will, kann in einem Gästehaus übernachten.

Und wer wieder mal shoppen möchte, kann das in **Paju** tun. Dort gibt es erstens die **Shinsegae Premium Outlets**, in denen man Designer- und Sportklamotten, Luxus-Lederwaren oder Küchenutensilien namhafter Firmen mit 25 bis 65 Prozent Rabatt erwerben und sich vor der Heimfahrt in 21 Restaurants stärken kann. Zweitens: den **Lotte Premium Outlet**, der sich rühmt, Koreas größter zu sein. Immerhin bietet er Produkte von rund 200 internationalen Marken an, ein Kulturzentrum, zwei Kinos, Restaurants, Kinderspielplätze und eine Aussichtsplattform.

Anfahrt: U2 oder U6, Hapjeong Station, Ausgang 2, dann Bus Nr. 2200; zu den Outlets Bus Nr. 200.

Öffnungszeiten: Das Dorf rund um die Uhr, die Museen Di–So 10–19 Uhr, die Outlets täglich 10.30–20, an Wochenenden und Feiertagen 10–21 Uhr.

i Panmunjeom

Anreise: Mit der Gyeongju-Linie von Seoul bis Geumchon, Paju oder Munsan, weiter mit Bus, ohne Sondergenehmigung nur bis Imjingak oder zum Heyri-Künstlerdorf. Touren mit Sondergenehmigung bucht man am besten drei Tage im Voraus unter Vorlage des Reisepasses beim **Büro von Tour DMZ** oder dem **Panmunjeom Travel Center**. Beide befinden sich im ›Sogongdong Lotte Hotel‹ in Seoul (*U2, Eulgiro 1-ga*) im 6. Stock; eine Tagestour kostet zwischen 75 000 und 120 000 Won. Die Busse fahren von der Travel Lounge im 2. Stock ab.

Ausführliche Informationen zu den Touren unter www.tourdmz.com und www.panmunjomtour.com.

Reisetipps von A bis Z

Ärztliche Hilfe

Die medizinische Versorgung hat europäischen Standard, ist allerdings viel preiswerter. Nicht von ungefähr hat sich im Lauf der Jahre sogar ein Medizintourismus nach Korea entwickelt.

Alle größeren Hotels haben eigene Hausärzte, von denen einige auch Englisch sprechen.

Krankenhäuser und Apotheken in Seoul → S. 193.

Aufenthaltsgenehmigung

Reisende aus Deutschland, Österreich und der Schweiz können sich, wenn sie im Besitz eines noch sechs Monate gültigen Reisepasses sind, bis zu 90 Tage ohne Visum in Korea aufhalten. Falls Sie z.B. aus beruflichen Gründen länger bleiben möchten, brauchen Sie eine Einreiseerlaubnis, die von den koreanischen Botschaften oder den Konsulaten ausgestellt wird. Innerhalb von 90 Tagen müssen Sie die beim Einwanderungsamt in eine Aufenthaltsgenehmigung umwandeln lassen.

Auskunft

Informationen über Korea erteilt das Koreanische Fremdenverkehrsamt in Frankfurt (Korea Tourism Organization, KTO), das

Blumenschmuck in Gangnam

auch jede Art von Broschüren, Karten und DVDs bereit hält:

Korea Tourism Organization
Baseler Straße 35–37
60329 Frankfurt
Tel. +49/69/233226
ktoff@euko.de

KTO und weitere Touristeninformationen in Seoul → S. 172.

Auch an Info-Kiosken bei allen Flughäfen, Bus Terminals, Bahnhöfen oder wichtigen Sehenswürdigkeiten wird einem weitergeholfen. Wer in Seoul und der Metropolregion spontan Auskunft oder touristische Hilfe braucht, wählt einfach die Telefonnummer 1330 (engl.).

Before Babel Brigade

Zur Fußball-WM 2002 ins Leben gerufen hilft diese ›Brigade‹ aus Freiwilligen noch heute, wenn es um Verständigungsschwierigkeiten geht, wie sie in der Nach-Turmbau-zu-Babel-Zeit ja durchaus vorkommen können. Einfach die Rufnummer 1588-5644 wählen, dann die gewünschte Sprache per Tastatur eingeben, für Deutsch die 8, für Englisch die 1 und für Französisch die 4 (www.bbbkorea.org, auch als App).

Beschwerdezentrum für Touristen

Eigentlich wird man diese Nummer in Korea nie brauchen, da das Land als sicherer und infrastrukturell besser aufgestellt gilt als viele europäische Reiseziele. Aber für den Fall der Fälle kann man sich an die von der Koreanischen Tourismuszentrale betriebene Beschwerdestelle (Complaint Center) in Seoul richten: +82/2/735-0101. Sie hilft auf Deutsch oder Englisch auch als Ratgeber aus.

Devisen

Ausländische Währungen und koreanische Won können bis zum Gegenwert von 10 000 US-Dollar unbeschränkt eingeführt werden. Alles darüber muss man bei der

Einreise auf einem Vordruck deklarieren. Das gilt auch für die Ausreise.

Diplomatische Vertretungen

Botschaften in Seoul **→ S. 174.**

Botschaft der Republik Korea in Deutschland
Stülerstraße 10
10787 Berlin
Tel. +49/30/260650 (Konsularabteilung)
Mittelstraße 43
53175 Bonn
Tel. +49/228/943790 (Außenstelle der Botschaft)

Generalkonsulate in Deutschland:
Kaiser-Wilhelm-Straße 9
20355 Hamburg
Tel. +49/40/650677600
Lyoner Straße 34
60528 Frankfurt
Tel. +49/69/567520

Botschaft der Republik Korea in Österreich
Gregor-Mendel-Straße 25
1180 Wien
Tel. +43/1/4781991

Botschaft der Republik Korea in der Schweiz
Kalcheggweg 38
3006 Bern
Tel. 031/3562444

Einreisebestimmungen

Reisende aus Deutschland, Österreich und der Schweiz können, wenn sie im Besitz eines bei Ankunft noch sechs Monate gültigen Reisepasses sind, ohne Visum nach Korea einreisen, bis zu einer Reisedauer von 90 Tagen.

Am Immigration Counter wird während der Passkontrolle ein biometrisches Foto gemacht, und man muss einen Fingerabdruck hinterlassen.

Eintrittspreise

Wer die Eintrittspreise europäischer Museen oder Schlösser kennt, wird in Seoul erstaunt sein: Er muss nicht – gefühlt – das Objekt seiner Begierde kaufen. Je nach Rang der Sehenswürdigkeit schwankt der Eintrittspreis zwischen schlappen 1000 und 4000 Won. Menschen über 65 Jahre haben meist freien Zutritt. In den Nationalmuseen liegt der Eintrittspreis bei null. Private Museen erheben zwischen 5000 und 10000 Won. Die Nationalparks sind grundsätzlich frei zugänglich, einige kassieren aber einen Obulus ›zur Erhaltung‹ in Höhe von 2000 bis 4000 Won. Wer würde bei diesen prachtvollen Naturschönheiten nicht freiwillig umgerechnet 1,5 bis 3 Euro als ›Spende‹ in den Klingelbeutel werfen?

Elektrizität

Im Großraum Seoul ist man inzwischen auf 220 Volt eingestellt, nur im Hinterland gibt es manchmal noch 110-Volt-Steckdosen.

Feiertage/Feste

→ S. 63.

Fotografieren

Koreaner sind begeisterte Fotografen, das schließt aber nicht ein, dass sie genauso gerne als Model herhalten. Das sollte man der jeweiligen Situation anpassen oder wenigstens mit einem Lächeln nachfragen. Dann stellen sie sich meist gerne hin und belustigen das Foto mit dem unvermeidlichen Victory-Zeichen.

In **buddhistischen Anlagen** sind Außenaufnahmen kein Problem. Wer das Innere der Hallen ablichten möchte, sollte sich an einen Mönch wenden. Auch bei schamanistischen Ritualen sieht man ungefragtes Fotografieren nicht gern.

Mehr als pingelig sind ebenfalls die Begleiter in der **Demilitarisierten Zone**. Dort ist das Fotografieren strengen Regeln unterworfen.

Fundbüro

Sie haben etwas verloren oder liegen lassen? Dann nichts wie hin zur nächsten Polizeistation, an die Rezeption Ihrer Unterkunft oder zum nächstbesten Touristen-Informationszentrum. Da bei der Polizei kaum jemand eine Fremdsprache beherrscht, sind die beiden letzteren Anlaufstellen einfacher, obwohl Sie über den telefonischen Notfall-Dolmetscherdienst der Polizei auch bei den Sicherheitsbeamten Hilfe erhalten. Einfach die 112 wählen und um einen Übersetzer bitten. Dieser Dienst ist wochentags von 8–23, am Wochenende von 9–18 Uhr besetzt. Auch die Touristen-Hotline hilft weiter: für Seoul Tel. +82/2/1330.

Geld/Währung

Die koreanische Währung Won (KRW) gibt es in Scheinen zu 1000, 5000, 10000 und 50 000 Won, Münzen in Höhen von 10, 50, 100 und 500 Won.

Bei Drucklegung dieses Buches entsprach der **Wechselkurs** von einem Euro = 1205 Won oder 1000 Won = 0,8 Euro (April 2015).

Geld wechseln kann man in verschiedenen Banken (vor allem in der Hana-Bank) und in Wechselstuben, wobei man seinen Pass vorzeigen muss. Auch die Wechselstuben geben einen fairen Kurs, zumindest ist er besser als in den großen Hotels oder am Flughafen, wo man natürlich ebenso Geld wechseln kann.

Bargeld aus dem Automaten zu ziehen, ist im Großraum Seoul ein Kinderspiel: Bei den ›Global ATM‹-Maschinen Kredit- oder EC-Karte einstecken, PIN eingeben und Summe auswählen.

Geschäftszeiten

Banken haben üblicherweise montags bis freitags von 9–16 Uhr geöffnet, **Behörden** von 9–18 Uhr, **Postämter** ebenfalls von 9–18 Uhr, wobei das Post Banking allerdings auf 9–16.30 Uhr beschränkt ist. **Botschaften** arbeiten montags bis freitags von 9–17 Uhr.

Kaufhäuser und **Shopping Malls** öffnen ihre Pforten von 10.30–20 Uhr, auch sonntags. Auf großen **Märkten** in der Metropolregion wie auf denen beim Dongdaemun oder beim Namdaemun samt den ihnen angeschlossenen Malls herrscht rund um die Uhr Hochbetrieb, an sieben Tagen die Woche.

Goodwill Guide

Wer nah an Land und Leute herankommen will, sollte einen von der KTO ausgewählten, ehrenamtlichen Reiseleiter oder Dolmetscher engagieren. Das kostet nichts und geht ganz einfach über die Websites www.visitkorea.or.kr oder www.german.vititkorea.or.kr – anzumelden bis spätestens drei Tage vor dem gewünschten Treffen. Der Goodwill Guide, meist Studenten, Hausfrauen oder Rentner mit guten Fremdsprachenkenntnissen, hilft nicht nur bei Verständigungsschwierigkeiten, sondern kennt sich auch in Kultur, Geschichte, Politik und im koreanischen Alltag aus. Wer würde sich besser als ›local guide‹ eignen? À propos ›kostet nichts‹: Eine Einladung zum Essen oder ein Gastgeschenk sollten schon drin sein.

Hotels/Hanok/Yeogwan/Jjimjilbang

Grundsätzlich gibt es zwei verschiedene Hotelarten: die westlichen Hotels und Hotels in koreanischem Stil (Hanok und Yeogwan). In den beiden letzteren schläft man auf bequemen Futons auf dem ›Ondol‹-beheizten Fußboden und hat nur koreanisches Mobiliar im Zimmer, also weder Tische noch Stühle. Da alle internationalen Hotelketten im Großraum Seoul vertreten sind, gibt es westliche Hotels von Super Deluxe bis einfach, je nach Geldbeutel. Dasselbe gilt für Hanok-Übernachtungen. Yeogwans sind eher einfach, Jjimjilbangs sehr preiswerte Saunen mit Ruhezonen. Die Zimmerpreise variieren von rund 500 000 Won in den Super Deluxe-Hotels, über 400 000 bis 200 000 Won in den Deluxe- und Firstclass-Häusern sowie 150 000 bis 50 000 Won in den Zwei- bis Drei-Sterne-Hotels. Alle werben in der Off-Season mit günstigeren Preisen um Kunden. Motels, von denen es einige leicht mit sehr guten Hotels aufnehmen können, und Yeogwans berechnen um 50 000 Won für eine Übernachtung. Die sind im Voraus zu bezahlen. Praktischerweise tummeln sich Motels und Yeogwans im Umkreis der Bus Terminals und der Bahnhöfe, so dass sie leicht zu erreichen und zumeist auch zentral gelegen sind. Pensionen und Gästezimmer, so genannte **Minbaks**, liegen unter 40 000 Won. Das tun auch Gästehäuser, Hostels und Jugendherbergen, die sich vor allem für Backpacker eignen. Wer den direkten Kontakt zum koreanischen Alltag sucht, kann sich über die Webseite www.homestaykorea.com bei einer **Gastfamilie** einquartieren, bekommt sein eigenes Zimmer und nimmt zumindest das Frühstück mit den Gastgebern ein.

Die günstigste Übernachtungsmöglichkeit sind typisch koreanische Saunen, **Jjimjilbang** genannt; sie haben 24 Stunden geöffnet und bieten außer dem nach Geschlechtern getrennt zu benutzenden Badebereich große gemeinschaftliche Ruheräume samt Bars für Snacks und Drinks; alle stellen T-Shirt und Shorts zur Verfügung, manche auch Iso-Matten.

Eine Übernachtung im **Hanok** gilt als die Variante mit der meisten Atmosphäre. Diese in klassischem Stil erbauten (oder renovierten) Häuser gibt es vor allem in Seouls traditionellem Viertel Bukchon. Billig sind sie nicht gerade: Der Preis inklusive Frühstück kann durchaus 300000 Won betragen, meist liegt er aber um oder unter 150000 Won. Informationen dazu liefert die Website www.hanokstay.or.kr.

Nichts falsch machen Sie, wenn Sie auf Unterkünfte mit dem Zeichen **Goodstay** achten. Das sind von der Koreanischen Tourismuszentrale und dem Kultusministerium auf ihre Qualität geprüfte, vertrauenswürdige, erschwingliche Häuser im Preissegment von 40000 bis 60000 Won pro Person und Nacht.

Impfungen

Für die Einreise sind keine Impfungen vorgeschrieben, es sei denn, man kommt aus einem gefährdeten Gebiet.

Internet/Smartphone

Bei der Versorgung mit Internetanschlüssen und freiem W-Lan verweist Korea zumindest alle mitteleuropäischen Länder auf die Plätze. Da leben wir hier noch in der Steinzeit. Während sich die meisten großen Hotels den Internetzugang vom Zimmer aus gerne bezahlen lassen, bieten die kleineren Hotels und Motels in jedem Zimmer kostenlos PC und W-Lan-Anschluss. Auch Smartphone-Besitzer werden sich über die flächenmäßig ganz Korea abdeckenden freien Hotspots, die sogar in vielen U-Bahnen installiert sind, freuen. Junge Koreaner und Koreanerinnen sind immer und überall online, meist mit mehreren Geräten zugleich. Man fragt sich, wovon die Internetcafés, in Korea PC Bang genannt, eigentlich leben.

Kleidung

Wie für alle Reisen empfiehlt sich auch für Seoul das ›Zwiebelschalen-Prinzip‹, soll heißen, man trägt je nach Temperatur eine Schicht über der anderen. Korea ist klimatisch mit Mitteleuropa zu vergleichen, so dass man genau das einpacken sollte, was man auch zu Hause anzöge: im Frühjahr und Herbst also lange Hosen, langärmelige Hemden und einen Pullover. Im Sommer, der sehr heiß und schwül werden kann, dürfen es gerne T-Shirts oder Kurzarm-Hemden sein. Aber ein Regenschutz ist dann ebenfalls unerlässlich, weil sich Tage heftigen Regens und großer Klarheit abwechseln (Sommermonsun). Bei offiziellen Anlässen wie Geschäftsessen ist formelle Kleidung ein ›Muss‹, auch im Sommer. Nicht formell, aber dezent kleiden sollte man sich für Besuche von Tempeln und Schreinen, allein schon aus Respekt vor dem Gastland.

Klima

→ S. 25.

Knigge

Selbst wenn es in Seouler Bars und Restaurants hemdsärmelig, laut und turbulent zugeht, schätzt man bei Besuchern stilles und dezentes Auftreten. Das wird als Zeichen guter Erziehung gewertet. Und nichts geht in einem konfuzianisch geprägten Land wie Korea über die gute Erziehung!

Straßenstände in Suwon

Wer sich als mit den koreanischen Sitten vertraut zeigen möchte, kann darüber hinaus eine nicht wie in Japan übliche, ganz tiefe, sondern eine nur leichte Verbeugung bei der Begrüßung andeuten und seine linke Hand angewinkelt an die rechte legen, wenn er jemandem zuprostet oder an der Kasse bezahlt. Überreicht werden alle Dinge wie **Visitenkarten** (von denen man reichlich dabei haben sollte), Kreditkarten oder Geschenke mit beiden Händen und einer leichten Verneigung, so werden sie auch entgegengenommen.

Bei Tisch sitzt man – ganz konfuzianisch – dem Alter entsprechend: Die Senioren am weitesten von der Eingangstüre entfernt, die Jüngeren gruppieren sich dann in Richtung Eingang. Niemand nimmt seine Stäbchen zur Hand, bevor nicht der Älteste die Tafel eröffnet hat. Und niemand trinkt alleine, sondern erhebt sein Glas immer zu irgend jemandem am Tisch, am besten zu den Senioren. Wenn jemand ohne Zuprosten trinken möchte, sollte er sich ein wenig von der Senioren abwenden und sein Glas mit der linken Hand leicht verdecken. Suppen- oder Reisschalen bleiben auf dem Tisch. Sie in die Hand zu nehmen, gilt als ordinär, weil das früher nur die Bauern taten – sie kannten keine Tische. Auch beidhändig zu essen ist unfein: Entweder man hat die Stäbchen in der rechten Hand oder den Löffel, auf keinen Fall werden sie gleichzeitig benutzt. Aus Achtung vor Mutter Natur und ihren Produkten sollte man wie die Koreaner seine Reisschale vollständig leeren. Wundern Sie sich nicht, wenn Ihre koreanischen Geschäftspartner oder Freunde Sie nach dem gemeinsamen Essen bis zu Ihrer Unterkunft zurückbegleiten. Das ist guter Ton, man möchte ja sicher gehen, dass Sie gut ›nach Hause‹ kommen. Obwohl da keine Gefahr besteht: Korea ist eines der sichersten Länder der Welt – und das nicht wegen eines großen Polizeiaufgebots oder der Androhung drakonischer Strafen, sondern wegen seines tief sitzenden Ethos.

Korea Pass

→ S. 173.

Kreditkarten

Internationale Kreditkarten wie American Express, Diners Club, Eurocard, Master Charge oder VISA werden in allen größeren Hotels, vielen Motels, Restaurants, Tankstellen und besseren Geschäften akzeptiert.

Notruf-Telefon

112 für Polizei, 119 für Feuerwehr, 1330 für die Touristen-Hotline (die hilft auf Englisch auch bei Gesprächen mit der Polizei weiter).

Post

Das Porto für einen normalen internationalen Brief beträgt 1500 Won. Die koreanische Post ist relativ günstig, so dass es sich bei größerem Übergepäck lohnt, einen Teil zu verschicken. Das kommt dann allerdings erst rund eine Woche später in Europa an. Briefkästen und das Emblem der Postämter sind durch ihr knalliges Tomatenrot leicht zu identifizieren.

Reisen ins Land

Von Seoul aus herumzukommen, ist ziemlich einfach, egal ob mit Auto, Express- oder Stadtbussen, KTX oder anderen Zügen, Taxis oder U-Bahnen. Das liegt an der bestens ausgebauten Infrastruktur, die vielen europäischen Ländern gerne als Vorbild dienen dürfte.

Auto/Mietwagen: Spritztouren in die Umgebung mit dem Mietwagen zu machen, ist ein reines Vergnügen. Vorausgesetzt man fährt gern selbst und hat ein englischsprachiges Navi an Bord. Das ist vor allem im Hinterland ein unbedingtes ›Muss‹, denn dort gibt es nur auf Koreanisch geschriebene Wegweiser. Die Leihgebühr beträgt für einen Tag zwischen 80000 Won und 500000 Won, je nach Modell. Für das Anmieten benötigt man seinen Pass, einen Internationalen Führerschein und eine Kreditkarte. Und man muss älter als 21 Jahre sein.

Eisenbahn/KTX: Die schnellste und bequemste Verbindung zwischen Seoul und dem Süden ist der auf bis zu 350 Stundenkilometer beschleunigende KTX (Korea Train Express), der auf TGV-Basis entwickelte Hochgeschwindigkeitszug. Für Ausländer hat die Betreiberfirma Korail den **Korea Rail Pass** erfunden (→ S. 18, 243).

Die 1905 erstmals bediente Gyeongbu-Linie von Seoul nach Busan ist noch heute die wichtigste Strecke. Im Stundentakt flitzt seit 2004 der KTX in zwei Stunden und 20 Minuten über Daejeon, Daegu, Gyeongju und Ulsan nach Busan. Eine zweite KTX-Strecke, die Honam-Linie, führt von Seoul in den Südwesten, über Daejeon und Iksan nach Gwangju und Mokpo (2 Std. 50 Min.). Eine dritte, die Gyeongjeon-Linie, verbindet Seoul über Daejeon, Gimcheon und Daegu mit Masan und Jinju (zwei Std. 30 Min.). Mit der vierten, der Jeolla-Linie, gelangt man von Seoul-Yongsan über Daejeon, Iksan, Jeonju und Namwon nach Suncheon und Yeosu (3 Stunden).

Die Westküste ab Seoul-Yongsan (U1) bedient seit Februar 2015 auch der **Seohae Golden G-Train**, der weltweit erste Zug mit ›Ondol‹-Abteilen, in denen bis zu sechs Personen wie in typischen koreanischen Zimmern auf dem Boden sitzen können. Zumindest einer der fünf Waggons ist derart ausgelegt. Ein Waggon mit Café und Spa vervollständigt die Touristenattraktion. Der Zug fährt über Asan, Yesan, Hongseong, Boryeong, Seocheon und Gunsan nach Iksan.

Strecken, die nicht an das Hochgeschwindigkeitsnetz angeschlossen sind, werden von den **Saemaeul-** und **Mugunghwa-Zügen** bedient, so z.B. die Städte im Norden der Ostmeer-Küste. Der Saemaeul gilt als der Express, der Mugunghwa als der Bummelzug.

Von Seoul fahren die Züge gen Osten am Bahnhof Cheongnyangni (U1) ab, gen Südosten von Seoul Station (U1 und U4) und gen Südwesten vom Bahnhof Yongsan (U1).

Express-Busse/Intercity Busse: Sie gelten als die beliebteste Art des Weiterkommens, denn sie verbinden Seoul im Zehn-Minuten-Takt mit allen anderen Städten, in denen die Ziel-Terminals meist im oder nahe dem Zentrum liegen und praktischerweise von vielen Übernachtungsmöglichkeiten sowie Restaurants umringt sind.

Die **Express-Busse** (Gosok Beoseu) steuern ihr Ziel nonstop an. In Seoul starten diese sehr komfortablen Busse von drei Terminals. Von dem in Gangnam südlich des Han-Flusses stehenden, mit den Linien U3, U7 und U9 erreichbaren Seoul Express Bus Terminal (so heißt auch die Station) geht es Richtung Ostküste, Gyeongju und Busan. Gleich daneben liegt der mit denselben U-Bahnen zu erreichende Central City Bus Terminal, von dem aus der Südwesten und

Auf dem Heilkräutermarkt

die Südküste angesteuert werden. Der an der U2 liegende Dong Seoul Bus Terminal (*Station Gangbyeon, Ausgang 4*) bedient mit seinen Bussen die Mitte des Landes.

Die **Intercity-Busse** (Siwoe Beoseu) bieten nicht den Komfort ihrer Express-Brüder. Sie fahren ›direkt‹ (jikhaeng) oder ›normal‹ (ilban), soll heißen, sie steuern ihr Ziel nonstop an oder halten in anderen Orten, die auf dem Weg liegen. In Seoul gibt es drei Intercity Bus Terminals. Einer ist der mit der U3 (Ausgang 5) zu erreichende Nambu Bus Terminal, ein anderer der von der U7 (Ausgang 2) bediente Sangbong Bus Terminal, der dritte der an der U3 und der U7 (Ausgänge sind beschildert) liegende Central City Bus Terminal.

Inlandsflüge: Die ausgezeichnete Infrastruktur zu Lande macht den umweltfreundlichen Verzicht auf Inlandsflüge leicht. Die Verbindungen zu 15 Städten, die Korean Air, Aseana sowie die Billigfluggesellschaften Jeju Air und Jin Air bieten, sind, wenn man die Anreise zum Airport und die Wartezeiten bis zum Check-in einkalkuliert, auf dem Landweg zügiger zurückzulegen. Eine Ausnahme ist die Insel Jeju im Süden Koreas.

K-Shuttle: Für Eilige, die in nur drei Tagen die Halbinsel sehen wollen, gibt es den so genannten K-Shuttle, eine Busrundreise mit zwei Übernachtungen als Tour Package. Zwei Richtungen werden angesteuert: der Südwesten und der Südosten. Bei der ersten geht es von Seoul nach Buyeo, Jeonju, Yeosu, Suncheon und über Busan wieder nach Seoul, bei der zweiten von Seoul nach Busan und über Gyeongju, Andong, Wonju, Gangneung und Pyeongchang zurück nach Seoul. Die von mehrsprachigen Reiseleitern begleiteten Busse starten vom Donghwa Duty Free nahe dem Gwanghwamun morgens um 8.30 Uhr. Das Package kostet 360000 Won, enthalten sind außer der Fahrt und den Übernachtungen mit Frühstück auch einzelne Eintritte zu Sehenswürdigkeiten. Reservierungen unter www.K-shuttle.com oder im Call Center +82-1899-2508.

Taxis: → S. 178.

U-Bahn: → S. 177.

Reiseveranstalter

BCT-Touristik
Bonner Str. 37, 53721 Siegburg
Tel. +49/2241/9424211
www.bct-touristik.de
Studienreisen Südkorea, Kombinationsreisen Süd-/Nordkorea, Japan/Korea/Taiwan, Städtereisen Seoul und Tokio.

Djoser Reisen
Kaiser-Wilhelm-Ring 20, 50672 Köln
Tel. +49/221/9201580
www.djoser.de
Rundreisen, auch in Kombination mit Japan.

East Asia Tours
Alexanderstr. 1, 10178 Berlin
Tel. +49/30/4466890
www.eastasiatours.de
Rundreisen Süd- und Nordkorea, Kombireisen mit Japan oder Taiwan.

Gastager Weltreisen
Reichenhaller Str. 49, 81547 München
Tel. +49/89/555516
www.gastager-weltreisen.com
Kombireisen Südkorea/China/Taiwan.

Gebeco Reisen
Holzkoppelweg 19, 24118 Kiel
Tel. +49/431/54460

www.gebeco.de
Studienreisen Südkorea.
Geoplan Touristik
Mohriner Allee 70, 12347 Berlin
Tel. +49/30/79742279
www.geoplan-reisen.de
Rundreisen Südkorea und Nordkorea.
Ikarus Tours
Am Kaltenborn 49–51, 61462 Königstein/Taunus
Tel. +49/6174/29020
www.ikarus.com
Rundreisen Südkorea, auch in Kombination mit Japan oder Nordkorea.
Meier's Weltreisen
Emil-von-Behring-Str. 6
660439 Frankfurt
Tel. +49/69/958800
www.meiers-weltreisen.de
Rundreisen, Kombinationsreise Südkorea/Japan.
Studiosus Reisen
Riesstr. 25, 80992 München
Tel. +49/89/500600
www.studiosus.com
Kombireisen Süd-/Nordkorea, Südkorea/Taiwan.
Unterwegs – individuelles Reisen
Würzburger Str. 62, 63739 Aschaffenburg
Tel. +49/6021/4391990
www.unterwegsinasien.de
Gruppen- und Individualreisen nach Süd- und Nordkorea.
Viktor Reisen
Altmannweg 1, 88161 Lindenberg
Tel. +49/8381/9482075
www.japan-reisen.de
Rundreise Südkorea, individuelle Touren, Hotelbuchungen.

Templestay

Klöster sind es seit Jahrhunderten gewohnt, buddhistische Pilger zu beherbergen. Seit einigen Jahrzehnten nehmen viele von ihnen auch Nicht-Pilger auf – im Rahmen ihres Templestay-Programms. Das Eintauchen in den buddhistischen Alltag ist nichts zum Nur-mal-so-Reinschmecken, sondern erfordert Belastbarkeit, wozu die tägliche körperliche Arbeit genauso zählt wie die Beschäftigung mit dem eigenen Selbst. Informationen dazu gibt es am Kiosk gegenüber dem Jogye-Tempel und unter www.templestay.com.

T-Money Card

→ S. 173.

Trinkgeld

Nur wenn Sie jemanden beleidigen wollen, vor allem ältere Menschen, geben sie Trinkgeld. Es wird in Korea als Almosen und die Ehre kränkend betrachtet und gilt deshalb als unhöflich. Jüngere sehen das etwas lockerer und stecken eine kleine, wirklich nur eine kleine Aufrundung der Rechnungssumme lächelnd ein. Auch die Koffer-Boys in den Hotels sehen die Trinkgeldfrage nicht so eng. Im Taxi? No go! In Hotels und guten Restaurants? Die haben ihre zehn Prozent Service-Charge selbstherrlich bereits auf die Rechnung gesetzt.

Visum

→ Einreisebestimmungen, S. 229.

Zeitverschiebung

In Korea kennt man keine ›Sommerzeit‹. Immer gilt die Zeitzone GMT plus neun Stunden, das heißt: Korea ist uns in Mitteleuropa um acht Stunden, bei MESZ um sieben Stunden voraus.

Zollbestimmungen

Zollfrei einführen darf man sämtliche persönlich zu verwendende Dinge, zusätzlich Waren im Wert von 400 US-Dollar, 1 Liter Spirituosen (wenn man das 20. Lebensjahr vollendet hat), 200 Zigaretten, 50 Zigarren, 250 Gramm Tabak (Reisende über 19 Jahre) sowie eine Flasche Parfüm.
Ausführen kann man sogar **Antiquitäten**. Die dürfen aber nicht älter als 100 Jahre sein. Zur Ausfuhr bedarf es einer Bescheinigung des Cultural Properties Maintenance Office in Seoul, die der Verkäufer besorgt oder mitliefert.

Sprachführer

Die Transkription des Koreanischen in die lateinische Schrift folgt in diesem Buch dem 1988 vom Erziehungsministerium in Seoul genehmigten, ursprünglich von zwei US-amerikanischen Wissenschaftlern entwickelten McCune-Reischauer-System.

Zwar hatte das Kultus- und Fremdenverkehrs-Ministerium im Jahr 2000 eine ebenfalls auf der Umschrift nach dem McCune-Reischauer-System gründende, revidierte Romanisierung zum offiziellen System erklärt, aber die wird sehr lässig gehandhabt, so dass der Reisende – gefühlt – hunderten von verschiedenen Transkribierungen begegnet. Eigentlich sollten Straßenschilder, Landkarten und amtliche Publikationen diese Romanisierung beherzigen, dennoch wird man ein und dasselbe Wort vor Ort oft in unterschiedlicher Transkription lesen. Zum Beispiel den Begriff ›Straße‹, der mal als ›-no‹, mal als ›-ro‹ an den Straßennamen angehängt wird.

Die meisten Buchstabenkombinationen werden – folgt man der revidierten Romanisierung – wie im Deutschen oder Englischen ausgesprochen. Eine wichtige Ausnahme ist das ›e‹ wie zum Beispiel in der Kombination ›eo‹. Das wird meistens nicht mitgesprochen, sondern deklariert das folgende ›o‹ als einen offenen Vokal. Städtenamen liefern dafür ein gutes Beispiel: Seoul wird ›ßoul‹ ausgesprochen, Yeosu ganz einfach ›o-ßu‹ und Gangneung ›Gang-nung‹, wobei ›ng‹ ein nasaliertes ›n‹ bezeichnet – wie zum Beispiel im französischen ›grand‹.

Hier einige stark vereinfachte Aussprachehilfen: ae = ä, ya = ja, yeo = jo, j = dsch, wie in Jazz, so dass jeo = dscho, ju = dschu ausgesprochen werden; ch = tsch, wie in Chip, was man an Städtenamen wie Cheonan = Tschonan oder Chuncheon = Tschuntschon üben kann. Doppelkonsonanten wie ›Ss‹ oder ›Tt‹ verstärken jeweils den Mitlaut, werden also scharf oder hart ausgesprochen: ›ß‹ oder ›t‹ (statt ›d‹).

Mehrsprachiger Wegweiser in Incheon

Deutsch	Romanisierung	Koreanisch
Allgemeines		
Guten Morgen (Tag, Abend)	Annyeong haseyo	안녕하세요
Auf Wiedersehen	Annyeonghi gaseyo	안녕히세요
Danke	Gamsa hamnida	감사합니다
Bitte, nichts zu danken.	Cheonmaneyo.	천만에요.
Bitte	Juseyo	주세요
Entschuldigung, dürfte ich ...	Sillye hamnida ...	실례합니다 ...
Entschuldigung, tut mir leid ...	Joesong hamnida ...	죄송합니다! ...
Ja	Ye oder Ne	예
Nein	Ani	아니
Können Sie mir helfen?	Dowa juseyo?	도와주세요?
Erste Begegnung		
Ich freue mich, Sie kennenzulernen.	Jeon boebge doe-eo.	전뵙게되어.
Ich heiße ...	Jeon ileum-eun ...	전이름은 ...
Wie heißen Sie?	Ileum-i mwoyeyo?	이름뭐예?
Ich bin Deutscher.	Jeon dog-il imnida.	전독일니다.
Ich bin Österreicher.	Jeon oseuteulia imnida.	전오스리아입니다.
Ich bin Schweizer.	Jeon seuwiseu imnida.	전스위입니다.
Ich bin ... Jahre alt.	Jeon ... sal-imnida.	전 ... 살입니다.
Orientierung und Ortsangaben		
Wo ist ...?	... eodi issseumnida?	... 어디있습니다?
Spricht jemand Englisch?	Yeong-eo hal jul aseyo?	영어할줄아세요?
Wie weit ist es zum ...?	... eolmana meoljineun?	... 얼마나멀지는?
Wo bekomme ich ein Taxi?	Eodi seo taegsi su issnayo?	어디에수있나요?

Deutsch	Romanisierung	Koreanisch
Bitte fahren Sie mich zum ...	... euro ajuseyo	... 잡아주세요
Fährt dieser Bus zum ...?	I beoseu ... gamnikka?	이버스 ... 로가요?
Ich möchte bitte hier aussteigen.	Yeogiseo beos-eonago si-peo.	여기서를벗어나고싶어.
Abfahrt/Abflug	Chulbal	출발
Ankunft	Dochag	도착
Ausgang	Chullyeog	출력
Auskunft	Jeongbo	정보
Bahnhof	Gichayeok	기차역
Bank	Eunhaeng	은행
Bushaltestelle	Beoseu jeonglyujang	버스정류장
Eingang	Iblyeog	입력
Fahrkarte	Pyo/Tikets	표/티켓
Fahrkartenautomat	Tiket gigye	티켓기계
Geldautomat	ATM (englisch gesprochen)	
Herberge	Hoseutel	호스텔
Hotel	Hotel	호텔
Postamt	Uchegug	우체국
Supermarkt	Syupeomakes	슈퍼마켓
Toilette	Hwajangsil	화장실
U-Bahn	Jihacheol	지하철
Einkaufen		
Wo finde ich ...?	Eodiseo chaj-eul su isseumnida ...?	어디에서찾을수있습니다 ...?
Ja, das haben wir.	Ye, ulineungajigo.	예,우리는가지고.

Deutsch	Romanisierung	Koreanisch
Nein, das gibt es nicht.	Ani, ulinga eobs-seumnida.	아니,우린가없습니다.
Bitte zeigen Sie mir ...	... boyeo juseyo	... 보여주세요
Was kostet das?	Eol ma-imnikka?	얼마입니까?
Ich nehme es.	Ileul sajulyeogo.	이를사주려고!.
Nehmen Sie Kreditkarten?	Sin-yong kadeu badji issseumnikka?	신-용카드받지있습니까?
Essen und Trinken		
Restaurant	Sikdang	식당
Bitte die Speisekarte!	Menyu neun juseyo!	메뉴는주세요!
Ich möchte Bulgogi.	Bulgogi juseyo.	불고기주세요.
Kann ich davon noch etwas haben?	jogeum deo juseyo?	조금더주세요?
Bitte nicht zu scharf!	Maeun neomu haji juseyo!	매운너무하지주세요!
Was kostet das?	Eolmana bissan-imnikka?	얼마나비싼입니까?
Suppe	Guk	국
Reis	Bap	밥
Reisbrei	Juk	죽
Reiskuchen (Nachtisch)	Tteok	떡
Nudeln	Guksu	국수
Teigtaschen	Manduguk	만두국
Eintopf	Seutyu	스튜
Gemüse	Yachae	야채
Obst	Gwail	과일
Huhn	Dalg	닭
Schweinefleisch	Dwaeji gogi	돼지고기
Rindfleisch	Soe gogi	쇠고기

Deutsch	Romanisierung	Koreanisch
Fisch	Mul gogi	물고기
Saft	Juseu	주스
Bier	Maegju	맥주
Schnaps (niedrigprozentig)	Soju	소주
Wein	Podoju	포도주
Sojasauce	Ganjang	간장
Würzsauce	Gochujang	고추장
Guten Appetit!	Manh-i deuseyo!!	많이드세요!
Prost!	Geonbae!	건배!
Übernachtung		
Haben Sie ein Zimmer frei?	Bang isseumnikka?	방있습니까?
Was kostet das?	I eolmande?	이 얼만데?
Doppelzimmer mit Bad	Yogjogaissneun deobeul-lum	욕조가있는더블룸
Einzelzimmer mit Bad	Yogjogaissneun singgeul-lum	욕조가있는싱글룸
Bitte wecken Sie mich morgen früh.	Achim-e naeil kkae-u juseyo.	아침에날깨우주세요.
Herberge	Hoseutel	호스텔
Hotel	Hotel	호텔
Jugendherberge	Yuseu hoseutel	유스호스텔
Hilfe im Notfall		
Können Sie mir helfen?	Dowa juseyo?	도와주세요?
Ich bin krank.	Jeon jil lyeoss eoyo	전질렸어요.
Ich bin verletzt.	Jeon na dachyeoseo	전나다쳤어.
Rufen Sie bitte einen Arzt!	Uisareul bulleo juseyo!	의사를불러주세요!
Apotheke	Yakguk	약국

Deutsch	Romanisierung	Koreanisch
Arzt	Uisa	의사
Krankenhaus	Byeongwon	병원
Polizei	Gyeongchalseo	경찰에
Fundbüro	Bunsil-mul	분실물

Zahlen
Die Koreaner benutzen sowohl eine sinokoreanische als auch eine rein koreanische Zählweise; letztere reicht aber nur bis 100.

Deutsch	Sinokoreanisch/ Koreanisch	Koreanisch
0	yeong	영
1	il/hana	일/하나
2	i/dul	이/둘
3	sam/set	삼/셋
4	sa/net	사/넷
5	o/daseot	오/다섯
6	yuk/yeoseot	육/여섯
7	chil/ilgop	칠/일곱
8	pal/yeodeolb	팔/여덟
9	gu/ahop	구/아홉
10	sip/yeol	십/열
20	isip	이십
100	baek	백
1000	cheon	천
10 000	man	만
100 000	simman	십만
1 000 000	baengman	백만

Glossar

Avalokiteshvara
Koreanisch: Gwaneum, Bodhisattva des universellen Mitgefühls.

Bodhisattva
Erleuchtetes Wesen, buddhistischer Helfershelfer.

Buddha
Der ›Erleuchtete‹.

Buddha Amitabha
Transzendeter Buddha, Buddha der umfassenden Liebe.

Buddha Dipamkara
Buddha des vorausgegangenen Weltzeitalters.

Buddha Maitreya
Buddha der Zukunft.

Buddha Shakyamuni
Buddha dieses Weltzeitalters, der historische Buddha.

Buddha Vairocana
Kosmischer Buddha, Ur-Buddha.

Cheontae-Sekte
Koreanisch-buddhistischer Orden, der sich auf das Lotos-Sutra beruft.

Daego-Orden
Koreanisch-zenbuddhistischer Orden, dessen Mönche heiraten dürfen.

Dharma
Die kosmische Ordnung, Bezeichnung für die buddhistische Lehre.

Diamant-Sutra
Einer der wichtigsten Texte des Mahayana-Buddhismus über ›die Vollkommenheit der Weisheit‹.

Dolmen
Neolithische Steinplattengräber.

Drei Juwelen
Bezeichnung für Buddha, die Lehre und die buddhistische Mönchsgemeinschaft.

Grabtumuli
Grabhügel.

Haetae
Schützende, feuerabweisende Fabelwesen.

Hinayana-Buddhismus
Lehre vom ›kleinen Fahrzeug‹, strebt die Erlösung des Gläubigen aus dem Kreislauf der Wiedergeburten an.

Hwaeom-Schule
Philosophisch orientierte Schule des Buddhismus.

Jogye-Orden
Der in Korea am weitesten verbreitete zenbuddhistische Orden.

Kindespietät
Konfuzianisch erforderter Respekt der Kinder vor den Eltern.

Lotos-Sutra
Neben dem Diamant-Sutra die wichtigste Schrift des Mahayana-Buddhismus.

Mahayana-Buddhismus
Lehre vom ›großen Fahrzeug‹, in dem alle Wesen zur Erleuchtung gelangen können, auch durch Helfershelfer (Bodhisattvas).

Mandorla
Meist mandelförmige Glorie um eine heilige Figur.

Manjushri
Bodhisattva der Weisheit.

Mönchssoldaten
Mönche, die sich auch im Kampfsport gestählt haben.

Mudang
Schamanin.

Sari-Reliquar
Behältnis für Reliquien von Heiligen.

Schamane
Geisterbeschwörer, medial veranlagter Mensch.

Seon-Buddhismus
Koreanisch für Zen-Buddhismus.

Sutra
Buddhistische Lehrschrift.

Tripitaka
›Dreikorb‹, buddhistische Sammlung, die Buddhas Lehrreden, die Mönchsregeln und Kommentare zu diesen enthält.

Seoul im Internet

www.visitseoul.net
Die offizielle Website der Stadtregierung liefert aktuelle wie Hintergrund-Informationen zu allen Themen wie Sightseeing, Restaurants, Hotels, Shopping, Hallyu (K-Wave) und Events.
http://german.korea.net
Auch die offizielle Website der Republik Korea bietet aktuelle Informationen zu Land und Kultur sowie zu Events.
http://german.visitkorea.or.kr
Eine Fülle an touristischen Nachrichten zu Festen, Routen, Unterkünften, Verkehr, Kultur und Shopping liefert die offizielle Website des Koreanischen Fremdenverkehrsamts.
www.auswaertiges-amt.de
Hintergrundinformationen zu Seoul und Korea samt Hinweisen zur Reisesicherheit findet man auf der Website des Auswärtigen Amtes.
www.goethe.de/ins/kr/de/seo.html
Das Goethe Institut Seoul liefert ebenso hervorragende und umfassende aktuelle Informationen rund ums Reisen in Seoul.
www.miceseoul.com
Von der Seoul Tourism Organization herausgegebene Seite mit allem Wissenswerten, vor allem zu Business-Fragen.
http://sel.icann.org
Aktuelle Informationen zur Reisevorbereitung und für das Rumkommen vor Ort.
www.koreaverband.de
Nachrichtenplattform des Korea-Verbands für alle, die an aktuellen Entwicklungen auf der Halbinsel sowie an Geschichte und Kultur interessiert sind.
www.lifeinkorea.com
Reise-Informationen jeder Art, ob Besichtigungen, Hotelreservierungen, Touren, Events oder Kulturnachrichten, hält diese Website bereit.
www.willi-stengel.de
Hier hat ein Korea-Enthusiast wirklich alle Themen von A wie Ahnengedenkfeiern bis W wie Wohnungswesen zusammengetragen.
www.koreainfo.de
Diese Website ist ebenfalls von einem Fan Koreas zusammengestellt und liefert Informationen aus seiner sehr persönlichen, aber dennoch objektiven Sicht.
www.koreaherald.com
Die führende englischsprachige Zeitung Koreas, die auch eine eigene Business-Ausgabe publiziert.
www.koreatimes.co.kr
Eine der ältesten Zeitungen, die eine hohe Reputation genießt und als Leitmedium gilt.
http://lei.snu.ac.kr
Für alle, die Koreanisch lernen wollen, bietet das Language Education Center der Seoul National University hier Kurse an.
www.yskli.com
Auch Koreas zweitwichtigste Universität, die Yonsei in Seoul, offeriert in ihrem Korean Language Institute Sprachkurse.
www.seoulmetro.co.kr
Hier kann man sich schon mal ein Bild von der hervorragenden Infrastruktur der Seouler Metro machen.
http://info.korail.com
Alles über die koreanische Eisenbahn, auch den KTX. Wer schon zuhause seinen Gutschein für den Korea Rail Pass runterladen möchte, ist hier richtig.
www.museum.go.kr
Einen Überblick über das Nationalmuseum in Seoul gibt diese Website.
www.templestay.com
Wer in die Welt der buddhistischen Klöster eintauchen und dort ein paar Tage verbringen möchte, kann sich her sachkundig machen – und sogar reservieren.

www.koreastay.or.kr
Gibt Informationen zu von der Zentrale für Tourismus ausgewählten und qualifizierten Unterkünften, Homestays und Gästehäusern.

www.hanokstay.or.kr
Für alle, die gerne in traditionellen Häusern wohnen und buchen möchten.

www.kyha.or.kr
Dahinter verbirgt sich der Koreanische Jugendherbergsverband, über den man preisgünstige Unterkünfte reservieren kann.

www.goodstay.or.kr
Hier findet man Adressen und Buchungsmöglichkeiten für kostengünstige Hotels, die von der Tourismuszentrale zertifiziert wurden.

Smart-Phone-Apps

Visit Korea 3.0
Informationen zu Sehenswürdigkeiten, Restaurants und Unterkünften, mit Wegbeschreibungen.

iTour Seoul
Informationen zu Sehenswürdigkeiten und Transportmöglichkeiten rund um den Standort des Users (engl.).

K-Books
Mit Reiseführer, Bildern und Informationen zu Küche und K-Pop gut für die Reisevorbereitung.

Seoul Walking Tour
Führt mit Fakten und Bildern durch die Viertel Jongno und Insa-dong sowie am Cheonggye-Bach entlang.

GenieTalk
Hilft bei Sprachproblemen; die Übersetzungs-App gibt es nur für Englisch-Koreanisch und umgekehrt.

Literaturtipps

Geschichte

Eggert, Marion und Plassen, Jörg, Kleine Geschichte Koreas. Beck'sche Reihe 2005. Komprimierter Überblick über Geschichte und Kultur.

Kindermann, Gottfried-Karl, Der Aufstieg Koreas in der Weltpolitik. Olzog 2005. Die jüngere Geschichte der Bruderstaaten, in einen weltpolitischen Zusammenhang gestellt von einem erfahrenen Politikwissenschaftler.

Song, Du Yul und Werning, Rainer, Korea – Von der Kolonie zum geteilten Land. Promedia 2012. Koreas Geschichte der Neuzeit.

Politik und Gesellschaft

Chan, Martin Guan Djien, Korea – Gegenwart und Zukunft eines geteilten Landes. Wissenschaftliche Buchgesellschaft 2012. Analyse eines in Europa weitgehend ignorierten Konflikts mit Sprengstoff.

Friedrich, Jörg, Yalu – An den Ufern des dritten Weltkriegs. Propyläen 2007. Unorthodoxe Analyse des Koreakriegs durch einen anerkannten Historiker.

Kern, Thomas und Köllner, Patrick, Südkorea und Nordkorea. Campus Verlag 2005. Gute Einführung in die politische, wirtschaftliche und gesellschaftliche Entwicklung der Bruderstaaten.

Winchester, Simon und Stadler, Harald, Korea – Zu Fuß durch das Land der Wunder. btb Verlag 2006. Anschaulicher Reisebericht und scharfsinnige Analyse der gesellschaftlichen Probleme und politischen Konflikte.

Business

Brüch, Andreas und Thomas, Alexander, Beruflich in Südkorea. Vandenhoeck & Ruprecht 2007. Handbuch für verständnisvollere Handlungskompetenz in einer fremden Kultur.

Ganter, Gundula und Wagner, Dieter, Arbeitszufriedenheit von Expatriates. Gabler 2009. Wie man Auslandsentsendungen nach China und Korea professionell gestaltet.

Kultur

Cha, Bong Hi und Schmidt, Siegfried J., Interkulturalität – Theorie und Praxis. Lit Verlag 2004. Am Beispiel der Beziehungen zwischen Deutschland und Korea vom Beginn bis in die Gegenwart.

Hauser, Françoise, Korea fürs Handgepäck. Unionsverlag 2012. Ein Kulturkompass.

Kim, Mee Jin, Korea-Knigge. Oldenbourg Wissenschaftsverlag 2009. Ein Türöffner für Auslandsreisende und Expatriates.

Liew, Christine, Reisegast in Korea. Iwanowski 2010. Tipps fürs Verstehen, Erleben und Verhalten in einer fremden Kultur.

Sprachführer

Haubold, Dietrich und Andreas, Koreanisch-Kauderwelsch. Reise Know-how Verlag Rump 2005. Aussprache-Trainer auf CD.

Hoppmann, Dorothea und Lee, So Yeon, Koreanisch intensiv. Buske 2011. Lehrbuch mit Grund- und Aufbaukurs, schnelle Vorbereitung für den koreanischen Alltag.

Park, Hye Sook, Pons Power-Sprachtraining Koreanisch. Klett 2011. Trotz einiger inhaltlicher Fehler ein gutes Buch, samt Audio-CD, um schnell Hangeul und Grammatik zu erlernen.

Belletristik

Haftmann, Anja K., Versammelte Lichter – Moderne koreanische Erzählungen. Pendragon 2002. Guter Einstieg in die heutige Literatenszene.

Hohleiter, Vera, Schlaflos in Seoul. Deutscher Taschenbuch Verlag 2009. Humorvoller Erfahrungsbericht eines Korea-Aufenthalts.

Hwang Sok Yong, Der ferne Garten. dtv 2005. Roman über einen politischen Gefangenen, der sich nach 17 Jahren Haft im völlig veränderten modernen Korea zurechtfinden muss.

Jo Kyung Ran, Zeit zum Toastbacken. Pendragon 2005. Roman, der die moderne Entfremdung in einer klassischen Familie erzählt.

Kim Young Ha, Im Reich der Lichter. Heyne 2008. Die Zeit des kalten Krieges aus der Sicht eines Mannes, der um seine Identität ringt.

Derselbe, Schwarze Blume. Konkursbuchverlag 2010. Roman über Koreaner aller Gesellschaftsschichten, die nach der Besetzung durch Japan eine neue Heimat in Mexiko suchen und lernen müssen, ihr bisheriges Klassendenken aufzugeben.

Oh Jung Hee, Vögel. Unionsverlag 2005. Roman über eine Kindheit in einer auseinanderbrechenden modernen Gesellschaft.

Shin Kyung Sook: Als Mutter verschwand. Piper 2012. Hinreißender Roman über die Verwerfungen in der modernen koreanischen Gesellschaft.

Yi Mun Yol, Dem Kaiser! Wallstein 2008. Historischer tragikomischer Roman, der das Korea vom Ende des 19. Jahrhunderts bis in die 1970er Jahre als Bühne nutzt.

Zaborowski, Hans-Jürgen, Märchen aus Korea. Angkor 2005. Es gibt auch eine ältere, sehr schöne Ausgabe bei Diederichs von 1975.

Bildbände

Fraeya, Mark de und Vos, Frits, Korea. Land von Bergen und Buddhas. Schillinger Verlag 1995. Atmosphärische Bilder und hochinformative Texte (auf Englisch) von zwei Experten.

Lee-Kalisch, Jeong Hee und Fritz, Wolfgang, Korea. Hirmer 2009. Großzügiger Bildband mit aussagekräftigen Texten.

Verin, Marc und Morillot, Juliette, Korea – Reich der Morgenstille. Knesebeck 2004. Aufs Reisen Lust machende Bilder mit allerdings wenig Text und Tipps.

Über den Autor

Dr. Klaus A. Dietsch, geboren in Qingdao/China, studierte Sinologie, Politische Wissenschaft und Philosophie in München und Taipeh. 1975 bis 1986 politischer Redakteur bei der ›Süddeutschen Zeitung‹. Seit 1987 in leitender Stellung im Tourismus tätig; parallel dazu freier Journalist mit Schwerpunkt auf Tourismus- und Reisethemen. Autor von 20 Büchern zum Themenbereich China, Korea und Japan. Im Trescher Verlag ist ferner sein Reiseführer ›Südkorea‹ erschienen. Regelmäßige Reisen in den Fernen Osten halten sein Wissen auf dem aktuellen Stand.

Register

Anhang

Bildnachweis

Alle Bilder von Klaus A. Dietsch, außer:
Lisa Heintges: S. 142,155
Volkmar Janicke: S. 99
Korea.net/Korean Culture and Information Service (Jeon Han): S. 133
Korea Tourism Organization (KTO): S. 45, 46, 85, 212, 222, 223
Chaiyapak Mankannan/Shutterstock.com: S. 139
Sean Pavone/Shutterstock: Titelbild
Bodo Thöns S. 22, 34, 43, 50, 131, 225, 226
Thomas Wanke: S. 18, 23, 86, 95, 104/105, 130, 132, 148, 161, 176, 181, 183, 218, 219, 228
Wikimedia:
KJS615: S. 151
Marcin Białek/Wikimedia: S. 143
Billlion: S. 166
Christian Bolz: S. 140
Eggmoon: S. 167
Mark Froelich: S. 144u.
Gu Gyobok: S. 156
InSapphoWeTrust: S. 144o.
Andy Rogers: S. 89
Roller Coaster Philosophy, Jeremy Thompson: S. 190
Steve46814(Genehmigung CC-BY-SA-3.0.): S. 165
Thinkinglex: S. 160
Titelbild: Bongeun-Tempel, Seoul
vordere Klappe: Cheonggye-Bach in Seoul
hintere Klappe: Tänzer im Koreanischen Volkskundedorf

TRESCHER VERLAG

MEHR WISSEN. BESSER REISEN
REISEFÜHRER AUS DEM TRESCHER VERLAG

Rundreisen mit dt. Reiseleiter

- Südkorea Silla 16 Tage
- Südkorea Intensiv 24 Tage
- Süd-& Nordkorea 26 Tage
- Südkorea & Japan 18 Tage
- Südkorea & Japan & Taiwan 24 Tage
- Seoul Reisen 7 - 12Tage

die-koreareise.de

Südkorea Reisen für Jugendliche und junge Erwachsene mit

BCT

- K-Pop
- Taekwondo
- Kimchi-Workshop
- Rafting

in 8, 15 & 23 Tagen

korea4youth.de

BCT-Touristik, Bonner Str. 37, 53721 Siegburg, Tel: 02241-9424211, E-Mail: info@bct-touristik.de

unterwegs
individuelles Reisen

Korea vom Spezialisten

Individuelle Reisen in der Kleingruppe oder ganz privat.

Wir erstellen für Sie Ihre persönliche Traumreise – fragen Sie uns!

Unterwegs - individuelles Reisen · Würzburger Straße 62 · 63739 Aschaffenburg
Fon: 06021/439 1990 · **Email:** info@unterwegsinasien.de · **www.unterwegsinasien.de**

Kartenregister

Zeichenlegende

- Allgemeine Informationen, Touristeninformation
- Busbahnhöfe, Anreise mit dem Bus
- Bahnhöfe, Anreise mit der Bahn
- Unterkünfte
- Restaurants
- Museen
- Geschäfte, Einkaufstipps

Kartenlegende

- Bahnhof
- Bar
- Brunnen
- Busbahnhof
- Café
- Denkmal
- Dorfkirche
- Fähre
- Flughafen
- Hafen
- Höhle
- Hotel
- Kino
- Kirche
- Krankenhaus
- Markt
- Museum
- Oper
- Post
- Restaurant
- Sehenswürdigkeit
- Sehenswürdigkeit
- Seilbahn
- Strand
- Tempel
- Theater
- Tor
- Touristeninformation
- Turm
- Zoo

- Sehenswürdigkeit
- Burg
- Kirche
- Friedhof
- Zeltplatz
- Berggipfel
- Seilbahn

- Autobahn
- Schnellstraße
- Hauptstraße
- sonstige Straßen
- E 65 Europastraße
- A 65 Autobahn
- 243 Bundesstraße
- Eisenbahn
- Grenzübergang
- Staatsgrenze
- Hauptstadt
- Stadt/Ortschaft